Durchstarten zum Traumjob

Richard Nelson Bolles studierte unter anderem am Massachusetts Institute of Technology und an der Harvard University Verfahrenstechnik, Physik und Theologie, ist Buchautor und einer der weltweit führenden und einflussreichsten Experten im Bereich Karriere-/Lebensplanung.

Richard Nelson Bolles

Durchstarten zum Traumjob

Das Bewerbungshandbuch für Ein-, Um- und Aufsteiger

Aus dem Englischen von Ines Bergfort
Deutschsprachige Bearbeitung von Madeleine Leitner

Campus Verlag
Frankfurt/New York

Die amerikanische Originalausgabe erschien zuletzt 1999 unter dem Titel »What Color Is Your Parachute?« bei Ten Speed Press in Berkeley, Kalifornien. Copyright © 1999, 1998, 1997, 1996, 1995, 1994, 1993, 1992, 1991, 1990, 1989, 1988, 1987, 1986, 1985 1984, 1983, 1982, 1981, 1980, 1979, 1978, 1977, 1976, 1975, 1972, 1970.
Published by Arrangement with Phil Wood Inc.

Die Deutsche Bibliothek – CIP-Einheitsaufnahme

Ein Titeldatensatz für diese Publikation ist bei
Der Deutschen Bibliothek erhältlich
ISBN 3-593-36294-5

4., durchgesehene Auflage 2000

Das Werk einschließlich aller seiner Teile ist urheberrechtlich geschützt. Jede Verwertung ist ohne Zustimmung des Verlags unzulässig. Das gilt insbesondere für Vervielfältigungen, Übersetzungen, Mikroverfilmungen und die Einspeicherung und Verarbeitung in elektronischen Systemen.
Copyright © 1999 Campus Verlag GmbH, Frankfurt/Main
Umschlaggestaltung: Init, Bielefeld
Satz: Satzspiegel, Nörten-Hardenberg
Druck und Bindung: Druckhaus Beltz, Hemsbach
Gedruckt auf säurefreiem und chlorfrei gebleichtem Papier.
Printed in Germany

Besuchen Sie uns im Internet: www.campus.de

Für Carol Christen, die Liebe meines Lebens,
jetzt und für alle Zeiten

Inhalt

Vorwort zur deutschsprachigen Ausgabe 9
Vorwort 12

Die richtige Perspektive zählt

1 Auf, auf zum fröhlichen Jagen! 15
2 Das Ablehnungstrauma 25

Die Jobsuche

3 Sie können es schaffen! 65
4 Wenn der Job auf sich warten lässt: Depressionen vermeiden . . 81

Wie man einen Beruf auswählt oder wechselt

5 Was haben Sie zu bieten? 105
6 Wo möchten Sie Ihre Fähigkeiten einsetzen? 133
7 Wie finden Sie Ihren Traumjob? 215

Anhang

A Die Blume: Ein Bild Ihres Traumjobs 281
B So finden Sie einen Karriereberater 325
Anmerkungen 337
Register 341

Vorwort zur deutschsprachigen Ausgabe

Ist Ihnen schon einmal aufgefallen, wie mürrisch viele Menschen morgens auf dem Weg zur Arbeit aussehen? Wir leben im Land der hängenden Mundwinkel. Kein Wunder: Denn nur 28 Prozent aller Beschäftigten verbinden mit ihrer täglichen Arbeit Spaß; mehr als 30 Prozent haben sogar innerlich gekündigt. Berufliche Entscheidungen mit ihren weitreichenden Folgen werden oft aufgrund sogenannter Sachzwänge, aus Vernunftgründen oder einfach zufällig getroffen. So beginnen viele eine Ausbildung und geraten auf einen Berufsweg, mit dem sie oft unzufrieden sind. Doch solch falsche Weichenstellungen werden nur selten korrigiert. Das Gehalt scheint dann vor allem eine Art Schmerzensgeld zu sein.

Als ich *What Color Is Your Parachute?* von Richard Nelson Bolles 1981 in den USA entdeckte, gab es dieses Buch bereits seit elf Jahren; seit 1975 wird es jährlich überarbeitet und aktualisiert. Das Buch erschien bisher in neun Sprachen und ist weltweit das meistverkaufte Buch zum Thema Beruf und Jobsuche. Seit Jahrzehnten setzt es international Maßstäbe.

Die Tatsache, dass dieses Buch bisher in Deutschland, Österreich und der Schweiz nahezu unbekannt war, ist zunächst verwunderlich. Dies ist aber durchaus symptomatisch für die ausgeprägte Neigung, auf (scheinbar) Bewährtes zu setzen und solange wie möglich auf eingefahrenen Gleisen zu fahren. Ein weiterer Grund für den mangelnden Bekanntheitsgrad mag in der verbreiteten Ansicht bestehen, dass in Amerika doch alles ganz anders läuft. Natürlich gibt es Unterschiede zwischen Mitteleuropa und den USA, aber es gibt auch viele Gemeinsamkeiten: Die zunehmende Globalisierung der Wirtschaft mit ihren Auswirkungen und die Liberalisierung des Arbeitsmarkts seit Beginn der neunziger Jahre haben zweifellos auch hierzulande zu einer verstärkten Amerikanisierung der Verhältnisse geführt. In vielerlei Hinsicht ist deshalb ein grundsätzliches Umdenken gefordert.

Dieses Buch leistet hierbei einen wesentlichen Beitrag: Richard Nelson Bolles beschreibt die Themen Bewerbung und berufliche Neuorientierung aus einer übergeordneten Perspektive. Dabei ist die Bewerbung das letzte Glied in der Kette der beruflichen Entscheidungsschritte.

- **Der erste Schritt** besteht in einer genauen Analyse der eigenen Fähigkeiten. Dabei wird der Tatsache Rechnung getragen, dass die meisten für sich selbst gar nicht wissen, was sie wirklich gut können.
- **Im zweiten Schritt** geht es darum, bewusst nach den persönlichen Vorlieben und Neigungen Entscheidungen zu treffen und berufliche Ziele zu definieren, bei denen die Augen zu leuchten beginnen: Nicht alles, was man gut macht, macht man auch gerne. Aber was man gerne macht, macht man auch gut und wird damit letztlich erfolgreich sein.
- **Der dritte Schritt:** Je genauer man weiß, was man will, desto eher findet man es. Mit einer genauen beruflichen Zielvorstellung eröffnen sich völlig neue Perspektiven und Aktionsmöglichkeiten bei der Suche nach dem geeigneten Job, vor allem auf dem verdeckten Stellenmarkt.

Dieses Buch ist damit eher ein Anti-Bewerbungsbuch und geht mit seiner Idee, die Jobsuche als Teil der Lebensplanung zu betrachten, weit über die Ziele der üblichen Ratgeber hinaus. Es wendet sich vorwiegend an folgende Gruppen:

- **Menschen, die einen Job suchen, also Bewerber oder Arbeitslose.** Die Recherchen zum Arbeitsmarkt in Deutschland, der Schweiz und Österreich für diese deutschsprachige Ausgabe haben höchst überraschende Ergebnisse erbracht. Sie belegen eine der Kernaussagen dieses Buchs: Es gibt immer freie Jobs. Der Ansatz der kreativen Jobsuche zeigt, welche Maßnahmen Sie über die üblichen Bewerbungswege hinaus ergreifen können, um diese vorhandenen Jobs zu finden. Sie finden daneben auch eine Vielzahl von deutschsprachigem Informationsmaterial für das weitere Vorgehen.
- **Menschen, die eine grundsätzliche berufliche Orientierung suchen.** Das Buch enthält zahlreiche Übungen, mit deren Hilfe Sie herausfinden können, was Sie wirklich können und wollen. Hieraus entsteht die Chance,

einen Beruf zu ergreifen, der wirklich zu Ihnen und Ihren Fähigkeiten passt.
- **Menschen, die eine berufliche Neuorientierung suchen.** Dieses Buch zeigt, was ein Berufsumstieg ist und wie er funktioniert. Das soll all denjenigen Mut machen, die heute noch mit hängenden Mundwinkeln zur Arbeit gehen und sich fast schon damit abgefunden haben, dass sie auf dem falschen Pferd sitzen. Zahlreiche Beispiele aus der Beratung belegen, dass ein Berufsumstieg auch hierzulande möglich ist.

In Abstimmung mit dem Autor haben wir eine inhaltlich leicht modifizierte, deutschsprachige Bearbeitung vorgenommen, die den Verhältnissen Deutschlands, Österreichs und der Schweiz Rechnung trägt.

Danken möchte ich den vielen Personen, die dazu beigetragen haben, dass es dieses Buch nun in dieser Form gibt. Zunächst allen voran meinen Lehrern Richard Nelson Bolles und Daniel Porot, die mir neue Horizonte eröffneten; Urs Honegger und Harald Pesendorfer steuerten mit viel Engagement die Informationen über die Schweiz beziehungsweise Österreich bei; Claudia Sessner bearbeitete den Teil über das Internet. Dank sei auch dem Campus Verlag ausgesprochen für sein Anliegen, den üblichen Bewerbungsratgebern bewusst andere, innovative Ansätze wie dieses Buch entgegenzustellen. Dank und Anerkennung für seine guten Nerven dem Lektor Michael Schickerling, von dem ich lernte, dass sein Beruf auch die übertragbaren Fähigkeiten eines Dompteurs erfordert; gleichfalls der Lektorin Antje Herrmann für die wichtige Weichenstellung zu Beginn des Projekts; und nicht zuletzt der Redakteurin Tanya A. Wegberg sowie insbesondere Ines Bergfort für ihre Übersetzung.

Ich hoffe, dass der Ansatz von Richard Nelson Bolles die Leser im deutschsprachigen Raum genauso inspirieren wird wie weltweit über sechs Millionen andere zuvor. Damit dieser Ratgeber in Deutschland, Österreich und der Schweiz zu einem ähnlich lebendigen Projekt wie in den USA wird, lade ich alle Leser dazu ein, sich mit Hinweisen oder persönlichen Erfahrungen an den zukünftigen Ausgaben zu beteiligen, bitte möglichst in schriftlicher Form.

Madeleine Leitner
Ohmstraße 8, 80802 München
E-Mail: *madeleine.leitner@t-online.de*
www.karriere-management.de

Vorwort

Gib mir einen Fisch,
und ich habe heute zu essen.
Lehre mich, Fische zu fangen,
und ich werde für den Rest meines Lebens zu essen haben.

Vor vielen Jahren, nach einer langen, überaus erfolglosen Jobsuche, kam mir plötzlich eine Idee: Wie wäre es, sich mit den Methoden besonders erfolgreicher Jobsuchender und Berufsumsteiger zu beschäftigen und herauszufinden, was genau sie getan haben?

Zu Beginn meiner Auseinandersetzung mit diesem Thema reiste ich über 100 000 Kilometer umher und befragte Menschen, die erfolgreiche Jobsuchende kannten oder selbst dazu zählten. Ich wusste, dass die herkömmlichen Methoden der Jobsuche vorsintflutlich waren; aber ich fand heraus, dass viele erfolgreiche Jobsuchende wussten, wie sie diese Methoden umgehen konnten.

Ich hörte genau hin, was sie zu sagen hatten, und schrieb es auf. Das war im Jahre 1970. Seitdem habe ich dieses Buch Jahr für Jahr überarbeitet, korrigiert und erweitert – um stets auf dem neuesten Stand zu bleiben.

Die Welt verändert sich ständig, das Thema »erfolgreiche Jobsuche« wird auch von anderen Menschen immer häufiger als Studienobjekt entdeckt – nicht nur in den USA. Auch ich denke ständig darüber nach, wie ich all diese Sachverhalte noch besser darstellen kann. Einige der jährlichen Ausgaben dieses Buchs unterscheiden sich daher so sehr von den jeweils vorangegangenen, dass ich den *What Color Is Your Parachute?* als Projekt von zurzeit 27 unterschiedlichen Büchern mit dem gleichen Titel betrachte.

Für die 1999er Ausgabe verfasste ich das Buch neu und strich, um den beängstigenden Umfang noch weiter zu reduzieren, einen großen Teil des Anhangs, der in der Ausgabe von 1998 noch zu finden war. Diese Abschnitte sowie viele weitere nützliche Informationen finden Sie auf meinen Internetseiten unter: *www.jobhuntersbible.com*.

Weiterhin möchte ich festhalten, dass dort, wo ich nur die männliche oder nur die weibliche Form benutzt habe, selbstverständlich Leserinnen und Leser gleichermaßen angesprochen sind.

Eine kurze Bemerkung zu Grammatik und Sprache des Buches

Einige wenige Kritiker haben in den vergangenen fünfundzwanzig Jahren behauptet, dieses Buch sei für Menschen ohne Hochschulabschluss aufgrund seines Vokabulars und seiner Grammatik zu kompliziert. Hier in den USA rief mich vor einiger Zeit ein College-Dozent an, um mir zu sagen, dass mein Buch von den Behörden als Textgrundlage für seine Seminare abgelehnt wurde. Die Begründung: Das sprachliche Niveau entspräche nicht den College-Anforderungen. »Welches Niveau hatte es?«, wollte ich wissen. Er antwortete: »Als die Behörden es analysierten, stellte sich heraus, dass das Niveau dem der achten Klasse entsprach.« Ich war zufrieden.

Abschließend möchte ich einigen Menschen mein herzliches Dankeschön aussprechen:

- Mein Dank gilt in erster Linie all meinen über sechs Millionen Lesern und besonders den etwa zweitausend Menschen, die mir im Laufe eines Jahres Briefe schreiben. Ich kann sie kaum noch alle beantworten, aber ich lese wirklich jeden einzelnen davon, und ich glaube, dass kein Autor dieser Welt mehr Zuneigung und Anerkennung von seinen Lesern erwarten kann. Vielen herzlichen Dank, dass Sie mir schreiben, mich auf neue Ideen aufmerksam machen oder mich wissen lassen, wann und inwiefern Ihnen dieses Buch geholfen hat.
- Mein Dank gilt auch den vielen intellektuellen Vorreitern auf diesem Gebiet, die mir in all den Jahren so gute Freunde waren, immer liebenswürdig und hilfsbereit: John Holland, der verstorbene John Crystal, Sidney Fine, Harvey Belitsky, Dick Lathrop, Daniel Porot, Arthur Miller, Tom und Ellie Jackson, Nathan Azrin und Howard Figler.

- Ich möchte meinen Dank auch Phil Wood aussprechen, meinem lieben Freund (seit nunmehr 26 Jahren) und Verleger, sowie allen Mitarbeitern bei Ten Speed Press in Berkeley, die uns darin unterstützen, dieses Buch Jahr für Jahr wieder zu veröffentlichen: Es ist wunderbar, solch langwährende Beziehungen mit denselben Menschen pflegen zu können – in einer Zeit, in der ein Verlag nach dem anderen von Fremden übernommen wird.
- Ein Dank auch an meine Freunde, die mir in den langen Jahren bei dieser Arbeit geholfen haben, besonders während meiner zweiwöchigen Workshops: Verlyn Barker, Daniel Porot, David Swanson, Jim Kell, Carol Christen, der verstorbene Bob Wegmann, Brian McIvor, Mary Ann Kaczmarski, Rita Morin, Ellen Wallach, Erica Chambré, Norma Wong und viele andere.
- Mein Dank gilt auch meiner Familie, die mir in all der Zeit so viel Liebe und Mut gegeben hat: meiner geliebten Frau Carol mit ihrem Mitgefühl, ihrem Herz und Verstand, meinen vier erwachsenen Kindern Stephen, Mark, Gary und Sharon und ihren Familien, meiner Stieftochter Serena, meiner Schwester Ann Johnson und ihrer Familie sowie nicht zuletzt auch meiner 95-jährigen Tante, Schwester Esther Mary vom Orden der Verklärung Jesu in Glendale, Ohio, die mir von klein auf beigebracht hat, Gott zu dienen.
- Aber natürlich wäre keine Danksagung vollständig, ohne Gott zu danken, der mir diese Aufgabe gegeben hat, so viele Menschen unterschiedlichen Glaubens, unterschiedlicher Sprachen und Nationen bei der Suche nach ihrem Beruf und dem Sinn ihres Lebens zu unterstützen. Ich bin über alle Maßen dankbar, dass ich ein solches Leben führen kann.

Richard Nelson Bolles
P. O. Box 379
Walnut Creek
California 94597–0397
USA

Kapitel 1

Auf, auf zum fröhlichen Jagen!

Der Moment der Wahrheit ist gekommen.
Es ist Zeit,
In die Welt hinauszugehen
Und einen Job zu suchen.
Da draußen wartet *der Stellenmarkt*.
Von dem all Ihre Freunde
Mit gedämpfter Stimme sprechen
Wie von einem Schlachtfeld,
Das von Arbeitslosen übersät ist,
Die daran gescheitert sind,
Einen Job zu finden.

Ein sehr seltsamer Markt, da draußen,
Ein Teil in großem Wohlstand,
Ein anderer in tiefer Depression,
Weil die Weltmärkte
Zusammenbrechen.
Vier Millionen sind heute
Allein in Deutschland ohne Arbeit.
Und so bleiben selbst in guten Zeiten
Neue Arbeitslose
Auf dem Schlachtfeld zurück.
Manche, gerade entlassen,
Arbeiteten jahrelang
Oft an der gleichen Stelle
Und dachten, ihre Jobs
Seien dort für immer sicher.
Aber dann wurden sie entlassen
Ohne jede Vorwarnung,
Opfer von Fusion, Übernahme
Oder Rationalisierung,
Ohne jede Möglichkeit,
Einfluss zu nehmen.

Und nun wollen Sie
Das Schlachtfeld betreten
Und nach Arbeit suchen,

Weil Sie entlassen wurden
Oder nur mit vielem in Ihrem Leben
Unzufrieden sind.
Natürlich kennen Sie
All die Horrorgeschichten:
Der frühere Dozent mit zwei
Doktortiteln,
Der jetzt als Verkäufer
Im Bioladen arbeitet.
Die Arbeiter, die
Nach dem Streik feststellten,
Dass sie ihre Jobs verloren hatten,
Weil niemand ihnen gesagt hatte,
Dass sie in dieser Neuen Welt
Im Abseits landen könnten.
Sie kennen die Geschichten:
Menschen reiben sich auf,
Wochen, Monate,
Selbst in guten Zeiten,
Und finden – nichts.
Hochschulabsolventen
Mit ausgezeichneten Abschlüssen
Finden keine Arbeit
Und werden umgeschult.
Freunde, die wieder zur Schule gehen,
Um *den* Trendberuf zu erlernen,
Finden dort auch keine Stelle.
Und alle sind nun
Arbeitslos, wütend und enttäuscht.

Überall gibt es
Arbeitsbeschaffungsmaßnahmen
Zur Wiedereingliederung, Strukturanpassung
Und unausweichlich
Manch traurige Geschichte,
Die Zeitungen liebend gerne
Veröffentlichen:

Von Menschen, die keine Arbeit finden,
Und aus dem Sozialsystem herausfallen.
Leid verkauft sich gut.
Wir lesen die Artikel
Und sind entmutigt.
Angesichts des fremden Schicksals
Und unserer eigenen Zukunft.
Aber egal, jetzt sind wir an der Reihe
Mit der Jagd.

Und was tun wir, wenn wir
Mit der Jagd beginnen müssen?
Wir zögern.
Wir müssen noch, so sagen wir,
Einige Dinge erledigen.
Oder warten, bis wir uns
Der Aufgabe, die vor uns liegt,
Gewachsen fühlen.
Doch eigentlich, um ehrlich zu sein,
Hoffen wir auf ein *Wunder*.
Sie wissen, wen ich meine:
Ein Held, der plötzlich auftaucht
Auf einem weißen Pferd,
Um uns zu retten.
Seinen Namen kennen wir nicht: Ist es
Unser früherer Arbeitgeber?
Unsere Regierung?
Unsere Gewerkschaft?
Unsere Freunde oder Verwandten?
Wir sind nicht sicher; wir wissen nur eines:
Die Welt schuldet uns Arbeit.
Es sollte nicht unsere Aufgabe sein,
Sie suchen zu müssen,
Obwohl wir genau wissen:
Es ist allein
Unsere Aufgabe.

So schreiben wir eine beeindruckende

Bewerbung,
Allein oder mit fremder Hilfe,
Glanzvoll, strahlend.
Es kann nicht lange dauern,
Bis wir einen Job finden.
Und dann veröffentlichen wir sie
Im Internet
Oder versenden sie per Post
Hundertfach, stapelweise
Und warten
Auf die sichere Antwort
Eines weitsichtigen Arbeitgebers,
Der angesichts unseres
Großartigen Lebenslaufs ausruft:
»Das ist genau der Mensch,
Nach dem ich immer gesucht habe!«

Aber es gibt noch ein kleines Problem:
Die Antwort kommt nicht.
Und wir warten weiter
Und warten
Und warten.
Während die Erde sich weiterdreht
Und uns lediglich zu sagen scheint,
Wie unbedeutend es ist,
Ob wir Arbeit finden
Oder nicht.

Wir suchen den Rat
Unserer Familie und Freunde
Und sie fragen uns als Erstes:
»Hast du im Internet gesucht?«
»Hast du die Stellenangebote angesehen?«
»Ach, tatsächlich? Wie oft?«
»Mehrere Wochen schon?
Und ... nichts gefunden?«
»Oh!«
Sie überlegen auch,

Welche herkömmlichen Methoden sie
Empfehlen können:
»Hast du es schon
Bei der Arbeitsvermittlung versucht?«
»Warum nicht«, denken wir
Und gehen dahin
Und finden uns im Wartezimmer wieder,
Zusammen mit all den anderen
Erwartungsvoll angespannten Gesichtern.
Unser erster Kampf
Mit dem gefürchteten
Bewerbungsformular.
»Bisherige Positionen
In umgekehrt chronologischer
Reihenfolge auflisten.«
Wir beantworten die Fragen,
Sitzen dann herum
Und warten.
Die Personalsachbearbeiterin
Ruft uns herein,
Etwas zu freundlich,
Um uns wirklich gut zu beraten.
»Lassen Sie uns mal sehen,
Nach welcher Stelle suchen Sie denn?«
»Na ja«, sagen wir,
»Dort sehen Sie, was ich bisher getan habe.
Was meinen Sie dazu?«
Sie studiert erneut
Unser Bewerbungsformular:
»Mir scheint, als würden Sie sich
Mit Ihrem Hintergrund
– Er ist ein bisschen ungewöhnlich –
Sehr gut für den Verkauf eignen.«
»Ach, Verkauf«, sagen wir.
»Ja, Verkauf«, sagt sie,
»Ich glaube, dass ich Sie
Sofort dort unterbringen könnte.

Sie hören von uns.
Ist das Ihre Telefonnummer?
Ich werde Sie morgen anrufen.«
Wir nicken
Und schütteln ihr die Hand.
Und das ist das letzte Mal,
Dass wir jemals etwas von ihr hören.

In unserer traurigen Lage sind wir jetzt
Auf die Stellenangebote
In der Zeitung angewiesen.
Aber wir sind ganz schön verblüfft
Angesichts der kleinen Kästchen.
Sie beschreiben Stellen, die sich ausnehmen
Wie kleine Kästchen für die Seele.
Wir rufen die Firmen an
Und erzählen ihnen natürlich,
Dass wir Arbeit suchen,
»Und Ihre Anzeige schien
Das Richtige für mich zu sein ...«
Wir haben es geschafft!?
Und während wir auf sein Startsignal warten –
»›Überqualifiziert‹, sagen Sie?
Zweihundert andere
Waren schon vor mir da,
Und Sie haben nur
Fünf freie Stellen?
Natürlich habe ich Verständnis.«

Wir reiben uns auf,
Putzen Klinken,
Klappern Firmen ab,
Werden immer wieder abgelehnt,
Werden Tag für Tag entmutigt.
Wie jämmerlich ist das,
Vorsintflutlich,
Nach Arbeit zu suchen,

Der Arbeit nachjagen.
Die Stellensuche.

Wochen vergehen,
Monate vergehen,
Und wir verarbeiten noch immer
Das Ablehnungstrauma
Und denken:
Die Jobsuche ist die einsamste Aufgabe
Der Welt.
Ist sie auch so schwierig für alle anderen,
Die Arbeit suchen oder
Die sich beruflich verändern wollen?

Nun, mein Freund, die Antwort ist JA.

Sind auch andere Menschen so entmutigt
Und verzweifelt und niedergeschlagen
Und frustriert und am Boden zerstört?
Ist das der Fluch der Jobsuche?

Die Antwort ist – leider – wieder

JA.

   JA.

      JA.

KAPITEL 2

Das Ablehnungstrauma

*Nun ja, natürlich hast du
riesengroße Zähne, aber das zählt nicht.
Immerhin warst du so großmütig,
mir dieses Gespräch zu gewähren.*

Rotkäppchen

Wild Life by John Kovalic, © Shetland Productions.

Das vorsintflutliche Jobsuchsystem

Zugegeben, die Darstellung der Stellensuche im ersten Kapitel macht einen recht trostlosen Eindruck. Aber so etwas ist schon geschehen, es geschieht noch heute und es wird auch in Zukunft Millionen von Arbeitssuchenden rund um den Erdball ähnlich ergehen.

Warum? – Weil unser Jobsuchsystem vorsintflutlich ist. Jahr für Jahr verdammt diese Methode Tausende von Männern und Frauen dazu, den gleichen Weg zu gehen, auf die gleichen Probleme zu stoßen, die gleichen Fehler zu machen, die gleichen Enttäuschungen zu erleben, die gleiche Einsamkeit zu empfinden und schließlich den Eindruck zu gewinnen, mit *ihnen* stimme etwas nicht.

Das System kennt nur ein Ziel: nach bereits bekannten offenen Stellen zu suchen. Und es zeigt nur drei Wege auf, um dieses Ziel zu erreichen: sich zu bewerben, entweder auf Stellenausschreibungen in der Zeitung oder im Internet als sogenannte »Initiativbewerbung«, selbst ein Stellengesuch zu schalten oder auf die Hilfe von allen möglichen Arbeitsvermittlungen zurückzugreifen. Doch all diese Strategien weisen erschreckend niedrige Erfolgsquoten auf.

Die Konsequenz: Jahr für Jahr bleiben Millionen von Menschen Monate lang trotz aufreibender Suche arbeitslos, oder sind – wenn sie Arbeit finden – *überqualifiziert*, arbeiten in einem falschen Bereich, in der falschen Position, sind mit der falschen Aufgabe betraut, ohne dass sie ihre Leistungsfähigkeit jemals vollständig einsetzen können.

Es ist gleichgültig, was Sie tun: Sie können Ihre Bewerbung stapelweise versenden, sie überall im Internet plazieren, Sie können jede Stellenanzeige lesen, zu jeder Arbeitsvermittlung, jedem Personalberater gehen – früher oder später werden Sie die Erkenntnis gewinnen, dass in Ihrem Fall nichts von all dem funktioniert und dass Sie immer noch arbeitslos sind.

Das Ablehnungstrauma

Wenn – und falls – Ihnen das widerfährt, haben Sie vielleicht den Eindruck, ein »Ablehnungstrauma« zu durchleben. Dabei handelt es sich um einen psychischen Schockzustand, der aus einer schleichenden oder rapiden Abnahme Ihres Selbstwertgefühles besteht und mit der Überzeugung einhergeht, dass mit Ihnen etwas nicht stimmt. Er führt zu reduzierten Ansprüchen, zu Depression, Verzweiflung und Hoffnungslosigkeit. Er kann die Ausmaße einer schweren Krise annehmen, die sich auf Ihr Leben, Ihren Freundeskreis und Ihre Familie auswirkt und dazu führt, dass Sie sich von ihrem Umfeld zurückziehen (häufig) und entfremden (gelegentlich). Nicht selten kommt es zu Scheidungen, und sogar Selbstmord ist nicht undenkbar. Ich wurde erstmals darauf aufmerksam, als unsere Tageszeitung auf der Titelseite über einen Arbeitslosen berichtete, der sich eine Plastiktüte über den Kopf gezogen hatte und einen Abschiedsbrief hinterließ, in dem er schrieb: »Auch ein Genie findet keinen Job.« (Er war Mitglied der Hochbegabten-Vereinigung »Mensa«.)

Es ist schlimm genug, keine Arbeit zu finden. Wenn dann noch dieses Ablehnungsgefühl hinzukommt, kommt es schnell zur Krise. Die meisten von uns *hassen* es, abgelehnt zu werden. Wir verbringen einen nicht unerheblichen Teil unseres Lebens damit, dieses Gefühl zu vermeiden – egal, ob es um ein Rendezvous geht, oder ob wir neue Ideen präsentieren wollen. Wir sind sogar imstande, andere abzulehnen, wenn wir das Gefühl haben, sie seien kurz davor, dies mit uns zu tun. Wir tun alles, um eine Ablehnung zu vermeiden, und damit meine ich wirklich *alles*. Mit zunehmendem Alter gelingt es uns immer besser, das Thema Ablehnung aus unserem Leben zu verbannen.

Aber dann steht plötzlich die Jobsuche an. Durchschnittlich drei- bis viermal müssen wir diesen schmerzhaften Prozess während unseres Lebens durchmachen. Und wenn man einmal von seinem guten Ende absieht, ist er nichts anderes als eine einzige Folge von Ablehnungen.

Mein Freund Tom Jackson hat die typische Stellensuche treffend dargestellt, bei der man Arbeitgeber um Arbeitgeber abklappert und fragt: »Haben Sie einen Job für mich?«

NEIN NEIN NEIN NEIN NEIN NEIN NEIN NEIN NEIN NEIN
NEIN NEIN NEIN NEIN NEIN NEIN NEIN NEIN NEIN NEIN
NEIN NEIN NEIN NEIN NEIN NEIN NEIN NEIN NEIN NEIN
NEIN NEIN NEIN NEIN NEIN NEIN NEIN NEIN NEIN NEIN
NEIN NEIN NEIN NEIN NEIN NEIN NEIN NEIN NEIN JA.

Das ist wirklich ein Ablehnungstrauma. Eindeutig! Dagegen ist eine Zahnwurzelbehandlung ein Kinderspiel.

Wenn wir uns an Personalexperten aus der Wirtschaft wenden und sie bitten, uns »eine bessere Methode« aufzuzeigen, wird deutlich, dass viele von ihnen in ruhigen Stunden beim Thema Jobsuche eigentlich vor demselben Rätsel stehen wie wir.

Dies wird besonders deutlich, wenn sie selbst ihren Job verloren haben – keineswegs außergewöhnlich in einer Zeit, da Fusionen, Firmenaufkäufe und Restrukturierungsmaßnahmen an der Tagesordnung sind – und sich in die Schlange derjenigen einreihen, die »Klinken putzen« müssen. Man könnte annehmen, dass sie jetzt völlig in ihrem Element seien und genau wüssten, was zu tun ist. Aber der durchschnittliche Personalmanager, der gestern noch Vorstellungsgespräche geführt hat und heute selbst arbeitslos ist, steht genauso auf verlorenem Posten wie jeder andere, weil er auch nicht weiß, wie er die Jobsuche systematisch, methodisch und erfolgreich angehen soll.

Sehr häufig fällt ihm für sich selber auch nur das ein, wozu er früher anderen geraten hat: das Glücksspiel. Alter Wein in neuen Schläuchen: Stellenangebote und -gesuche, Initiativbewerbungen und Arbeitsvermittlungen.

Das Glücksspiel

Sie können sich vorstellen, woher der Begriff stammt. Wenn Sie auf ausreichend viele Zahlen setzen, wird eine von diesen einen Gewinn einspielen.

Ich sehe, Sie haben sofort begriffen, was dies für die Jobsuche bedeutet. Bewerbungen, sagen Sie? Ach ja, Bewerbungen. Sie verfahren genauso wie mit Ihren Einsätzen im Casino: Versenden Sie nur eine ausreichende Zahl von Bewerbungen und eine von ihnen wird schon das Rennen machen und Ihnen zu einem Job verhelfen.

Irgendjemand muss sich einmal die Mühe gemacht haben, dies alles in umgekehrter Reihenfolge auszurechnen. Die Logik der Zahlen in Bezug auf die Jobsuche könnte so ausgesehen haben:

Damit Arbeitssuchende die Stelle bekommen, die sie sich wirklich wünschen, müssen sie zwei oder drei Angebote haben, zwischen denen sie auswählen können.

Um diese zwei oder drei Angebote zu bekommen, muss ein Bewerber von sechs bis neun Unternehmen, die bereits bekannte Stellen zu besetzen haben, zum Gespräch eingeladen werden.

Um diese sechs bis neun aussichtsreichen Einladungen zu erhalten, muss der Jobsuchende x Unternehmen seine Unterlagen zugesandt und die Unternehmen dadurch dazu bewogen haben, ihn einzuladen.

Und wie hoch ist x? Nun, einige Experten werden Ihnen sagen, dass Sie 100 Bewerbungen versenden müssen, um eine Einladung zum persönlichen Gespräch zu erhalten. Andere werden antworten, dass 200 Bewerbungen erforderlich sind. Und wiederum andere werden 500, 1 200 oder mehr Anläufe für notwendig erachten.

Sie sollten also zwischen 500 und 1 000 Bewerbungen schreiben, auch wenn einige Experten sagen, die Grenze sei nach oben offen: versenden Sie pro Tag 10 bis 15 Bewerbungen, bis Sie zu den Vorstellungsgesprächen eingeladen werden, die zu den drei Stellenangeboten führen, die Sie benötigen. So ist es berechnet worden: rückwärts. Kein Wunder, dass auch das gesamte System nicht gerade fortschrittlich ist.

Wo man das Glücksspiel findet

Was darf es denn für Sie sein?

Viele Bücher, die Sie in der Bewerbungsabteilung Ihrer Buchhandlung zu diesem Thema finden, werden Ihnen dieses Spiel für 30 bis 40 Mark verkaufen.

Viele Anlaufstellen für Stellensuchende, die Hilfe bei der Bewerbung oder Karriereberatung anbieten, verkaufen Ihnen dieses Spiel für etwa 200 Mark.

Viele Personalberatungen, die Sie aufsuchen können – die mit den hohen Honoraren – werden Ihnen dieses Spiel, in Verbindung mit kleinen psychologischen Tests und Rollenspielen zur Vorbereitung auf das Vorstellungsgespräch, für einige Tausend Mark verkaufen.

Auch viele Bewerbungskurse des Arbeitsamts oder anderer gemeinnütziger Träger verkaufen Ihnen dieses Spiel zu unterschiedlichen Preisen, je nach Auftraggeber.

Und das Internet wird Ihnen auf seinen Abertausend Homepages, auf denen Sie Stellenangebote finden und eigene Bewerbungen hinterlassen können, nichts anderes als dieses eine Spiel verkaufen. Sie benötigen dafür nur einen Computer, ein Modem und einen Vertrag mit einem Internet-Provider.

Es mag darunter einige geschickte Varianten geben, besonders in Hinblick auf das Vokabular, mit dem sie anpreisen, was sie verkaufen, so dass Sie meinen, man würde Ihnen etwas völlig Neues anbieten.

Aber wenn sich schließlich alles auf die bereits bekannten freien Stellen, auf Bewerbungen, Stellenangebote und -gesuche sowie Arbeitsvermittlung reduzieren lässt, spätestens dann, so versichere ich Ihnen, sind auch Sie bei dem wundervollen kleinen Spiel gelandet, das wir alle kennen und so sehr lieben: dem Glücksspiel.

Die Internetzahlen

Wie schlecht sehen die Zahlen aus? Wie stehen dort die Chancen bei der Jobsuche? Um diese Fragen zu beantworten, wenden wir uns dem neuesten Liebling des »Zahlenspiels« zu: dem Internet. Das Internet liebt Zahlen, alles wird gezählt.

Sehen wir uns also die Zahlen der Bewerbungen an. Jobsuchende überfluten das Internet, um dort ihre Bewerbung zu platzieren, manchmal auf mehreren Internetseiten. Wir wollen nun Folgendes wissen: *Wie viele* Jobsuchende und (noch wichtiger) *wie viele* Arbeitgeber kommen auf diese Weise zusammen?

Das Arbeitsamt ist mit Abstand die größte Stellenbörse im Internet. Im Februar 1999 waren auf der Internetseite *www.arbeitsamt.de* 344 000 Jobangebote und 1,2 Millionen Bewerberprofile aufgelistet, 540 000 Arbeitgeber haben dort vorbeigesehen. Im Vergleich dazu sehen Zahlen der privaten Stellenbörsen eher bescheiden aus. So befanden sich auf der Internetseite von *Jobs & Adverts* im März 1999 17 654 Angebote und 16 513 Gesuche, Careernet kam auf 3 102 Angebote und 1 241 Gesuche.

Doch wo sind die eigentlich interessanten Zahlen? Wie viele Jobsuchende fanden auf diese Weise einen Job? Wie viele Arbeitgeber haben sich die Gesuche überhaupt angesehen? Dazu schweigt das Internet.

Wild Life by John Kovalic, © Shetland Productions.

Für Deutschland gibt es noch keine genaue Untersuchung. Ein Blick nach Amerika zeigt aber ein eher deprimierendes Bild. Peter Weddle hat auf der Website von *National Business Employment Weekly*, *www.nbew.com*, die größten amerikanischen Stellenbörsen zusammengestellt. Die Zahlen sind erschreckend. Im Januar 1998 fanden sich auf einer Internetseite 59 283 Gesuche, aber nur 1 366 Arbeitgeber riefen innerhalb von 90 Tagen die Seiten auf. Auf einer anderen Internetseite waren 85 000 Gesuche hinterlegt, aber nur 850 Arbeitgeber sahen während eines Zeitraums von drei Monaten diese Seiten an.

Die Moral von der Geschichte: Jobsuchende, die ihre Bewerbung ins Internet stellen, können lange warten, bis sie damit Erfolg haben – in den meisten Fällen jedenfalls. Wie immer gibt es natürlich ein paar Glückspilze.

Wer das Zahlenspiel im Internet selbst versuchen möchte, findet hier einige Vorschläge.

Stellenbörsen in Deutschland

Internetseite	Stellenangebote	Stellengesuche
Arbeit Online *www.arbeit-online.de*	150	1 500
Arbeitsamt *www.arbeitsamt.de*	344 000	1 200 000
Arbeitsmarkt Online *www.mamas.de*	780	540
Business Channel *www.bch.de/job/index.html*	250	keine
CareerBase *www.careerBase.de*	250	6 500
Careernet *www.careernet.de*	3 100	1 200
Consultants.de *www.consultants.de*	250	1 400
DV-Job *www.dv-job.de*	3 700	2 000
Job-Consult *www.job-consult.com*	700	600
Job-Office *www.job-office.de*	2 000	3 000

Internetseite	Stellenangebote	Stellengesuche
Jobs & Adverts *www.job.de*	18 000	17 000
JOB-SUCHE *www.job-suche.de*	2 000	1 800
JobTicket *www.jobticket.de*	1 600	720
Jobware *www.jobware.de*	1 300	keine
Karriere Direkt *www.karrieredirekt.de*	1 300	600
Online Stellenmarkt Deutschland *www.stellenanzeigen.de*	1 500	keine
Stellenbörse *www.stellenboerse.de*	1 100	65
Stellenmagazin online *www.stellenmagazin.de*	1 500	keine
Stellenmarkt Online *www.stellenmarkt.de*	1 100	750
Stellen-Online *www.stellen-online.de*	800	keine

Stellenbörsen in Österreich

Internetseite	Stellenangebote	Stellengesuche
Arbeitsmarktservice *www.ams.or.at*	22 000	keine
Austropersonal *www.austropersonal.com* oder *www.jobmonitor.com*	7 000	800
Job-Consult *www.jobboerse.at*	700	600
Jobangebote der größten Personalberater *www.jobnews.at*	600	760
Diverse Jobangebote *www.dv-job.at*	2 800	1 800

Stellenbörsen in der Schweiz

Internetseite	Stellenangebote	Stellengesuche
Stellenanzeiger *www.stellenanzeiger.ch*	2700	keine
SwissWebJobs *www.swisswebjobs.ch*	1400	200

Der neueste Ratgeber für Pessimisten

© Bradford Veley 1989.

Die beliebtesten Methoden der Unternehmen, Mitarbeiter einzustellen

Wir können dem entnehmen, dass Arbeitgeber und Stellensuchende auf völlig unterschiedliche Art und Weise suchen! Sie werden das verstehen, wenn Sie einen Blick auf die Abbildung werfen, die das System der Arbeitssuche darstellt.

Die richtige Perspektive zählt

Unser vorsintflutliches Jobsuchsystem

So beginnt ein Bewerber in der Regel die Jobsuche

6 »Ich werde eine Anzeige schalten, um einen Job zu finden.«

Zeitungsanzeigen

Bewerbungen

5 »Ich werde mir einige Bewerbungen ansehen, die unaufgefordert hier eingegangen sind.«

Arbeitsvermittlung für geringer qualifizierte Jobs

4 »Ich möchte eine Stelle besetzen, die eine geringere Qualifikation voraussetzt und dabei auf eine Reihe von Kandidaten zurückgreifen können, die eine Agentur für mich vorausgewählt hat.«
Dieser Schritt erfolgt extern über eine Personalvermittlung oder die Personalabteilung. Übrigens haben bei weitem nicht alle Firmen eine solche Abteilung.

Personalberater für höher qualifizierte Positionen

3 »Ich möchte für eine Position, die eine höhere Qualifikation erfordert, einen außergewöhnlich guten Mitarbeiter finden, der gegenwärtig für eine andere Firma arbeitet; und ich werde einen Berater dafür bezahlen, diesen brillanten Kandidaten für mich zu finden.«
Die Agenturen, die so von einem Arbeitgeber beauftragt werden, heißen Personalberater oder Headhunter.

Ein Kandidat, der Nachweise seiner Qualifikationen anbietet

2 »Ich möchte jemanden einstellen, der zur Tür hereinkommt und Arbeitsproben aus früheren Tätigkeiten vorweisen kann.«
»Ich möchte jemanden einstellen, den mir ein guter Freund empfehlen kann, der seine Arbeit kennt.«
Bei diesem Freund kann es sich um den (Ehe-)Partner, den besten Freund, einen Kollegen aus derselben Branche oder auch einen Kollegen aus einer anderen Branche handeln.

Unternehmensintern – Gedanken des Arbeitgebers

1 »Ich möchte jemanden einstellen, dessen Arbeit ich gesehen habe.«
(Beförderung eines Vollzeit-Mitarbeiters, Beförderung eines Teilzeit-Mitarbeiters, Übernahme eines früheren Beraters in eine Festanstellung (im Gegensatz zu dem früheren, zeitlich befristeten Vertrag; Übernahme eines von einer Zeitarbeitsfirma vermittelten Mitarbeiters in eine Festanstellung; Übernahme eines ehrenamtlichen Mitarbeiters in eine bezahlte Position)

So besetzt ein Arbeitgeber in der Regel freie Positionen

Sie wollen wissen, was an unseren Methoden zur Stellensuche vorsintflutlich ist? Nun, fangen wir mit dem Pfeil im Diagramm auf der linken Seite an. Er zeigt, wie ein *typischer* Arbeitgeber am liebsten nach einem neuen Mitarbeiter sucht. Wenn wir ganz unten im Diagramm beginnen und uns Schritt für Schritt nach oben vorarbeiten, sehen wir, dass er vorzugsweise innerhalb des Unternehmens Stellen besetzt, indem er Mitarbeiter versetzt oder befördert, deren Arbeit er bereits kennt und schätzt.

Nur wenn das nicht funktioniert, geht er einen Schritt weiter und fährt mit der in seinen Augen zweitbesten Methode fort: Er fragt seine Freunde und Kollegen, ob sie jemanden kennen, den sie für die freie Stelle empfehlen können. Dabei ist er auch offen für Bewerber, die Arbeitsproben bieten können – im Falle eines Künstlers in Form einer Mappe, in anderen Berufen mit anderen angemessenen Mitteln.

Nur wenn das nicht funktioniert, fährt der Arbeitgeber mit der nächstbesten Methode fort: Er wendet sich an eine Agentur, die für ihn die Suche übernimmt, im Falle qualifizierter Fach- oder Führungskräfte meistens an eine Personalberatung, im Falle weniger hoch qualifizierter Mitarbeiter meistens an eine Arbeitsvermittlung.

Nur wenn keine der vorangegangenen Methoden funktioniert, ist er widerwillig bereit, seine Suche mit den weniger beliebten Methoden fortzusetzen: Er sieht sich die bereits vorliegenden Initiativbewerbungen an oder gibt eine Stellenanzeige in der Zeitung oder ein Jobangebot im Internet auf.

Nun vergleichen Sie den Pfeil auf der linken Seite mit dem Pfeil auf der rechten Seite. Letzterer zeigt den Weg, auf dem ein typischer Arbeitssuchender versucht, einen neuen Arbeitgeber zu finden. Wenn wir nun an der Spitze des Diagrammes beginnen, sehen wir, dass *die von dem Arbeitsuchenden bevorzugten Methoden genau in der umgekehrten Reihenfolge erscheinen wie die der Arbeitgeber*. Die Methoden, die die Arbeitgeber am wenigsten mögen, werden von den Arbeitssuchenden am häufigsten angewandt. Und das ist in der Tat vorsintflutlich!

Wir könnten die Statistiken natürlich verbessern und die Effizienz der Jobsuche steigern, wenn nur die Arbeitgeber die Bewerbung als geeignetsten Weg ansehen würden, um ihre Wunschkandidaten zu finden. *Dann würden die Lieblingsmethoden der Arbeitgeber und der Arbeitsuchenden übereinstimmen.*

Aber warum tun sie das nicht? Lassen Sie uns so beginnen:

Lügen, verdammte Lügen und die Statistik

Auf diese Weise steigerte einst jemand das Wort »Lügen«. »Lügen« und »Bewerbungen« gehören schon seit langem zusammen. Die Versuchung dazu ist besonders groß, seit die Arbeitslosigkeit wächst und Unternehmen auf jeder Bewerbung ein »Sahnehäubchen« – die Eins im Examen, die Empfehlung eines Topmanagers oder die Bescheinigung über eine Zusatzausbildung – erwarten.

Es gibt Schätzungen von Insidern, dass jeder dritte Bewerber es mit der Wahrheit nicht so genau nimmt, wobei die Palette von einfacher Schönfärberei bis zu arglistischer Täuschung reicht. Die Dunkelziffer ist enorm, vermutlich werden nur fünf Prozent der Blender und Betrüger ertappt.

Sie lügen, indem sie ihren Titel oder ihre Verantwortung übertreiben, indem sie Entlassungen oder Misserfolge verschweigen, indem sie Referenzen aufblähen oder Jobs verschweigen, in denen sie kläglich versagt haben – und sie kennen noch viele weitere Tricks.

Angenommen, Sie wären selbst Arbeitgeber: Wie viel Glauben würden Sie einem Blatt Papier schenken, das nachweislich zu einem Drittel aus Lügen besteht? Wahrscheinlich nur sehr wenig.

Berge von Post

Und trotzdem kommen Bewerbungen, auch mittlerweile Initiativbewerbungen, – ungefragt, unbegrenzt – per Post und über das Internet, vor allem, weil jedem eingeredet wurde, dass dies der beste Weg sei, sich um einen Job zu bewerben. Mythen sterben langsam.

Manche Unternehmen erhalten mehr als 250 000 Initiativbewerbungen pro Jahr; selbst kleine Unternehmen können bis zu zehn oder 15 pro Woche bekommen. Unternehmen fühlen sich manchmal, so sagen Experten, wie Schiffe in einem Meer von Bewerbungen.

Bewerbung
Das ideale Mittel, um aus einem menschlichen Wesen ein Objekt zu machen (ein Blatt Papier im Format DIN A4). Diese Verwandlungsmethode wird häufig dazu genutzt, um Menschen, denen wir niemals zuvor begegnet sind, davon zu überzeugen, Tausen-

So werden Bewerbungen gefiltert

Nach einer Untersuchung der Unternehmensberatung Kienbaum gehen auf eine Annonce im Schnitt 160 Bewerbungen ein. Nach folgenden Gesichtspunkten wird in Personalbüros ausgesiebt:

- schlechte Präsentation (8)
- fehlende Mindestanforderungen (64)
- unpassendes Alter (16)
- überzogene Gehaltsvorstellungen (8)
- mangelnde Branchenkenntnisse (16)
- Zusatzqualifikationen reichen nicht (16)
- zu häufige Stellenwechsel (8)

24 Bewerber kommen in die enge Wahl.

de von Mark in uns zu investieren, indem sie uns einstellen, damit wir eine Aufgabe bewältigen, die wir noch gar nicht genau kennen.

Michael Bryant

Aus diesem Grunde ist es nicht das erste Anliegen eines Arbeitgebers auszuwählen, sondern auszusortieren. (Wenn Sie natürlich bibelfest sind oder in landwirtschaftlichen Begriffen denken, ziehen Sie es vielleicht vor, diesen Vorgang *die Spreu vom Weizen trennen* zu nennen.) Die Personalabteilung, sofern das Unternehmen über eine verfügt (und das trifft nur auf einen Bruchteil aller Unternehmen zu), oder eine vom Pech verfolgte Büroangestellte haben dann die undankbare Aufgabe, den Stapel auf eine

überschaubare Menge zu reduzieren. »Sehen Sie nach, wen Sie aussortieren können.«

Und welchen Bewerbungen wird diese zweifelhafte Ehre zuteil? Nun, zuerst solchen Bewerbungen, die sich nicht gut anfühlen, beispielsweise rauhes Papier. Der erste Eindruck, den eine Bewerbung macht, wirkt sich auf die Finger der auswählenden Person aus, noch bevor ihre Augen gesehen haben, was auf dem Papier steht. So entscheiden die Finger, wer aussortiert wird, noch bevor die Augen gefragt werden. Es ist zum Heulen: »Das rauhe Papier war schuld daran, dass ich den Job nicht bekommen habe.«

Als nächstes trifft es Bewerbungen, die dem Auge des Aussortierenden nicht gefallen, noch bevor sie den Inhalt des Schreibens lesen. Auch das ist zum Heulen: »Das schlechte Schriftbild war schuld!«

Aussortiert werden auch Bewerbungen, die so schlecht geschrieben sind, dass der Arbeitgeber nichts über die Person erfährt, die dahintersteckt. Oder Bewerbungen, die so glatt und oberflächlich klingen (verfasst von einem professionellen Bewerbungsservice), dass der Arbeitgeber ihnen nicht entnehmen kann, was die Person dahinter ausmacht.

Nicht zu vergessen auch solche Bewerbungen, mit denen sich ein 3 000

Mark Angestellter auf die Position eines Geschäftsführers bewirbt; oder ein Manager mit einem Jahresgehalt von 180 000 Mark auf einen Job in der Poststelle. Oder Menschen, die einen dramatischen Karrieresprung versuchen.

Für die Mitarbeiter der Personalabteilung heißt es einfach: aussortieren. Aus diesem Grunde kann es Ihnen passieren, dass Sie stapelweise Bewerbungen versenden und niemals zu einem Gespräch eingeladen werden. Aus diesem Grunde bleiben Millionen von Menschen arbeitslos. Und wieder ist es nichts als ein Glücksspiel.

Bewerbungen

Nun, ich weiß, dass Sie all dem, was ich bisher gesagt habe, Glauben schenken – aber Sie sind trotzdem fest entschlossen, eine Bewerbung zu schreiben, nicht wahr? Schließlich hat auch Ihr bester Freund seine neue Stelle durch eine Bewerbung bekommen – und Sie wissen, dass Ihnen das auch gelingen wird! Sie werden das Ding schreiben und es per Post versenden oder ins Internet packen, und es wird funktionieren, keine Frage! Und selbst wenn es nicht funktioniert, Sie lieben die Vorstellung, dass Ihre Bewerbung irgendwo im Internet herumschwebt oder auf dem Schreibtisch eines Arbeitgebers liegt. Richtig?

Bewerbungen haben einen Sinn: Natürlich kann eine vielbeschäftigte Führungskraft oder ein Abteilungsleiter nicht die Zeit aufbringen, mit jedem einzelnen Bewerber, der sich für eine Stelle im Unternehmen interessiert, ein ausführliches Gespräch zu führen. Dafür ist nicht genug Zeit.

Anonym

Es gibt unzählige Anleitungen, wie man das macht. Mein Lieblingssatz hierzu stammt von Amy Lindgren: »Wenn Sie nur sorgfältig genug planen, dann werden Sie die perfekte Bewerbung schreiben können, wenn Sie alt genug sind, um in Rente zu gehen.« Im Internet werden auf vielen Seiten explizite und detaillierte Anweisungen gegeben, wie Sie eine Bewerbung verfassen und wie Sie sie im Internet veröffentlichen. Es sind so viele, dass Sie eine Liste benötigen.

Es gibt Dutzende von Büchern über Bewerbungen, die Sie in jeder gut sortierten Buchhandlung erhalten. Stöbern Sie doch einmal. Sie werden überrascht sein. Um exemplarisch zwei bekannte Bücher und eine CD-ROM zu nennen, die einen Überblick über das Thema geben, seien hier genannt.

Literaturempfehlung

Für Studenten und Berufseinsteiger gibt es *Individuell bewerben – Karrierestart für den Führungsnachwuchs* des Staufenbiel Instituts für Studien- und Berufsplanung GmbH, verfasst von Doris und Frank Brenner und Birgit Giesen. Neben Aufbau und Inhalt der schriftlichen Bewerbung werden Varianten und aktuelle Alternativen (zum Beispiel Kurz-, Initiativ-, Telefonbewerbung und Bewerbung über neue Medien) dargestellt. Weitere Themen sind auch Auswahlverfahren und das Vorstellungsgespräch.

Die CD-ROM *Perspektiven,* die in Zusammenarbeit des Staufenbiel Instituts mit der F. A. Z. entstanden ist, bietet ein Interaktives Bewerbungstraining und -handling mit Basisinformationen und Übungen an. Weitere Themen sind Informationen zu Branchen und Tätigkeitsfeldern, ein Lexikon mit Beiträgen aus der F. A. Z. und dem *Blick durch die Wirtschaft* und eine multimediale Präsentation von mehr als 120 Unternehmen.

Mehr an Führungskräfte richtet sich Hans Bürkles *Aktive Karrierestrategie. Erfolgsmanagement in eigener Sache* des Gabler Verlags, 2. Auflage 1996. Das Buch beschreibt im Kontext der Gesamtproblematik verschiedene Bewerbungstaktiken, die auf die jeweilige Situation abgestimmt sind. Es gibt auch konkrete Beispiele für Aufbau- und Gestaltungsmöglichkeiten schriftlicher Unterlagen. Weiterhin wird auch Allgemeineres zum Thema Karriere geschrieben, vom Karriereknick über innerbetriebliche Karriere bis zur Karriere durch Positionswechsel.

Speziell für Österreich gibt es weitere Hinweise zum Thema Bewerbung in einem neuen Buch von Andreas Spannring, *Jobsuche in Österreich. Fünf Schritte zum Job,* das im Signum Verlag erschienen ist. Es gibt Informationen zum Arbeitsmarkt und der aktuellen österreichischen Situation und nennt 1500 Adressen für die Jobsuche.

In der Schweiz gibt es *Success Career. Zielsichere Stellensuche,* 3. Auflage 1999, herausgegeben von S & C Publishing Company Sarl in Vessly, ein Leitfaden mit vielen praktischen Tipps, Bewerbungsstrategien, Unternehmensprofilen und Angaben von 1400 Firmen in der Schweiz in Zusammenarbeit mit Kompass.

Wir haben genug Zeit mit Bewerbungen verbracht; lassen Sie uns den Rest der Glücksspiele unter die Lupe nehmen und sehen, ob irgendeines von ihnen Sie weiterbringen könnte. Es ist riskant, Sie haben schlechte

John Kovalic, © Shetland Productions.

Karten, aber niemand hat das Recht, Ihnen zu verbieten, es wenigstens zu versuchen.

Die Hauptbestandteile dieses Spiels sind, wie Sie sich vielleicht erinnern:

- (Initiativ-)Bewerbungen,
- Stellenausschreibungen in der Zeitung oder im Internet,
- Stellengesuche,
- Arbeitsvermittlung.

Über Bewerbungen haben wir schon geredet. Lassen Sie uns also die anderen Punkte in Augenschein nehmen, um zu sehen, was sie zu bieten haben.

Zeitungsanzeigen oder Stellenangebote im Internet

Printmedien spielen in Deutschland, Österreich und der Schweiz nach wie vor eine größere Rolle als das Internet. Dennoch schauen wir uns beide an. Stellenanzeigen werden an den unterschiedlichsten Stellen und unter den verschiedensten Rubriken geschaltet: »Kleinanzeigen«, »Aushilfe gesucht«, »Arbeitsmarkt«, »Chancen« oder einfach unter »Stellenangebote«. Bedenken Sie, dass Stellenanzeigen (im Internet ebenso wie in der Presse) keinesfalls den gesamten Arbeitsmarkt repräsentieren: Studien zeigen, dass in Deutschland im Jahr 1997 nur 35 Prozent (Westdeutschland) beziehungsweise 14 Prozent (Ostdeutschland) aller Stellenbesetzungen über Inserate erfolgten.

Der offene Stellenmarkt in Deutschland geht über regionale Zeitungen, der qualifiziertere in der Regel über die großen überregionalen Zeitungen.

Stellenbesetzungen

	Westdeutschland	Ostdeutschland
Zeitungsinserate	35 %	14 %
Mitarbeiterhinweise	21 %	19 %
Initiativbewerbungen	15 %	13 %
Arbeitsamt	15 %	31 %
Interne Stellenausschreibung	4 %	3 %
Stellengesuche	2 %	1 %
Private Arbeitsvermittlung	1 %	1 %
Aushang im Unternehmen	1 %	–

Die oben dargestellten Erfahrungen können auch im Wesentlichen auf Österreich und die Schweiz übertragen werden. Demzufolge sind Stellenanzeigen also nichts anderes als »freie Stellen, die der Arbeitgeber auf anderem Wege nicht füllen konnte«.

Heutzutage gibt es mindestens drei Möglichkeiten, um Stellenangebote zu finden:

In Zeitungen

Der Stellenmarkt in Zeitungen ist in den deutschsprachigen Ländern derzeit immer noch der üblichste Weg. Experten raten Ihnen dazu, die Stellenanzeigen der Vollständigkeit halber in jeder Ausgabe Ihrer Tages- oder Wochenzeitung zu durchforsten und zwar alle, von A bis Z. Einige Zeitungen sortieren ihre Stellenangebote nach Kategorien, und manchmal ist die Position, nach der Sie Ausschau halten, in einer Kategorie versteckt, in der Sie sie niemals vermuten würden.

Im Internet

Hier können Sie zunehmend (und manchmal ausschließlich) *in bestimmten Branchen Stellen* finden: vor allem in der EDV und der Informationstechnologie, aber auch im High-Tech und überhaupt eher in akademi-

Das Ablehnungstrauma

schen Berufen. Auch die überregionalen großen Zeitungen in Deutschland, Österreich und der Schweiz veröffentlichen ihren Stellenmarkt im Internet. Stellenangebote im Internet finden Sie unter »Jobbörsen«. Wie finden Sie sie, wenn Sie einen Internetzugang haben? Hier einige Suchmaschinen und interessante Links:

Name der Suchmaschine	Stellenangebote	Erfasste Stellenbörsen
C. E. S. A. R. *www.cesar.de*	200 000	30
JobRobot *www.jobrobot.de*	53 063	148
JOBworld *www.jobworld.de*	27 000	12
ZEIT-Robot *www.jobs.zeit.de*	35 000	720

Mit *www.akademie.de/tours/jobmarkt* haben Sie einen Link zu zahlreichen Jobbörsen, Mailinglisten und Newsgroups, deren Service oft weit über eine reine Stellenvermittlung hinausreicht. Das Forum Berufsbildung, ein kostenloser Service des W. Bertelsmann Verlags, Bielefeld, bietet unter *www.berufsbildung.de/forum/berufsstart/index.htm* Links zu zahlreichen Stellenbörsen im In- und Ausland an.

In Österreich gibt es beispielsweise unter *www.ams.or.at/Sfa/txt1100.htm* zahlreiche nützliche Links, unter anderem auch zu Jobbörsen.

In der Schweiz finden Sie über die wichtigsten nationalen Zeitungen, die bei den Recherchemöglichkeiten in Kapitel 5 aufgeführt sind, auch Links zu den verschiedenen Stellenbörsen. Unter *www.alpha-online.ch* und über *www.eurospider.ch* erhalten Sie ebenfalls alle wichtigen Links.

Literaturempfehlung

Christian Meier, Marius Schuller, Roland Wurm: *Erfolgreich bewerben im Internet*, Hanser 1998, mit CD-ROM. Das Buch geht über das Thema hinaus und bietet auch Hilfen bei der Strategie von Bewerbungen im Internet.

In Fachzeitschriften, Info-Briefen oder Verbandsblättern

Jede Berufssparte, jede Interessenvertretung oder Branche hat normalerweise ein Mitteilungsblatt, einen Verband oder eine sonstige Interessensvertretung oder einen »Stellenmarkt«. Erkundigen Sie sich, welche Blätter für Sie in Frage kommen könnten.

Regeln für die Reaktion auf Stellenanzeigen

Wenn Sie ein Angebot entdecken, das Ihren Vorstellungen entspricht, und sei es nur zu drei Vierteln, dann versenden Sie Ihre Bewerbungsunterlagen mit Anschreiben, Lebenslauf und Anlagen oder eventuell nur ein gut formuliertes Anschreiben.

Bedenken Sie, dass Sie sich vielleicht mit unzähligen anderen Bewerbern, die auf die gleiche Anzeige antworten, messen müssen. Unternehmen erhalten auf Anzeigen zwischen 20 und 1 000 Bewerbungen. Anzeigen im Internet werden unter Umständen schon eine Stunde nach ihrem Erscheinen beantwortet. Anzeigen in Zeitungen werden meistens innerhalb von 24 bis 96 Stunden beantwortet, wobei der Höhepunkt zumeist am dritten Tag erreicht wird.

Bedenken Sie, dass Ihre Bewerbung mit größter Wahrscheinlichkeit das Schicksal ereilen wird, aussortiert zu werden. Meistens überstehen nur 5 bis 8 von 100 Bewerbungen den Auswahlprozess. Mit anderen Worten: 92 bis 95 Prozent fallen durch.

Trotz der überwältigenden Belege für mangelnde Effektivität zahlen sich Bewerbungen für manche Stellensuchende aus. Manche finden auf diese Weise sogar ihren Traumjob. Aber angesichts der großen Hindernisse, die dem im Wege stehen, raten die meisten Experten, gewisse Dinge zu beachten, wenn Sie dieses Spiel wirklich spielen wollen und Ihr Antwortschreiben verfassen:

Das Ziel Ihrer Antwort ist, eine Einladung zu einem Vorstellungsgespräch zu erhalten, sonst nichts. Ob Sie den Job dann bekommen, wird durch dieses Gespräch entschieden, nicht durch Ihre Antwort auf die Anzeige.

© 1980, Universal Press Syndicate.

Fassen Sie sich kurz. Gehen Sie lediglich auf die in der Anzeige genannten Anforderungen ein und führen Sie dann auf, über welche Erfahrungen oder Qualifikationen Sie verfügen, die genau mit diesen Anforderungen übereinstimmen. Belassen Sie es dabei. Stellen Sie eine Liste in Stichpunkten auf und beginnen Sie die Absätze jeweils mit einem Aufzählungszeichen (zum Beispiel einem Punkt •).

Wenn bestimmte Fertigkeiten verlangt werden, über die Sie nicht verfügen, wie zum Beispiel »Erfahrungen mit Motorbooten«, antworten Sie zumindest, dass Sie an Motorbooten interessiert sind. Natürlich nur, wenn das der Wahrheit entspricht.

Wenn nicht explizit nach Ihren Gehaltsvorstellungen gefragt wird, vermeiden auch Sie dieses Thema. Warum einen weiteren Grund dafür liefern, aussortiert zu werden? Wenn die Anzeige von Ihnen verlangt, Ihre Gehaltsvorstellungen zu nennen, sollten Sie dies nach Ansicht einiger Experten ignorieren, weil viele Arbeitgeber sich auf diese Weise nur die Möglichkeit schaffen wollen, Bewerber auszusortieren, ohne Zeit für ein Gespräch zu verschwenden. Wenn Sie das Thema nicht erwähnen, kann der Arbeitgeber eventuell unterstellen, dass Sie diese Aufforderung übersehen haben. Andere Experten sagen: Seien Sie nicht kleinlich. Antworten Sie, aber lassen Sie eine Spanne von mehreren tausend Mark und versehen Sie Ihre Forderung mit dem Zusatz »je nach Art und Umfang der Aufgaben und Verantwortung« oder ähnlichen Worten, zum Beispiel: »Meine Gehaltsvorstellungen bewegen sich zwischen 50 000 und 60 000 Mark, abhängig von der genauen Aufgabenbeschreibung.«

Wovor müssen Sie sich hüten, wenn Sie Stellenangebote studieren?

Scheinangebote

Sie werden häufig von Personalvermittlungen geschaltet, damit Sie Ihre Bewerbung einsenden (häufig ist nur ein Postfach angegeben). Sie wollen damit ihre Bewerberdatenbank aufblähen, um in zukünftigen Verhandlungen mit Arbeitgebern besser dazustehen.

Man sollte auch wissen, dass der öffentliche Dienst alle Positionen ausschreiben muss, obwohl die meisten bereits auf informellem Weg besetzt sind, bevor sie noch in die Zeitung geraten.

Chiffreanzeigen

Diese Anzeigen sind, nach Ansicht der meisten Insider, reine Zeitverschwendung für den Arbeitssuchenden. Aber viele Bewerber sind sehr geschickt darin, nur mit den Informationen zu antworten, nach denen gefragt ist, und bekommen am Ende einen Job. Falls Sie jedoch zufällig in einem festen Arbeitsverhältnis stehen, besteht immer die Gefahr, dass diese Anzeige ohne Ihr Wissen von Ihrem eigenen Arbeitgeber aufgegeben wurde. Das gilt gerade auch für Personalberater, die im Auftrag von Firmen inserieren. Sie haben hier grundsätzlich die Möglichkeit eines Sperrvermerks: »Bitte nicht an Firma ... weitergeben«, um diese peinliche Situation zu vermeiden. Es hängt aber von der Seriosität eines Beraters ab, ob er sich auch daran hält.

Telefonnummern in Anzeigen

Die meisten Experten sagen: »Benutzen Sie sie nicht, es sei denn, Sie wollen einen Termin vereinbaren.« Sie empfehlen, es dabei zu belassen, damit Sie nicht zu früh per Telefon aussortiert werden. Andere Experten dagegen halten es für sinnvoll anzurufen, vorausgesetzt, dass Sie die Person sprechen können, für die Sie direkt arbeiten würden (nicht jedoch die Personalabteilung, die Telefonzentrale oder ein Sekretariat).

Wenn Sie diese Person erreichen, nutzen Sie den Anruf, um weitere Informationen *über den Job* zu bekommen (ohne über sich und Ihre Qualifikation zu reden). Fragen Sie: »Könnte ich persönlich mit Ihnen sprechen oder Ihnen meine Bewerbung zusenden?« Wenn der Arbeitgeber mit einem Vorstellungsgespräch einverstanden ist, vereinbaren Sie einen festen Termin. Wenn er lieber eine schriftliche Bewerbung haben möchte, danken Sie Ihrem Gesprächspartner, dass er sich die Zeit für Sie genommen hat, und lassen Sie sich zum Sekretariat zurückverbinden. Dort können Sie den exakt buchstabierten Namen Ihres Gesprächspartners, seinen Titel und die Adresse des Unternehmens erfragen. Dann reichen Sie Ihre Bewerbungsunterlagen ein. In Ihrem Anschreiben könnte zum Beispiel ein Satz wie dieser stehen: »Ich danke Ihnen für das Telefongespräch und für Ihr Interesse an meinen Bewerbungsunterlagen.« Erwähnen Sie im weiteren Verlauf Ihres Anschreibens die Highlights aus dem Telefongespräch, an die Ihr Adressat sich Ihrer Meinung nach erinnern sollte.

Redewendungen, die viel Interpretationsspielraum lassen

- »Dynamische Einsteiger mit dem unbedingten Willen zum Erfolg gesucht« (Sie werden auf Provisionsbasis arbeiten);
- »Organisationstalent« (Sie werden in der Ablage arbeiten);
- »Investieren Sie in Ihre Zukunft« (Franchisegeber oder Strukturvertrieb);
- »Enger Kundenkontakt« (Call-Center oder Telefonmarketing. Sie bedienen das Telefon oder betreiben Kaltakquise);
- »Planende und koordinierende Tätigkeit« (Sie sind für die Reiseplanung Ihres Chefs verantwortlich);
- »Die Chance Ihres Lebens« (nirgendwo sonst werden Sie für so wenig Geld so viel arbeiten können);
- »Reisen Sie gerne?« (Sie arbeiten als Vertreter im Außendienst und haben ein großes Gebiet zu betreuen).

Machen Sie keine weiteren Aussagen. Jeder Punkt, den Sie unnötigerweise erwähnen, könnte dazu führen, dass man Ihre Bewerbung deshalb aussortiert. Sollte es irgendetwas geben, was Sie noch sagen möchten, bewahren Sie es sich für das Gespräch auf – sofern Sie eingeladen werden.

Auch mit dem letzten Satz in Ihrem Schreiben sollten Sie die Kontrolle über die Situation behalten. Im Prinzip bedeutet das, dass Sie sich eine Möglichkeit offen lassen, selbst nochmals aktiv zu werden. Statt »Ich hoffe, von Ihnen zu hören« sollte es heißen: »Ich freue mich darauf, von Ihnen zu hören, und werde Sie in einer Woche anrufen, um sicherzugehen, dass Sie dieses Schreiben erhalten haben.« Vergewissern Sie sich, dass Ihr Schreiben Ihre Telefon- und Faxnummer sowie Ihre E-

Mail-Adresse (falls Sie eine haben) enthält. Denn jeder Arbeitgeber bevorzugt eine andere Art, um mit Ihnen in Kontakt zu treten, wenn er Interesse an Ihnen hat.

Vergewissern Sie sich, dass Ihr Anschreiben und Ihr Lebenslauf völlig fehlerfrei sind. »Fast perfekt« genügt nicht. Orthographie- oder Zeichenfehler führen häufig dazu, dass Ihre Bewerbung in dem Stapel der aussichtsreichsten Kandidaten ganz unten landet oder sogar ganz aussortiert wird. Bevor Sie Ihre Unterlagen wegschicken, sollten Sie sie deshalb mindestens zwei Freunden, Arbeitskollegen oder Familienmitgliedern zeigen, von denen Sie wissen, dass sie Rechtschreibung und Zeichensetzung exzellent beherrschen. Wenn ein Fehler gefunden wird, tippen Sie den gesamten Brief noch einmal oder drucken Sie ihn neu aus. (Auf keinen Fall Tipp-Ex benutzen!)

Ziehen Sie in Erwägung, Ihre Bewerbung per Kurier zu verschicken, wenn Sie es nicht per E-Mail versuchen – oder selbst wenn Sie es tun. Solange nicht jeder so verfährt (und noch tun es nur wenige), wird sich Ihre Bewerbung dem Arbeitgeber einprägen, glauben Sie mir.

Verlegen Sie sich nicht auf »originelle« Vorgehensweisen. In manchen Zeitschriftenartikeln wird empfohlen, Tricks anzuwenden – beispielsweise Ihre Bewerbung in einem Paket einzusenden oder vor den Fenstern des Unternehmens, für das Sie arbeiten möchten, eine Reklametafel vor sich herzutragen, oder Ihren Brief mit dem Vermerk »persönlich/vertraulich« zu versehen, um den Eindruck zu vermitteln, er stamme von einem Freund oder ähnliches. Dummerweise haben manche Arbeitgeber so etwas schon häufig erlebt und reagieren äußerst ungehalten, wenn es schon wieder passiert. Andere reagieren anders; auf jeden Fall ist es ein Risiko. Sie entscheiden, ob Sie es eingehen wollen oder nicht.

Bleiben Sie am Ball, wenn eine Anzeige Sie wirklich interessiert. Manche Menschen, die Arbeit suchen, studieren die Stellenangebote in ihrer Tageszeitung oder im Internet Tag für Tag und notieren sich sorgfältig alle Anzeigen, auf die sie antworten würden, für die sie jedoch nicht die Qualifikation, Erfahrung, Zeugnisse oder Referenzen haben, die die Anzeige verlangt. (Sie sollten Ihre Bewerbung trotzdem unverzüglich einreichen.) Aber damit nicht genug. Sie beobachten die Angebote so genau, dass sie bemerken, wenn eine Anzeige nicht mehr geschaltet wird *und dann einige Tage oder Wochen später wieder erscheint*. Das ist ein Zeichen dafür, dass der Arbeitgeber Schwierigkeiten hat, eine Person mit der Qualifikation zu finden, die er erwartet. Dieser Zeitpunkt ist außerordentlich günstig, um den Kontakt wieder aufzunehmen und neu zu verhandeln.

Eine Arbeitsuchende berichtete von ihrem Erfolg mit dieser Strategie: »In dieser Anzeige wurde, als ich erstmals auf sie antwortete, ein abgeschlossenes Hochschulstudium verlangt, und das hatte ich nicht. Ich verfügte jedoch über eine zehnjährige Erfahrung in diesem Tätigkeitsbereich. Als die Anzeige einen Monat später wieder erschien, schickte ich einen Brief, in dem ich schrieb, dass sie offensichtlich nicht gefunden hatten, was sie suchten, und ob sie mir nicht eine Chance geben wollten. Meine Bewerbungsunterlagen lägen ihnen bereits vor. Es funktionierte. Ich wurde zu einem Gespräch eingeladen, ich machte ihnen ein Angebot, das 10 000 Mark unter dem lag, was sie jemandem mit Hochschulabschluss gezahlt hätten, aber immer noch 10 000 Mark über meinem letzten Gehalt. Ich bekam den Job. Es erübrigt sich wohl zu sagen, dass alle glücklich sind. Ich habe dreien meiner Freunde diese Vorgehensweise empfohlen und bei zweien von ihnen lief es genauso erfolgreich.«

Stellengesuche

Wie wir oben bei den Zahlen über Stellenbesetzungen gesehen haben, spielen diese in der Praxis eine sehr untergeordnete Bedeutung. Nur 1 bis 2 Prozent aller Stellen werden durch Zuschriften von Firmen auf Stellengesuche besetzt, wahrlich keine stattliche Zahl. Dennoch scheint es viele Arbeitsuchende nicht davon abzuhalten, es auf diese Weise zu versuchen. Wenn Sie sich aber einmal die Zahl der Gesuche, vor allem in den überregionalen Zeitungen, anschauen, bleibt die Frage, welcher potentielle Arbeitgeber sich die Zeit nimmt, diese genau zu studieren – und dann noch genau dieses eine Mal, wenn das Inserat erscheint. Als Reaktion auf diese Inserate erhalten Stellensuchende häufig auch unseriöse Angebote von Firmen, die auch sonst »Persönlichkeiten« über Stellenangebote suchen. Aber dennoch: Es gibt auch hier erfolgreiche Beispiele.

Wenn Sie sich dennoch überlegen, ein Stellengesuch zu schalten, informiert hierzu das Buch von Hans Bürkle, das bereits schon unter dem Stichpunkt »Bewerbung« genannt wurde.

Arbeitsvermittlung

Von klein auf wird uns eingeredet, dass es drei Möglichkeiten gibt, nach einer neuen Arbeitsstelle zu suchen: Stellenangebote (in der Presse oder im Internet), Stellengesuche und verschiedene Formen von Arbeitsvermittlung. Mit den Stellenangeboten und den -gesuchen haben wir uns gerade beschäftigt. Nun lassen Sie uns einen Blick auf die Arbeitsvermittlung werfen.

Die Arbeitsvermittlung scheint vor allem dann sehr attraktiv zu sein, wenn wir mit dem Rücken zur Wand stehen. Uns gefällt die Vorstellung, dass es irgendwo jemanden gibt, der weiß, wo die freien Stellen sind. Doch leider hat niemand in diesem Land auch nur die leiseste Ahnung, wo all die Jobs sind. Bestenfalls finden wir Hinweise darauf, wo *einige* freie Stellen zu finden sind. Das wissen Arbeitsvermittlungen, von denen wir hier zwei Arten unterscheiden: das Arbeitsamt und private Arbeitsvermittlungen.

Eine Besonderheit in Deutschland ist das frühere Monopol für Arbeitsvermittlung der Bundesanstalt für Arbeit, das erst 1994 aufgehoben wurde. Vergleichbar war auch die Situation in Österreich, wo das frühere »Arbeitsamt« jetzt »Arbeitsmarktservice« (AMS) heißt. In der Schweiz wurde die Personalvermittlung traditionell schon immer sehr liberal gehandhabt. Gemessen an der Zahl ihrer Einwohner hat die Personaldienstleistungsbranche hier einen sehr hohen Anteil. Im Folgenden erfahren Sie mehr darüber.

Bei der deutschen Bundesanstalt für Arbeit hat man in der Regel mit den jeweiligen regionalen Arbeitsämtern zu tun. Ihre Internet-Adresse ist *www.arbeitsamt.de*. Eine Übersicht über alle Dienststellen mit Adressen der Arbeitsämter, der Zentralstelle für Arbeitsvermittlung in Frankfurt, aller Hochschulteams, der unterschiedlichen Fachvermittlungsdienste und Jobvermittlungen sind im Anhang einer kleinen kostenlosen Broschüre zusammengefasst: *Was? Wieviel? Wer?*, herausgegeben von der Bundesanstalt für Arbeit, Referat Presse- und Öffentlichkeitsarbeit, 90327 Nürnberg. Es gibt bundesweit über 200 Arbeitsämter, deren Aufgabe die Beratung, die Vermittlung und die Weiterbildung ist. Die Leistungen sind kostenlos. Arbeitsämter haben auch Listen offener Stellen und einen Zugang zum »Stellen-Informations-System« (SIS, mit 344 000 Angeboten bei 6,2 Millionen Abrufen), einer bundesweiten elektronischen Datenbank mit Stellenangeboten, dem »Ausbildungs-Stellen-Informations-Service« (ASIS, mit 157000 Angeboten und 1,3 Millionen Abfragen) und seit April 1998 den »Arbeitgeber-Informations-Service« (AIS, mit 1,2 Millionen Profilen von Jobsuchenden und 540000 Abfragen durch potentielle Arbeitgeber), womit die Arbeitsämter über die weltweit größten Arbeitsmarkt- und Ausbildungsdatenbanken verfügen.

Dennoch wird nur etwa ein Drittel aller offenen Stellen überhaupt dem Arbeitsamt gemeldet (41 Prozent der sofort zu besetzenden und 25 Prozent der später zu besetzenden), und zwar vorwiegend aus dem unteren Segment des Arbeitsmarkts. Je qualifizierter man ist, desto unwahrscheinlicher ist es, eine Stelle über das Arbeitsamt zu finden. Arbeitsvermittler betreuen zudem durchschnittlich 800 Arbeitslose, zwischen 15 und 25 Jobsuchende müssen sie am Tag beraten. Damit sind sie natürlich heillos überfordert.

Für Fach- und Führungskräfte gibt es die Zentralstelle für Arbeitsvermittlung (ZAV) mit einer »Managementvermittlung« in Frankfurt und einer »Internationalen Arbeitsvermittlung« in Berlin. Die deutschlandweite Managementvermittlung National bietet jährlich etwa 3500 Stellenangebote und vermittelt durchschnittlich 700 Fach- und Führungskräfte pro Jahr. Das Büro Führungskräfte der Wirtschaft, das zur ZAV gehört, teilt in einer Broschüre mit, dass es »seit seiner Gründung im Jahr 1957 mehr als 1000 Führungskräfte der obersten Leitungsebene vermittelt« hat. (Innerhalb eines Jahres, nämlich 1998, wurden aber 55000 Positionen für Fach- und Führungskräfte durch Personalberater besetzt!) Die internationale Arbeitsvermittlung der ZAV konnte 1998 knapp 7100 Arbeitskräfte ins Ausland vermitteln, davon mehr als zwei Drittel Fach- und Führungskräfte. Die ZAV fördert aber auch Universitätsabsolventen und bietet für Abiturienten, Studenten und andere junge Leute eine Reihe von Job-Programmen während der Sommerferien, meist Hilfstätigkeiten.

Abgesehen von der fraglichen Effektivität bei der Arbeitsvermittlung bietet das Arbeitsamt in den 181 Berufsinformationszentren (BIZ) insbesondere für Schüler eine Fülle von Informationen zu Berufsbildern, Ausbildungswegen und Weiterbildungsmöglichkeiten in Form von Informationsmappen, Broschüren, Vortragsveranstaltungen, Filmen, Datenbanken, Hörprogrammen und vielem mehr. Das Arbeitsamt ist auch eine gute Anlaufstelle für Menschen mit gesundheitlichen Einschränkungen, für ältere und für sozial benachteiligte Personen. Es gibt Informationen über Qualifizierungsmaßnahmen und Umschulungen und führt kostenlose Bewerbungsseminare durch.

Effektivität? Nach einer Studie der Bundesanstalt für Arbeit sind die Arbeitsämter in den alten Bundesländern etwa nur bei jeder dritten Stellenbesetzung beteiligt, hierbei ebenfalls aus dem weniger qualifizierten Bereich; das bedeutet natürlich, dass zwei Drittel aller Jobsuchenden, die dort hingegangen sind, beim Arbeitsamt keinen Job fanden.

Ähnlich wie in Deutschland wurde 1994 in Österreich die bisherige Arbeitsmarktverwaltung (AMV) aus dem Bundesministerium für Arbeit, Gesundheit und Soziales ausgegliedert und der Arbeitsmarktservice (AMS) als Dienstleistungsunternehmen des öffentlichen Rechts konstituiert. Der AMS ist in Bundes-, Landes- und Regionalorganisationen gegliedert. Er vermittelt Arbeitskräfte auf offene Stellen und versucht, die Eigeninitiative von Arbeitsuchenden und Unternehmen durch Beratung, Information, Qualifizierung und finanzielle Förderung zu unterstützen. Sie finden Informationen über den Arbeitsmarktservice im Internet unter *www.ams.or.at*. Trotz einiger Reformen ist der AMS noch immer mehr eine Verwaltung als eine Serviceinstitution. Die Dienstleistungen und die Effektivität sind vergleichbar mit denen in Deutschland. In einer Datenbank wird eine Auswahl an Lehrstellen, offenen Stellen und Stellen in Europa geboten. Das Stellenangebot ist in den Geschäftsstellen und über Internet abrufbar.

Auch immer mehr private Beratungsstellen übernehmen die Betreuung von Arbeitsuchenden. Sie werden aber fast ausschließlich vom Staat subventioniert und sind daher finanziell abhängig, also auch anfällig für Budgetkürzungen. Zur Unterstützung bei der Jobsuche gibt es neben vielen schriftlichen Informationen, die Sie entweder beim AMS oder über das Internet anfordern können, auch eine neue *Praxismappe Jobsuche*, die in mehreren Abschnitten das Rüstzeug für eine systematische Arbeitsuche anbietet.

In der Schweiz existieren viele Amtsstellen und Angebote, die wegen der föderalistischen Struktur von Kanton zu Kanton anders aussehen und anders benannt werden. Zuoberst gibt es das Bundesamt für Wirtschaft und Arbeit (BWA) in Bern, *www.bwa.ch*, sowie die Kantonalen Volkswirtschaftsdirektionen. Diesen sind jeweils die Ämter für Wirtschaft und Arbeit (AWS, so benannt im Kanton Zürich) oder auch Kantonale Ämter für Industrie, Gewerbe und Arbeit (KIGA) unterstellt. Auf kommunaler Ebene gibt es die Arbeitsämter.

Gesamtschweizerisch und einheitlich gibt es weiterhin die Regionalen

Arbeitsvermittlungszentren (RAV). Für Arbeitslose sind dies die wichtigsten Anlaufstellen zur Wiedereingliederung in den Arbeitsprozess. Dort erhält man Beratung, Vermittlung und Angebote zu Weiterbildungskursen. Auch in der Schweiz gibt es Berufsinformationszentren (BIZ) und akademische Berufsberatung. 1998 haben alle von den Kantonen geplanten 150 RAV ihren Betrieb aufgenommen. Im Vergleich zu Deutschland ist die Tatsache, dass ein hier tätiger Berater durchschnittlich für 130 Stellensuchende, davon 100 Arbeitslose zuständig ist, recht luxuriös.

Private Arbeitsvermittlung

Nachdem 1994 das Vermittlungsmonopol der Bundesanstalt für Arbeit aufgehoben wurde, beantragten zahlreiche Personen und Firmen bei den Landesarbeitsämtern eine Zulassung als private Arbeitsvermittler. Sie witterten als Konkurrenz zum Arbeitsamt hierin, analog zu Ländern wie der Schweiz oder Großbritannien, einen lukrativen Markt.

Die Adressen von privaten Arbeitsvermittlern kann man über den Bundesverband Personalvermittlung e. V. (BPV), Vorgebirgsstraße 39, 53119 Bonn, erfahren. Private Arbeitsvermittler findet man vereinzelt auch in den *Gelben Seiten* unter »Arbeitsvermittlung« oder »Personalvermittlung«, manche auch im Internet. Viele sind auf bestimmte Gebiete spezialisiert. Sie vermitteln bisher kaum Akademiker mit höheren Einkommen. Es gibt auch Vermittlungsfirmen, die freie Mitarbeiter für bestimmte Projekte vermitteln. Viele dieser Agenturen, die vor allem im Bereich der Informationstechnologie tätig sind, finden Sie unter *www.freiberufler.de*.

Private Arbeitsvermittler stellen ihr Honorar dem Arbeitgeber in Rechnung, was durchschnittlich eine Vermittlungsgebühr von einenhalb bis zwei Bruttomonatsgehältern des neuen Mitarbeiters bedeutet. Sie leben also davon, dass sie Arbeitgeber finden, die dazu bereit sind, ein Vermittlungshonorar zu zahlen. Daher entscheiden sie sehr schnell, welche Bewerber überhaupt in dieser Hinsicht interessant sind. Als Berufsumsteiger hat man daher in der Regel schlechte Karten.

Die anfangs hohen Erwartungen in die private Arbeitsvermittlung haben sich bisher nicht bestätigt. 1998 fanden nach Angaben des BPV etwa 70 000 Menschen in Deutschland eine Beschäftigung über private Arbeitsvermittler, rund 40 Prozent mehr als 1997. Das Thema Arbeitsvermittlung spielt mittlerweile auch in den Medien kaum mehr eine Rolle. Nur wenige der im BPV tätigen Unternehmen verdienen ihr Geld allein mit der Vermittlung von Arbeit.

Insbesondere für Arbeitslose sind die Privaten keine große Hoffnung. Nur 15 000 Personen der 1997 Vermittelten hatten vorher keine Stelle; im Jahr 1998 soll etwa ein Drittel der Vermittelten, in absoluten Zahlen aber selbst dann nur 27 000 Personen, zuvor arbeitslos gewesen sein, wie der Verband selbst mitteilte. Dies ist weit weniger, als 1994 im Eifer nach Aufhebung des Monopols der Bundesanstalt für Arbeit prognostiziert wurde.

Auch in Österreich sind die traditionellen Strukturen eher verkrustet. Es gibt aber auch hier mittlerweile wie in Deutschland private Personalvermittler. Diese unterliegen strengen Auflagen. In Österreich müssen sie sogar für die Erteilung der Lizenz eine Prüfung ablegen. Für die Inanspruchnahme der Dienste der Personalvermittler müssen auch hier die Auftraggeber zahlen.

Weil in der Schweiz qualifizierte Kräfte traditionell Mangelware sind, blüht hier im Gegensatz zu den beiden anderen Ländern seit eh und je das Geschäft der Stellenvermittler. Sie benötigen zwar eine staatliche Lizenz, die aber wie in Deutschland leicht zu erhalten ist. Die Zahl der privaten Personaldienstleister betrug in der Schweiz im Jahr 1997 insgesamt 2 349 Unternehmen, davon der größte Teil (755) im Wirtschaftsraum Zürich.

© 1969 King Features Inc.

Zeitarbeitsfirmen

Zeitarbeit war bis 1957 in Deutschland verboten und galt auch danach noch lange als moderne Form der Sklavenhaltung. Im internationalen Vergleich ist der Anteil der Zeitarbeit in Deutschland immer noch gering. In den letzten Jahren ist Zeitarbeit aber salonfähig geworden. Sogar Banken gründeten eigene Zeitarbeitsfirmen, um ihre Mitarbeiter nicht entlassen zu müssen, aber auch, um Schäden am Ansehen oder der Unternehmenskultur zu vermeiden.

Im Juristendeutsch heißt die Zeitarbeit »Leiharbeit«, die Tätigkeit der Zeitarbeitsunternehmen nennt sich »Arbeitnehmerüberlassung«. Zum gewerbsmäßigen Verleih von Arbeitskräften benötigen die Zeitarbeitsfirmen eine Erlaubnis des Landesarbeitsamtes. Zeitarbeitnehmer erhalten vom Verleiher einen schriftlichen, grundsätzlich unbefristeten Arbeitsvertrag mit den üblichen Leistungen: Sozialversicherung, bezahlter Urlaub, Lohnfortzahlung im Krankheitsfall, gesetzlicher Kündigungsschutz, oft auch Qualifikation und Schulungen. Die Ausleihdauer ist pro Kunde auf 12 Monate begrenzt. Auch befristete Verträge bis zu zwei Jahren sind zulässig. Zeitarbeitsfirmen leben von der Differenz zwischen dem, was die Auftraggeber für die ausgeliehenen Mitarbeiter zahlen und dem, was sie an den Arbeitnehmer weitergeben abzüglich anfallender Nebenkosten, so dass der Verdienst in der Regel geringer ist als auf dem freien Arbeitsmarkt. Im Schnitt verdienen die »Leiharbeiter« nach einer Studie des IAB nur 65 Prozent des Einkommens in der Privatwirtschaft, andere schätzen die Differenz auf 10 bis 20 Prozent.

Zeitarbeitsfirmen haben sich in den letzten Jahren wie die Kaninchen vermehrt, insbesondere ausländische Firmen drängten auf den Markt. 1987 gab es ganze 511 Zeitarbeitsfirmen, mittlerweile sind es rund 3900. Zeitarbeit ist einer der am stärksten expandierenden Zweige in der Gesamtwirtschaft. Experten rechnen bis zum Jahr 2006 mit einer Verfünffachung des Zeitarbeitsanteils in Deutschland.

Man findet die Namen der regional vertretenen Zeitarbeitsfirmen in den *Gelben Seiten*. Viele Zeitarbeitsunternehmen sind auch mit eigenen Seiten im Internet vertreten. Vom Bundesverband Zeitarbeit (BZA), Vorgebirgsstr. 39, 53119 Bonn, *www.bza.de* oder *info-bza@t-online.de*, kann man eine Liste der Mitgliedsunternehmen erhalten. Viele der früher klassischen Zeitarbeitsfirmen nennen sich mittlerweile »Personal-Dienstleister« und decken ein breiteres Spektrum ab als eigentliche Zeitarbeit, nämlich private Arbeitsvermittlung, Beratung von Firmen bei Outplacement und Outsourcing oder den Betrieb von Call-Centern. Es gibt Agenturen, die sich auf fast alle denkbaren Berufe spezialisiert haben.

Viele Zeitarbeitsfirmen klagen sogar über einen Mangel an geeignetem Personal. Im Gegensatz zum regulären Arbeitsmarkt eröffnen sich hier auch noch Chancen für schlecht oder gar nicht qualifizierte Kräfte. Auch wer beim Studium gebummelt oder die Abschlussprüfung nicht gerade mit Glanz und Gloria bestanden hat, kann bei Zeitarbeitsunternehmen seine Chance bekommen. Viele Mitarbeiter nutzen Zeitarbeit als Sprungbrett in die Festanstellung.

Erst wenige Leiharbeitnehmer haben ein Studium abgeschlossen, allerdings steigt die Tendenz. Für Manager bieten Zeitarbeitsfirmen und neuerdings Tochterfirmen von etablierten Personalberatern die Möglichkeit des Interimsmanagements an.

Effektivität? Sicher höher als bei der typischen privaten Arbeitsvermittlung, obwohl Sie sich in bestimmten Regionen, mit bestimmten Spezialgebieten und bei bestimmten Agenturen bewerben können und dennoch nie zum Zuge kommen. Während des ersten Halbjahres 1997 konnten 89 000 Menschen ihre Arbeitslosigkeit durch Zeitarbeit beenden, darunter 18 000 Langzeitarbeitslose.

In Österreich und der Schweiz ist die Situation vergleichbar. 1997 gab es in der Schweiz etwa 200 reine »Personalverleihbetriebe« und circa 650 gemischte Betriebe, die Verleih und Vermittlung gleichzeitig betrieben.

Literaturempfehlung

Einen guten Überblick über das Thema Zeitarbeit bietet der Ratgeber *Zeitarbeit: Mehr als ein Job* von Amaren Baum, Rowohlt 1999.

Eine Darstellung des Vorgehens, des Markts und der juristischen Rahmenbedingungen finden Sie bei Kirsten Frank, *Interim Management – Management auf Zeit – Read a Head,* Verlag Heinrich Sadler 1996.

Berater, die von Arbeitgebern beauftragt werden

Sie heißen Personalberater, betreiben Executive Search (Direktansprache) und werden auch »Headhunter« genannt. Der gesamte Personalberatungsmarkt wird auf etwa 2300 überwiegend kleine Anbieter geschätzt. Wie bereits erwähnt, wurden 1998 nach Informationen des Bundes Deutscher Unternehmensberater 55000 Positionen durch Personalberater besetzt. Der Begriff Personalberater ist, im Gegensatz zu den strengen Kriterien des Gesetzgebers für Personalvermittlung und Zeitarbeit, kein geschützter Titel. Die Mitgliedschaft im Bund Deutscher Unternehmensberater (BDU) oder in der Vereinigung der Executive Search Berater (VDESB) sollen grundsätzlich Seriosität garantieren.

Die Zahl der Personalberater hat sich in den letzten Jahren stark vergrößert, der Gesamtumsatz der Headhunter hat sich in den vergangenen zehn Jahren ebenfalls deutlich erhöht – was dafür spricht, dass offensichtlich Bedarf besteht. Auch mancher arbeitslose Manager hat Personalberatung als lukratives Geschäftsfeld entdeckt. Personalberater leben von dem Honorar, das der Auftraggeber bezahlt. Wie immer sie sich selbst nennen, gerade diese neu entstandenen Firmen sind natürlich daran interessiert, Namen von vielversprechenden Kandidaten zu bekommen – oft geben sie ihnen auch die Gelegenheit für ein persönliches Gespräch.

Schauen Sie vor allem im Stellenteil der großen, überregionalen Zeitungen nach den Namen der Firmen. Viele, gerade große und bedeutende Firmen finden Sie hier aber nicht, da diese ausschließlich über Direktansprache gehen. Auch in den *Gelben Seiten* finden Sie nur wenige Einträge. Berateradressen und Informationen über die Seriosität von Beratern gibt der BDU, *www.bdu.de*.

Effektivität? Nach einer aktuellen Studie des BDU fällt fast die Hälfte aller durch Personalberater platzierten Kandidaten in die Altersklasse der 35- bis 44-jährigen. Schwierig zu vermitteln seien nach wie vor die über 50-jährigen. Nahezu 80 Prozent der vermittelten Bewerber hatten einen Hochschul- oder Fachhochschulabschluss und 40 Prozent verfügten über eine kaufmännische oder praktische Ausbildung. 50 Prozent der Akademiker können weitere Qualifikationen vorweisen. Wenn Sie ein solcher Idealkandidat und nicht gerade arbeitslos sind, können Sie Ihr Glück bei einem Personalberater versuchen. Solange Sie nicht nur auf dieses eine

Pferd setzen, haben Sie nichts zu verlieren – außer ein paar Bögen Briefpapier und einige Briefmarken.

Personalberater gibt es auch in Österreich und der Schweiz. Besonders in der Schweiz, wo sie im Gegensatz zu Deutschland ebenfalls eine staatliche Lizenz benötigen, spielen sie traditionell eine große Rolle. Im Gegensatz zu den Stellenvermittlern, die eher im unteren Bereich angesiedelt sind, werden Positionen von mittleren Führungskräften aufwärts durch Personalberater besetzt, die über Anzeigen und Direktansprache gehen. Hier bewegen sich fast alle internationalen Organisationen, aber auch einige rein schweizerische mit internationalen Partnerschaften.

Literaturempfehlung

Adressen von Beratern stehen auch im BDU-Berater-Verzeichnis mit Berater-Datenbank, (Buch mit CD-ROM). Die umfangreichste Darstellung von rund 3000 Personalberatern gibt das Buch *Personalberater 99*, erschienen im Verlag Heinrich Sadler. Einen Einblick in die Vorgehensweise von Personalberatern finden Sie in *Mit Headhuntern Karriere machen* von Rolf Dahlems und Klaus Leciejewski, Metropolitan Verlag, 1998.

Outplacement

Outplacement-Firmen werden auf Kosten des Unternehmens eingeschaltet, wenn es »unfreiwillige Trennungen« von Mitarbeitern gibt. Ein Argument für die Auftraggeber im Hinblick auf diese in der Regel recht kostspielige Beratung ist unter anderem, dass dadurch noch höhere Kosten (zum Beispiel für Abfindungen) und unschöne Auseinandersetzungen mit Image-Schäden vermieden werden sollen.

Outplacement-Firmen sind eine Art »besseres Arbeitsamt«. Sie versuchen, den freigesetzten Managern möglichst rasch zu einer neuen, attraktiven Position zu verhelfen. Traditionell wird dieser Service vorwiegend für Führungskräfte angeboten. Das Honorar orientiert sich am Jahresgehalt der Person. Es liegt bei etwa 20 Prozent und ist also für Privatpersonen in der Regel kaum erschwinglich. Seit einiger Zeit wird auch Gruppen-Outplacement angeboten, das die Arbeitsämter unter bestimmten Bedingungen in Zukunft fördern könnten.

Die Outplacement-Beratung hat ihren Ursprung in den USA. In Deutschland sind seit Ende der siebziger Jahre Outplacement-Gesellschaften aktiv. Neben einer Handvoll traditioneller Outplacement-Firmen bieten mittlerweile auch viele Einzelpersonen, Management- und Personalberatungsfirmen Outplacement an, da hier offenbar ein lukratives Geschäft winkt. Im internationalen Vergleich ist Outplacement in Deutschland aber noch relativ wenig verbreitet.

Effektivität? Immerhin sucht auch ein Manager im Durchschnittsalter zwischen 40 und 50 Jahren sogar mit Hilfe von Outplacement in der Regel zwischen 7 und 8 Monate lang nach einem Job.

Literaturempfehlung

Wenn Sie sich für das Thema Outplacement interessieren, informiert Sie umfassend ein Buch von Fritz Stoebe, einem der Pioniere des Outplacement in Deutschland: *Outplacement. Manager zwischen Trennung und Neuanfang*, Campus Verlag, 1993. Hier wird erklärt, was Outplacement ist, wie Trennungen zustande kommen, wie man sie fair löst und wie man bei Outplacement vorgeht.

Karriere- und Bewerbungsberatung

Einzelpersonen und viele der genannten Firmen bieten auch Karriere- beziehungsweise Bewerbungsberatung an. Im Anhang wird auf Karriereberatung nochmals gesondert eingegangen.

Wie gut funktioniert dieses Spiel?

Lassen Sie uns den Tatsachen ins Auge sehen. Auch oder gerade, wenn die Statistiken gegen uns sprechen.

Für viele Menschen zahlt sich dieses Glücksspiel aus und sie können außerordentlich gute Ergebnisse vorweisen. Sie haben zum guten Schluss genau den Job, den sie wollten, und sie sind geradezu euphorisch angesichts dieses Weges – besonders, wenn sie ziellos herumgeirrt sind, bevor sie diesen Plan für sich entdeckt haben. Es funktioniert also, entgegen unserer Vermutungen, wunderbar – für viele Menschen.

Manche Menschen kommen auf diese Art und Weise noch zu annehmbaren Ergebnissen. Sie bekommen irgendeinen Job und irgendein Gehalt, auch wenn es rückblickend nicht gerade die Arbeit ist, die sie eigentlich suchten, und das Gehalt nicht annähernd dem entspricht, was sie sich erhofften oder was sie eigentlich benötigten. Aber: ein Job ist ein Job und besser, als arbeitslos zu bleiben. (Es sei nur nebenbei erwähnt, dass die hier beschriebene Methode der Arbeitssuche Menschen so lange in Angst und Schrecken versetzt, bis sie mehr als bereit sind, ihre Ansprüche und ihr Selbstwertgefühl herunterzuschrauben und sich mit einem Job zufrieden zu geben, der weit unterhalb ihrer ursprünglichen Erwartungen angesiedelt ist.)

Für den Rest der Menschen, die sich dieser Methoden der Arbeitssuche bedienen, funktioniert es schlicht und ergreifend überhaupt nicht: Sie bleiben arbeitslos.

Bei den Arbeitslosenzahlen gibt es starke saisonale Schwankungen, die meist zum Jahresanfang ihren Höhepunkt haben. In Deutschland schwankt die Zahl der Arbeitslosen zurzeit zwischen 4 und 4,5 Millionen Menschen. Im April 1999 waren 4 145 000 Personen arbeitslos gemeldet,

was 10,7 Prozent der Erwerbstätigen für das gesamte Bundesgebiet entspricht.

In Österreich waren zum gleichen Zeitpunkt 230 000 Menschen arbeitslos gemeldet, was einem Anteil von 7 Prozent entspricht, wenn man eine ähnliche Berechnung wie in Deutschland zugrunde legt.

In der Schweiz gab es im April 1999 genau 106 000 Menschen ohne Arbeit, was 2,9 Prozent der erwerbstätigen Bevölkerung entspricht. In der deutschsprachigen Schweiz liegt dieser Anteil traditionell sogar noch niedriger. Besonders gering ist die Arbeitslosenquote unter den gebürtigen Schweizern.

Dabei haben wir noch nicht einmal eine wirtschaftliche Flaute, die offiziell den Kriterien eine Rezession entspricht! Es wird im Gegenteil sogar von einem leichten Aufschwung gesprochen. Menschen, die versuchen, einen anderen Beruf als bisher zu ergreifen, haben in diesem Glücksspiel besonders schlechte Karten.

In dieser Woche, in der nächsten Woche, im nächsten Monat werden Tausende von Menschen, die Arbeit suchen, 400, 500, 600, 800, 1 000 oder mehr Bewerbungen verschicken oder sie auf Dutzenden von Internetseiten veröffentlichen, 100 Stellenangebote aus Zeitungen oder aus dem Internet beantworten, 20 Arbeitsvermittlungen aufsuchen und trotzdem nicht eine einzige Einladung zu einem Vorstellungsgespräch erhalten. Das geschieht ständig. Das ist mir passiert, und das könnte Ihnen passieren.

Zusammenfassung

Es ist wirklich ein Glücksspiel. Sie sind die Spielfiguren in unserem wunderbaren vorsintflutlichen Jobsuchsystem.

Wenn es sich für Sie auszahlt und Sie einen guten Job finden, prima! Aber wenn nicht, dann sind Sie vielleicht an dem anderen Plan interessiert, den ich – Sie erinnern sich – für den Fall, dass es bisher nicht funktioniert hat, für Sie aufgehoben habe.

Das einzige Problem: Für die meisten Personalexperten in unserem Land gibt es keinen anderen Plan.

Und damit
         hat
                  es
                          sich.

Kapitel 3

Sie können es schaffen!

*Nicht das, was du nicht weißt,
bringt dich in Schwierigkeiten;
das, was du von Grund auf kennst,
ist nicht so, wie du denkst.*

Mark Twain

© Tribune Media Services.

Die kreative Minderheit

Im vorangegangenen Kapitel gab es zwei besonders wichtige Aspekte:

- Das traditionelle Jobsuchsystem ist vorsintflutlich, ein Glücksspiel, bei dem so viel wie möglich in der Hoffnung eingesetzt wird, dass Sie einen Volltreffer landen; aber letztendlich ist es ein Glücksspiel.
- Die meisten sogenannten »Experten« – wie die Mitarbeiter der Personalabteilungen in den Unternehmen – haben nicht die leiseste Ahnung, wie die Arbeitssuche aussehen sollte, sieht man einmal von den folgenden Methoden ab: Bewerbungen, und zwar auf Stellenangebote in der Zeitung oder im Internet oder als »Initiativbewerbung«, Stellengesuche oder Arbeitsvermittlung. Doch das wissen sie erst dann, wenn sie selbst keine Arbeit mehr haben.

Zu unserem großen Glück hat es auch in den Kreisen der Personalexperten immer schon eine kreative Minderheit gegeben. Den Anfang machte John Scott bei den Bell Telephone Laboratories im Jahre 1921, der sich nicht damit zufrieden gab, dass die Suche nach Arbeit so unbefriedigend sein sollte, wie sie heute noch ist. Deshalb machte er sich Gedanken darüber, wie man es besser machen könnte.

Schon bevor Studien durchgeführt und Statistiken zusammengetragen wurden, erkannte die kreative Minderheit intuitiv, dass die Arbeitssuche von drei grundlegenden Wahrheiten bestimmt wird:

- Es gibt immer freie Stellen auf dem Markt, die nur darauf warten, besetzt zu werden.

- Ob Sie diese freien Stellen finden, hängt davon ab, mit welcher Methode Sie Arbeit suchen.
- Wenn Sie auf der Suche nach Arbeit sind und leer ausgehen, sollten Sie die Suchmethode wechseln. Die freien Stellen sind immer noch da und warten darauf, von Ihnen gefunden zu werden.

Was im Jahre 1921 als intuitive Erkenntnis galt, wissen wir nun mit Bestimmtheit, weil die Jobsuche in der Zwischenzeit bis zum Abwinken erforscht wurde. Das gilt auch für Deutschland.

Lassen Sie uns diese drei Tatsachen also genauer unter die Lupe nehmen und aus heutiger Perspektive bewerten.

Erste grundlegende Tatsache über die Jobsuche

Es gibt immer freie Stellen auf dem Arbeitsmarkt, die nur darauf warten, besetzt zu werden.

Es werden ständig neue Stellen geschaffen, während gleichzeitig immer wieder Jobs verloren gehen. In Deutschland informiert die Bundesanstalt für Arbeit in Nürnberg Monat für Monat in der Arbeitslosenstatistik darüber, wie viele es genau sind.[1] In Österreich werden die Arbeitsmarktdaten vom bereits genannten Arbeitsmarktservice (AMS) veröffentlicht, in der Schweiz ist das Pendant das Bundesamt für Wirtschaft und Arbeit mit Sitz in Bern.

In den vergangenen zwölf Monaten sind in Deutschland schätzungsweise 1,4 Millionen neue Stellen geschaffen worden – Stellen, die es zuvor noch nicht gegeben hat. Und über diese 1,4 Millionen neue Stellen hinaus, die es zuvor noch nicht gegeben hat, spielen Unternehmen und Angestellte natürlich mit den Jobs, die es bereits gab, die »Reise nach Jerusalem«.

Das heißt, dass bei etwa 36 Millionen Erwerbstätigen, davon 32 Millionen Arbeitnehmern, die es in Deutschland im Jahr 1998 gab, im Laufe des Jahres eine gewisse Anzahl von Stellen frei wurde. Nimmt man an, dass 10 Prozent aller Arbeitsplätze in einem Jahr neu besetzt werden, beziehungsweise dass ein Arbeitsplatz eine mittlere Lebensdauer von zehn Jahren hat, wären das circa 3,3 Millionen Stellen *pro Jahr*. Die Gründe hierfür sind:

- **Mitarbeiter werden befördert** und lassen die Stelle, die sie vorher hatten, unbesetzt zurück.
- **Mitarbeiter gehen in Ruhestand** und lassen die Stelle, die sie vorher hatten, unbesetzt zurück.
- **Mitarbeiter verlassen das Unternehmen** und lassen die Stelle, die sie vorher hatten, unbesetzt zurück.
- **Menschen ziehen weg** und lassen die Stelle, die sie vorher hatten, unbesetzt zurück.
- **Mitarbeiter werden krank oder hatten einen Unfall** und lassen die Stelle, die sie vorher hatten, unbesetzt zurück.
- **Mitarbeiter sterben** und zurück bleibt die Stelle, die sie zuvor besetzt hatten.

Und natürlich werden auch Mitarbeiter entlassen und Arbeitsplätze abgebaut – in vielen Fällen aufgrund von Rationalisierungsmaßnahmen, Fusionen oder Firmenaufkäufen. Das sollte eigentlich bedeuten, dass es weniger Jobs gibt, und das ist anfangs tatsächlich so. Aber Studien über derartige Unternehmen zeigen, dass sie häufig innerhalb kurzer Zeit wieder Mitarbeiter einstellen, weil sie festgestellt haben, dass sie zu wenig Arbeitskräfte haben oder dass sie neue Leute mit neuen Fähigkeiten benötigen.

Aus all diesen Gründen gibt es auf dem Arbeitsmarkt immer freie Stellen.

Wie viele freie Stellen?

Aber wie viele sind es genau? Weil in Deutschland Statistiken über alles und jeden geführt werden, kennen wir die Zahl ziemlich genau. Addieren wir die neuen Jobs, die Jahr für Jahr neu geschaffen werden, also circa 1,4 Millionen, und die alten Jobs, die Jahr für Jahr frei werden, also ungefähr 3,2 Millionen, dann haben wir allein innerhalb eines Jahres, wenn auch nur für eine denkbar kurze Zeit (durchschnittlich zwei Monate), 4,6 Millionen Stellen, die neu besetzt werden müssen.

Lassen Sie mich dies nochmals anders belegen, da Sie mir diese Zahlen wahrscheinlich herzlich wenig abnehmen werden. Hinter der Zahl der etwa 4 Millionen Arbeitslosen im Jahr 1998 mit ihren Monat für Monat scheinbar nur geringen Veränderungen stehen Anmeldungen und Abmeldungen in noch viel größerer Zahl. So melden sich innerhalb des Jahres insgesamt 7 Millionen Menschen arbeitslos. Insgesamt 6,8 Millionen der Gemeldeten verschwanden im selben Jahr wieder aus der Nürnberger Kartei. Man kann also tatsächlich davon ausgehen, dass jedes Jahr Millionen Menschen freiwillig und unfreiwillig einen Jobwechsel vornehmen.

Das ergibt in Deutschland etwa 400 000 freie Stellen pro Monat – sei es aufgrund der »Reise nach Jerusalem«, die mit bestehenden Jobs gespielt wird, sei es aufgrund der neu geschaffenen Stellen – freie Stellen, die mit irgendjemandem besetzt werden müssen. Glauben Sie mir, es gibt immer Stellen, die nur darauf warten, besetzt zu werden – auch in Österreich und der Schweiz.

Es gibt sogar freie Stellen während einer Rezession

Es kann sein, dass Sie jetzt einwenden: Die Konjunktur dümpelt derzeit vor sich hin. Wie sieht es denn in schlechten Zeiten aus?

Natürlich ist es tatsächlich so, dass *neue* Jobs nicht so zahlreich in schlechten Zeiten geschaffen werden wie in guten Zeiten. Aber der andere Faktor, die »Reise nach Jerusalem« *unter den Jobs, die bereits existieren*, greift natürlich auch während Rezessionen oder »schlechten Zeiten«. Menschen werden immer noch befördert, gehen in Ruhestand, verlassen Unternehmen, ziehen um, werden für längere Zeit krank oder sterben – und ihr Job wird frei. Sogar in den schlechtesten Zeiten.

In der Bundesrepublik Deutschland gab es beispielsweise seit der Währungsreform im Jahr 1949 vier Rezessionen. Aber selbst während der letzten Rezession im Jahr 1993 registrierte die Bundesanstalt für Arbeit fast 700 000 *gemeldete* offene Stellen, das heißt, bei einer geschätzten Dunkelziffer von mindestens 60 Prozent müssten in diesem Zeitraum tatsächlich 1,75 Millionen offene Stellen existiert haben!

Jedes Jahr verlieren Millionen von Menschen ihren Job und finden dann erfolgreich wieder neue Jobs, gute Jobs, manchmal tolle Jobs, sogar in schlechten Zeiten. Und das gilt auch für Österreich und die Schweiz.

Am besten schreiben Sie sich sich, wenn Sie einen neuen Job suchen oder ihren Beruf wechseln wollen, Folgendes auf Ihren Spiegel: »In guten oder schlechten Zeiten: Es gibt *immer* Jobs.«

Zweite grundlegende Tatsache über die Jobsuche

Ob Sie diese freien Stellen finden, hängt davon ab, mit welcher Methode Sie Arbeit suchen.

Stellen Sie sich vor, Sie sind in eine große Stadt gezogen, haben eine wunderschöne Wohnung gefunden und beschlossen, auf ein Telefon zu verzichten. Und nun stellen Sie sich vor, dass einige Monate später Freunde nach ihnen suchen. Ihre Freunde *glauben*, dass Sie in dieser Stadt wohnen, sind sich aber nicht sicher. Natürlich wissen Ihre Freunde, wo sie suchen müssen. Sie schlagen im Telefonbuch nach, weil sie annehmen, dass jeder, der in eine große Stadt zieht, ein Telefon haben *müsse*. Aber wenn sie nachschlagen, finden sie keinen Eintrag. Sie rufen die Auskunft an, um sicherzugehen, doch all ihre Versuche schlagen fehl. Nichts. Aus.

Was schließen Ihre Freunde daraus? Nun, Sie wissen, zu welchem Schluss sie kommen, nämlich dass Sie nicht in der Stadt leben. Und warum gelangen sie zu dieser Schlussfolgerung? Weil Sie denken, dass Sie im Telefonbuch stehen müssten, wenn Sie dort lebten. Und dass Sie, weil Sie nicht im Telefonbuch stehen, nicht dort leben. Aber Sie sind natürlich da. **Ihre Freunde haben nur die falsche Suchmethode benutzt.**

Genauso ergeht es Menschen, die Arbeit suchen, wenn sie sich auf Stellenanzeigen, Stellenangebote im Internet oder auf private Arbeitsvermittlungen verlassen, um freie Stellen zu finden. Sie gehen oft leer aus, **weil sie die falsche Suchmethode benutzen.**

Wenn Sie einen Job finden wollen, ist nicht ausschlaggebend, wie gut der Arbeitsmarkt ist. Alles hängt von der Methode ab, mit der Sie vorgehen, um die freien Stellen zu finden, die es auf dem Arbeitsmarkt *gibt* – in guten wie in schlechten Zeiten.

Die fünf schlechtesten Methoden, einen Job zu finden

Lassen Sie uns noch einmal zusammenfassen, welche Suchmethoden Ihnen zur Verfügung stehen. Wir zählen sie der Reihe nach auf, angefangen bei der niedrigsten Erfolgsquote bis hin zur höchsten Erfolgsquote.[2]

- **Die Suche im Internet.** Wenn Sie einen Job in der EDV oder im technischen Bereich suchen, schätze ich die Erfolgsrate auf etwa 10 Prozent, für die anderen zigtausend Berufsbezeichnungen, die es ansonsten gibt, auf etwa 1 Prozent.

Das bedeutet, dass von 100 Arbeitsuchenden, die das Internet nutzen (Stellenangebote oder Veröffentlichung der eigenen Bewerbung) nur ein einziger mit Hilfe dieser Methode eine Arbeit finden wird. 99 von 100 Arbeitsuchenden werden nicht die Jobs finden, die es *gibt,* wenn sie nur diese Methode bei der Suche benutzen.

- **Wahlloses Versenden von Blind- oder Initiativbewerbungen an Unternehmen.** Diese Suchmethode hat eine Erfolgsquote von 7 Prozent.

  Das heißt, dass von 100 Bewerbern, die sich dieser Methode bedienen, 7 einen Job finden werden. 93 von 100 Arbeitsuchenden werden nicht die Jobs finden, die es gibt – wenn sie nur diese Methode bei der Suche benutzen. (Ich bin sehr großzügig mit meinen Prozentangaben. Eine amerikanische Studie ergab, dass nur eine einzige unter 1 470 Bewerbungen, die in der gesamten Arbeitswelt verschickt werden, zum Erfolg führt. Eine andere Erhebung diagnostizierte noch schlechtere Aussichten: Nur eine von 1 700 Bewerbungen werde mit einem Arbeitsplatz belohnt. Wenn Sie den Eindruck haben, dass Ihre Chancen damit nicht allzu schlecht stehen, sollten Sie nochmals gründlich nachdenken: Würden Sie ein Flugzeug besteigen, wenn Sie wüssten, dass nur eines von 1 700 Sie wirklich ans Ziel bringt?)

- **Stellenangebote in Fachzeitschriften beantworten,** die mit Ihrem Fachgebiet zu tun haben. Diese Suchmethode führt ebenfalls in 7 Prozent aller Fälle zum Erfolg.

  Das heißt, von 100 Arbeitsuchenden finden 7 mit Hilfe dieser Methode einen Arbeitsplatz. 93 von 100 Kandidaten werden nicht die Jobs finden, die es gibt – wenn sie nur diese Methode bei der Suche benutzen.

- **Anzeigen in der Tagespresse beantworten.** Diese Suchmethode führt in 5 bis 24 Prozent aller Fälle zum Erfolg.

  Das bedeutet, dass von 100 Menschen, die auf diese Weise suchen, zwischen 5 und 24 erfolgreich sein werden. 76 bis 95 von 100 werden nicht die Jobs finden, die es gibt – wenn sie nur diese Methode bei der Suche benutzen. (Die hohe Spanne zwischen 5 und 24 Prozent ist von der Höhe des gewünschten Gehalts abhängig. Je höher es ist, desto geringer die Chancen, auf diese Weise einen Arbeitsplatz zu bekommen.)

- **Aufsuchen privater Arbeits- oder Personalvermittlungen.** Auch diese

Methode hat eine 5- bis 24-prozentige Erfolgsrate, wiederum abhängig von der Höhe des gewünschten Gehalts.

Das soll heißen, dass von 100 Kandidaten, die diese Methode wählen, 5 bis 24 einen Job finden werden. 76 bis 95 von 100 Bewerbern werden nicht die Jobs finden, die es gibt – wenn sie nur diese Methode bei der Suche benutzen. (Vielleicht sollte man annehmen, dass die Erfolgsquote dieser Methode in den vergangenen Jahren leicht angestiegen ist, vor allem für Frauen.)

Dritte grundlegende Tatsache über die Jobsuche

Wenn Sie auf der Suche nach Arbeit sind und leer ausgehen, sollten Sie die Methode wechseln.

Ich bin mir sicher, dass Sie sich an unsere alten Bekannten aus dem Glücksspiel erinnern – Bewerbungen auf Stellenangebote, Initiativbewerbungen und Arbeitsvermittlung – sie alle erscheinen auf der Liste der fünf aussichtslosesten Methoden.

Wenn Sie sich also bisher allein auf Bewerbungen, auf Stellenangebote, Initiativbewerbungen, das Arbeitsamt oder private Arbeitsvermittlungen verlassen haben und damit erfolglos waren, dann ist es höchste Zeit, Ihre Suchmethode zu ändern.

Die fünf besten Methoden, einen Job zu finden

- **Fragen Sie die folgenden Menschen, ob sie von freien Stellen wissen: Familienmitglieder, Freunde, Nachbarn, Mitarbeiter der Hochschulteams** – besonders an den Fachhochschulen oder Universitäten, an denen Sie Ihr Examen abgelegt haben. Sie stellen ihnen eine einfache Frage: Weißt du, ob dort, wo du arbeitest (oder sonst irgendwo), eine Stelle frei ist? Mit dieser Suchmethode finden Sie mit 33-prozentiger Wahrscheinlichkeit Arbeit.

    Das heißt, dass von 100 Menschen, die auf diese Weise einen Job suchen, 33 Arbeit finden. 67 von 100 Stellensuchenden werden nicht die

Stellen finden, die es gibt, wenn sie nur diese Methode bei der Suche benutzen.
- **Fragen Sie direkt in jedem Unternehmen, in jedem Betrieb oder Büro nach, das für Sie von Interesse ist, egal ob dort Ihres Wissens eine Stelle frei ist oder nicht.** Diese Methode weist eine Erfolgsquote von 47 Prozent auf.

Das heißt, dass 47 von 100 Bewerbern auf diese Weise eine Stelle finden. 53 von 100 Jobsuchenden werden nicht die Stellen finden, die es gibt, wenn sie nur diese Methode bei der Suche benutzen.
- **Schauen Sie in den *Gelben Seiten* nach,** suchen Sie die Bereiche oder Branchen in Ihrer Stadt oder näheren Umgebung heraus, die Ihnen interessant erscheinen und rufen Sie alle Unternehmen an, die Sie interessieren. Fragen Sie nach, ob in dem Fachbereich, in dem Sie arbeiten (und gut arbeiten), Stellen zu besetzen sind. Mit dieser Methode finden Sie mit 69-prozentiger Wahrscheinlichkeit einen Job.

Das heißt: Von 100 Arbeitssuchenden oder Menschen, die ihre berufliche Laufbahn verändern wollen, finden 69 auf diese Weise eine Stelle. 31 von 100 Jobsuchenden werden nicht die Stellen finden, die es gibt, wenn sie nur diese Methode bei der Suche benutzen.
- **Schließen Sie sich mit anderen Arbeitssuchenden zusammen und nutzen Sie die Gelben Seiten, um Branchen und Interessengebiete in Ihrer

Stadt oder näheren Umgebung herauszufinden. Rufen Sie dann alle Unternehmen an, die unter diesen Rubriken zu finden sind, und fragen Sie nach, ob dort Stellen in den Bereichen zu besetzen sind, in denen Sie arbeiten wollen (und in denen Sie gut sind). Diese Methode wird in 84 Prozent aller Fälle mit einem neuen Arbeitsplatz belohnt.

Das heißt, dass von 100 Menschen, die auf diese Weise Arbeit suchen, 84 einen Job finden werden. 16 von 100 Interessenten werden nicht die Stellen finden, die es gibt, wenn sie nur diese Methode bei der Suche benutzen.

- **Der »kreative Ansatz« für Jobsuche und Berufswechsel.** Diese Methode hat eine Erfolgsquote von 86 Prozent.

Das heißt, dass von 100 Jobsuchenden und Berufsumsteigern 86 einen neuen Beruf finden. 14 von 100 Bewerbern werden nicht die Stellen finden, die es gibt, wenn sie nur diese Methode bei der Suche benutzen.

Was ist der kreative Ansatz für Jobsuche und Berufswechsel?

Weil der kreative Ansatz die höchste Erfolgsquote aller verfügbaren Jobsuchmethoden aufweist, lassen Sie uns zunächst anschauen, wie er erfunden wurde und was diese Herangehensweise auszeichnet.

Die kreative Minderheit ging von der Fragestellung aus, was unser gegenwärtiges System der Arbeitssuche so vorsintflutlich erscheinen lässt. Diesem System, so schien es ihnen, liegen drei fatale Annahmen zugrunde:

- Fatale Annahme Nr. 1: **»Wer Arbeit sucht, sollte offen bleiben in Hinsicht auf das, was er tun möchte, damit es ihm/ihr möglich ist, von der nächstbesten freien Stelle zu profitieren.«** Meine Güte, dachte die kreative Minderheit, deshalb gibt es so viele Menschen in diesem Land, die *überqualifiziert* sind. Wenn Sie nicht genau definieren können, was Sie tun wollen, zunächst für sich selbst und dann für die Arbeitgeber, mit denen Sie zusammentreffen, lassen Sie letztendlich andere die Entscheidung darüber fällen. Und die werden sich entweder aus dieser geradezu Furcht einflößenden Verantwortung stehlen oder aber davon ausgehen,

dass Sie nur bestimmte Arten von Arbeit zu leisten imstande sind (eine sichere Diagnose ohne jedes Risiko).
- Fatale Annahme Nr. 2: **»Wer Arbeit sucht, sollte seine Bemühungen nur auf diejenigen Organisationen konzentrieren, die bereits bekundet haben, dass sie über freie Stellen verfügen.«** Unsinn, sagte die kreative Minderheit. Auf dem Arbeitsmarkt geht es nicht zu wie auf dem Abschlussball eines Tanzkurses, bei dem die Arbeitssuchenden am Rande der Tanzfläche sitzen wie schüchterne Mauerblümchen, während die Arbeitgeber auf dem Parkett herumwirbeln und alles in der Hand haben. In vielen Fällen haben die Arbeitgeber (um bei dieser Metapher zu bleiben) Tanzpartner, die ihnen ständig auf die Zehen treten. Und aus diesem Grunde hofft manch ein Arbeitgeber inständig, dass jemand kommt und ihn ohne Rücksicht auf diese alberne Tradition von dem lästigen Partner befreit. Und (um die Metapher erneut zu bemühen) wer es wagt, die Tanzenden zu trennen, ist selbst meistens ein recht guter Tänzer.
- Fatale Annahme Nr. 3: **»Arbeitgeber nehmen nur solche Bewerber wahr, die gut schreiben können.«** Das ist wirklich lächerlich, wenn so etwas behauptet wird. Aber, so sagte die kreative Minderheit, ist es nicht genau diese Annahme, auf der das gesamte System der Arbeitssuche basiert? Um eingestellt zu werden, müssen Sie zu einem Vorstellungsgespräch eingeladen werden. Um nach diesem System eine Einladung zu einem Gespräch zu erhalten, müssen Sie Ihrem Gegenüber einen Blick auf Ihre Bewerbungsunterlagen gestatten – entweder auf dem Postweg oder indem Sie sie im Internet veröffentlichen. Ihre Bewerbung ist jedoch immer nur so gut, wie Ihre Schreibkünste es zulassen. Wenn die Bewerbung schlecht formuliert ist, wird sie sich natürlich verhalten wie ein Spiegel im Spiegelkabinett und das, was Sie wirklich ausmacht, vollständig verzerren. *Aber dieses Zugeständnis machen die Firmen, die Ihre Bewerbung vor sich haben, natürlich nicht, außer vielleicht in einem von tausend Fällen.* Es wird angenommen, dass Ihre Bewerbung ein korrektes Spiegelbild dessen ist, was Sie ausmacht. Sie könnten Einstein sein, aber wenn Sie nicht gut schreiben können, wird Sie niemand zu einem Gespräch einladen. Arbeitgeber sehen sich nur die Menschen an, die gut schreiben können. Lächerlich? Der Meinung sind Sie sicherlich. Aber aus eben diesem Grunde sagte ich bereits, dass unser System der Arbeitssuche vorsintflutlich ist.

Die drei Geheimnisse der erfolgreichen Stellensuche

Nachdem sie die fatalen Annahmen, die dem Glücksspiel zugrunde liegen, erst einmal definiert und ans helle Tageslicht gezerrt hatten, war es natürlich ein Leichtes für die kreative Minderheit, einen neuen Ansatz der Arbeitssuche zu entwerfen – und zwar einen der funktioniert. Dieser schrieb sich beinahe von allein, weil er einfach das Gegenteil der drei fatalen Annahmen darstellte.

- Erfolgsgeheimnis Nr. 1: »**Sie müssen ganz genau entscheiden, was Sie der Welt anzubieten haben.**« Das schließt ein, dass Sie für sich selbst und für andere definieren, welche übertragbaren Fähigkeiten Sie haben – *in der Reihenfolge, die ihre höchsten Prioritäten oder Vorlieben berücksichtigt.*
- Erfolgsgeheimnis Nr. 2: »**Sie müssen ganz genau entscheiden, wo Sie Ihre Fähigkeiten einsetzen wollen.**« Das heißt, dass Sie Ihre Lieblingsthemen oder Interessenfelder herausfinden, dann auch Ihre regionalen Vorlieben, die Sie dann durch eigene Recherche (Bücher oder Internet) und durch informelle persönliche Gespräche untersuchen.
- Erfolgsgeheimnis Nr. 3: »**Sie müssen an die Organisationen[3] herantreten, die Sie am meisten interessieren, egal ob es dort Ihres Wissens nach freie Stellen gibt oder nicht.**« »Herantreten« heißt, dass Sie Ihre Kontakte nutzen – alle die Sie haben –, um dort einen Termin zu bekommen; besonders mit der Person, die tatsächlich die Macht hat, Sie für den Job einzustellen, den Sie am liebsten hätten. Natürlich müssen Sie zuvor ein wenig recherchiert haben, um zu wissen, wer genau das ist.

Für all diejenigen, die Schwierigkeiten haben, auf dem üblichen Wege (mittels Initiativbewerbungen, Stellenanzeigen oder Arbeitsvermittlung) Arbeit zu finden, ist das Rezept der kreativen Minderheit die letzte Hoffnung.

Für all diejenigen, die mehr als nur irgendeinen Job wollen, ist dieses Rezept unersetzlich.

Für all diejenigen aber, die versuchen, eine neue berufliche Richtung einzuschlagen oder die aus unterschiedlichen Gründen einen anderen Beruf ausüben *müssen* als in der Vergangenheit, entscheidet dieses Rezept der kreativen Minderheit über Leben und Tod.

Sie können es schaffen!

Wenn Sie Arbeit suchen, wird Ihnen jeder Ratschläge erteilen wollen. Und die hören sich üblicherweise so an: »Du hast keine Chance. Gib es auf ... jetzt gleich! Es ist nicht so, als warte die ganze Welt nur auf dich!« – »Es gibt dort keinen einzigen Job, der etwas für Sie wäre, glauben Sie uns, wir haben nachgesehen. Und selbst wenn dort einer wäre, dann nur mit einem Gehalt, das deutlich geringer ist.« – »So glaub uns endlich, geh wieder ins Bett, zieh die Decke über den Kopf und stell die Heizdecke auf die höchste Stufe.« – Das klingt wie Musik in Ihren Ohren – *Musik, die depressiv macht.*

Natürlich dürfen Sie derartige Ratschläge nicht beachten. Und natürlich dürfen Sie die Hoffnung nicht aufgeben. Selbst wenn Sie schon längst mit der Jobsuche begonnen haben – und stapelweise Bewerbungen verschickt, stundenlang Stellenanzeigen studiert, das Arbeitsamt und alle privaten Arbeitsvermittlungen von A bis Z aufgesucht haben, wenn Sie durchs Internet gesurft und sich all die Stellenbörsen und Bewerberlisten angesehen haben, tagelang, wochenlang – ohne dass irgend etwas herausgekommen wäre. Das sagt nichts darüber aus, ob Sie einen Job finden können oder nicht. Es *gibt* einen Weg. Sie *können* einen Job finden, sogar einen, den Sie lieben. Sie *können* Erfolg haben. Das Rezept der kreativen Minderheit ist der Schlüssel dazu: Was, Wo und Wie.

- **Was:** Sie müssen ganz genau definieren, was Sie tun wollen.
- **Wo:** Sie müssen ganz genau definieren, wo Sie das tun wollen.
- **Wie:** Sie müssen an die Organisationen herantreten, die Sie am meisten interessieren, egal, ob sie Ihres Wissens nach freie Stellen haben oder nicht.

Die *erfolgreiche* Jobsuche ist eine erlernte Fähigkeit. Sie müssen sich damit befassen. Sie müssen sie üben. Sie müssen sie beherrschen wie jede andere neue Fähigkeit auch. Und Sie sollten sie von Grund auf beherrschen, weil Sie sie für den Rest Ihres Lebens benötigen werden.

Zusammenfassung

Sie suchen Arbeit oder versuchen, eine andere berufliche Laufbahn einzuschlagen?

Sie haben es mit der Methode versucht, von der alle behaupten, dass sie der richtige Weg sei: Stellenangebote, Initiativbewerbungen und Arbeitsvermittlung, und haben nur herausgefunden, dass es sich gar nicht wirklich um eine Methode handelt. Es ist nur »ein Glücksspiel«. Es ist armselig und vorsintflutlich.

Sie sind neugierig geworden auf das alternative Rezept der kreativen Minderheit, auf das Was, Wo und Wie?

Sie wollen es ausprobieren. Selbst wenn es Arbeit bedeutet, weil Sie wissen, dass die Erfolgsquote zwölfmal höher ist als bei schriftlichen Bewerbungen, wenn es um konkrete Ergebnisse bei der Jobsuche geht.

Sie sind bereit. Aber Sie benötigen noch etwas Hilfestellung. Davon handelt der Rest dieses Buches.

KAPITEL 4

Wenn der Job auf sich warten lässt: Depressionen vermeiden

© 1980, United Feature Syndicate, Inc.

Warum depressiv werden, wenn wir arbeitslos sind?

Die meisten von uns bringen in schwierigen Situationen hervorragende Leistungen, vorausgesetzt, sie erstrecken sich nur über einen kurzen Zeitraum: Wir überstehen mühelos eine dreitägige Eiseskälte. Wir schaffen es, eine Mahlzeit auszulassen. Wir können unseren Atem für 30 Sekunden anhalten. Wir schaffen einen 100-Meter-Lauf mühelos. Wir ertragen Ehe- oder Beziehungsprobleme, sofern sie nicht länger als eine Woche anhalten. Aber wir können es wirklich nicht leiden, wenn derartige Zustände zu lange andauern. Das macht uns mit der Zeit fertig.

Genau das ist jedoch die Situation, in der wir uns befinden, wenn wir arbeitslos sind. Dauert unsere Arbeitslosigkeit nur zwei Wochen an – kein Problem! Aber wenn kein Ende in Sicht ist, neigen viele Menschen zu Depressionen. Wie wahrscheinlich ist es aber, dass die Arbeitslosigkeit länger andauert, als wir es gerne hätten? Lassen Sie uns einen Blick auf die Statistiken werfen.

Etwa 18 Prozent der abhängigen Erwerbspersonen in Westdeutschland und 30 Prozent in Ostdeutschland müssen damit rechnen, innerhalb eines Jahres arbeitslos zu werden. Davon sind viele, vor allem in bestimmten Branchen wie dem Bau, oft kurzzeit beschäftigt und werden oft sogar mehrfach innerhalb eines kurzen Zeitraums arbeitslos. Die durchschnittliche Bezugsdauer von Arbeitslosengeld in Westdeutschland beträgt etwa 29 Wochen. Der Anteil der Langzeitarbeitslosen, zu denen alle Personen gerechnet werden, die länger als ein Jahr lang arbeitslos sind, betrug 33 Prozent für West- beziehungsweise 27 Prozent für Ostdeutschland.

Sie haben also, wenn Sie »gefeuert«, »entlassen«, aufgrund von Restrukturierungsmaßnahmen »abgebaut« oder durch Fusionen »überflüssig« werden oder wenn sie selbst gehen, in der Regel eine geringe Chance, sofort wieder eine neue adäquate Stelle zu finden. Realistisch ist es, sich auf einige Monate Arbeitslosigkeit einzustellen. Bei manchem Arbeitslosen kann es sogar um Jahre gehen. Wenn sich die Jobsuche hinzieht – egal wie lange –, kann sie zu einer echten Depression führen.

Ernsthafte Depressionen

Was verstehen wir unter einer Depression? Der Begriff hat üblicherweise zwei unterschiedliche Bedeutungen: Im engeren diagnostischen Sinn wird er von Psychiatern oder Psychotherapeuten benutzt, im weiteren Sinn, der alltäglichen Bedeutung, wird er von den Menschen auf der Straße gebraucht.

Wenn wir also arbeitslos sind und auf der Straße einem Bekannten begegnen, dem wir erzählen: »Ich habe Depressionen«, so meinen wir damit normalerweise: »Ich bin niedergeschlagen.« Wir meinen damit: »Ich bin traurig.« Wir meinen damit: »Ich bin nicht ich selbst.« Wir meinen damit: »Ich fühle mich schlecht, weil es schwierig ist, in dieser Situation optimistisch oder fröhlich zu sein.« Wir meinen damit: »Ich bin fertig.« Dieses Gefühl der Depression ist unsere emotionale Antwort auf diese eine bestimmte Situation. Sobald wir Arbeit gefunden haben, verschwindet es wieder, und wir fühlen uns so glücklich und unbeschwert wie zuvor.

Psychiater und Psychotherapeuten sehen jedoch in ihren Praxen Tag für Tag eine ganz andere Form der Depression. Dabei handelt es sich um eine Krankheit, mit der dieser Mensch oft schon sehr lange lebt. Ihre Schwere variiert: manchmal ist sie vergleichbar mit einer Erkältung, manchmal mit einer Lungenentzündung. Sie verschwindet nicht einfach, wenn unser Leben sich wieder »bessert«. Wenn wir es mit einer solchen Depression zu tun haben, fühlt sie sich oftmals an, als würde sie uns völlig erdrücken und unser Leben zum Erlöschen bringen. Ein Gefühl völliger Wertlosigkeit, und Selbstmordgedanken gehören ebenfalls dazu. Eine Depression wird häufig »die dunkle Seite der Seele«[4] genannt.

Viele tapfere Menschen ertragen diese dunkle Seite der Seele schon jahrelang und mit erstaunlichem Mut, aufgrund ihrer Konstitution, mit Hilfe ihres Glaubens, einer Psychotherapie oder von Medikamenten, die die Erkrankung teilweise, überwiegend oder ganz eindämmen. Experten schätzen, dass allein in Deutschland jährlich zwischen 4,8 und 8 Millionen Menschen an einer länger andauernden Depression oder an Angstzuständen erkranken.

Und natürlich sind einige von ihnen arbeitslos. Aber wenn es sich um eine solche Depression handelt, ging sie der Arbeitslosigkeit in der Regel schon voraus, und wir haben bereits jahrelang mit ihr gerungen – obwohl unsere Arbeitslosigkeit sie in eine Art »Heimsuchung« verwandeln kann, die häufig zu einer gravierenden Verschlechterung unseres Zustandes führen kann.

Wenn wir während der Zeit unserer Arbeitslosigkeit unter dieser Art einer Depression leiden, ist es wichtig zu wissen, dass es sich um eine Krankheit und keinesfalls um eine Charakterschwäche handelt, etwas, dessen wir uns entledigen könnten, wenn wir nur über einen »stärkeren Willen« verfügen würden. Nein, nein. Masern sind keine Charakterschwäche, und ebensowenig ist es diese Krankheit.

In der seit 1993 weltweit geltenden »Internationalen Klassifikation psychischer Störungen« werden die Leitsymptome folgendermaßen beschrieben:

Die Person ... leidet gewöhnlich unter gedrückter Stimmung, Interessenverlust, Freudlosigkeit und einer Verminderung des Antriebs. Die Verminderung der Energie führt zu erhöhter Ermüdbarkeit und Aktivitätseinschränkungen. Deutliche Müdigkeit tritt oft nach nur kleinen Anstrengungen auf. Andere häufige Symptome sind:

- verminderte Konzentration und Aufmerksamkeit,
- vermindertes Selbstwertgefühl und Selbstvertrauen,
- Schuldgefühle und Gefühle von Wertlosigkeit,
- negative und pessimistische Zukunftsperspektiven,
- Suizidgedanken, erfolgte Selbstverletzung oder Suizidhandlungen,
- Schlafstörungen,
- verminderter Appetit.

Um es vorauszuschicken: Eine Depression kann organische Ursachen haben. Und sie kann auch durch bestimmte Krankheiten verschlechtert werden, zum Beispiel durch eine Schilddrüsenfehlfunktion, durch einen Mangel an Serotonin im Gehirn oder durch Nebenwirkungen von Medikamenten, die wir aus anderen Gründen einnehmen.

Wenn Sie also den Eindruck haben, unter einer echten Depression zu leiden, dann ist es Ihre Pflicht Ihnen selbst und Ihren Angehörigen gegenüber, diese Möglichkeit in Erwägung zu ziehen und einen qualifizierten Arzt aufzusuchen, der herausfinden wird, ob eine organische Ursache vorliegt und die Depression so verschlimmert.

Wenn Sie unter einer Depression leiden und Selbstmordgedanken haben, sollten Sie noch heute einen Facharzt für Psychiatrie, einen approbierten Psychotherapeuten oder Ihren Hausarzt aufsuchen. Selbstmordgedanken oder -absichten zeigen an, dass Ihre Depression zu einem medizinischen Notfall geworden ist, vergleichbar einer Herzattacke. Gehen Sie mit derartigen Gedanken nicht verantwortungslos um, denken Sie nicht: »Ach, das geht vorbei.« Handeln Sie! Gehen Sie zu jemandem, der Ihnen sofort therapeutische oder medikamentöse Hilfe anbieten kann. In vielen Städten und Regionen gibt es auch die Telefonseelsorge, die im Telefonbuch zu finden ist. Dort erfahren Sie auch, wie Sie weitere Hilfe bekommen. Bei akuter Selbstmordgefahr helfen der ärztliche Notdienst oder Ihre Krankenkasse, die auch Informationsmaterial zum Thema anbieten.

Wenn Ihre Depression nicht ganz so schwer ist, Ihnen aber dennoch zu schaffen macht, und wenn die ärztliche Untersuchung ergeben hat, dass es keine körperlichen Ursachen gibt, sollten Sie die Möglichkeit in Betracht ziehen, dass die Ursachen in Ihrer derzeitigen oder früheren Situation und den damit verbundenen Gefühlen – besonders Gefühlen von Ärger – zu suchen sind.

Auch in diesem Falle handelt es sich nicht um eine Willensschwäche, sondern um ein Phänomen, das in unserer menschlichen Natur verwurzelt ist. Für mich ist es vergleichbar mit einem verstopften Abflussrohr. Als Mensch sind wir dazu bestimmt, Erfahrungen zu machen, die damit verbundenen Emotionen zu haben und diese Gefühle dann aus uns herausfließen zu lassen wie aus einem Abwasserrohr. Wenn die Gefühle jedoch nicht abfließen, wenn sie sich ansammeln, stauen sich negative Empfindungen in unserem System auf wie in einem verstopften Rohr. Ich betrachte einige Arten von Depressionen als Ergebnis eines solchen Staus.

Das Heilmittel liegt auf der Hand. Wir müssen dafür sorgen, dass die Leitung nicht mehr verstopft ist, damit wir mit unserem Leben wieder erfolgreich fortfahren können. Und über unsere derzeitigen und früheren Erfahrungen und die Gefühle, die sie in uns hervorriefen, zu reden, ist die Art, auf die wir diesen Stau lösen.

Wenn Sie also deprimiert sind, beginnen Sie zu reden. Reden Sie über alles, was Sie in der Vergangenheit und in der Gegenwart stört. Reden Sie zuerst mit Ihrem Lebensgefährten, Ehepartner, Ihrer Familie, Ihren Freunden. Wenn das nicht hilft, sollten Sie sich an einen qualifizierten ärztlichen oder psychologischen Psychotherapeuten wenden. »Psychotherapeut« dürfen sich nur noch bestimmte Ärzte und approbierte Diplom-Psychologen nennen, die neben einem abgeschlossenen Studium bestimmte Zusatzqualifikationen nachgewiesen haben. Es gibt eine Vielzahl ähnlicher Bezeichnungen, die oft irreführend sind. Wenn die Depression in Ihrem Fall eine Erkrankung darstellt, wird die Behandlung von Ihrer Krankenkasse übernommen. Eine Liste der behandlungsberechtigten Psychotherapeuten erhalten Sie bei Ihrer Krankenkasse oder bei der zuständigen Kassenärztlichen Vereinigung.

Nachdem ich über Depression als Krankheit gesprochen habe, möchte ich wieder zu der nicht-wissenschaftlichen Bedeutung kommen, in der wir den Begriff Depression in unserer Alltagssprache benutzen. Wie ich schon sagte, betrifft dies eher die Situation, in der wir uns für eine gewisse Zeit befinden. Etwa wenn wir arbeitslos sind und eines Morgens aufwachen und denken: »Ich bin fertig«, »ich bin in einem Tief« oder »ich kann das Leben im Moment wirklich nicht genießen«. Ich bezeichne dies, wie gesagt, als Depression durch Arbeitslosigkeit.

Die vier Ursachen einer Depression durch Arbeitslosigkeit

Es gibt meiner Ansicht nach vier Ursachen für Depressionen, die durch Arbeitslosigkeit entstehen. Es sind emotionale, mentale, spirituelle und organische Ursachen. Ein jeder trägt etwas zu den Gefühlen der Depression bei. In diesem Sinne sind Depressionen wie ein Fluss, der von vier

Bächen gespeist wird. Wir müssen also Maßnahmen ergreifen, um diesen vier Ursachen begegnen zu können.

Die emotionalen Wurzeln einer Depression durch Arbeitslosigkeit

Wir leiden unter einer Depression, weil wir Ärger verspüren. Wenn wir keine Arbeit haben, weil wir entlassen wurden, besonders, wenn die Arbeitslosigkeit uns unvorbereitet trifft oder die Entlassung auf schäbige Art und Weise geschehen ist, verspüren wir vielleicht mit Recht Wut und Ärger.

Wir wurden abgelehnt, und das hassen wir.

Wenn wir nach Arbeit suchen und nichts finden, dann verspüren wir spätestens nach der hundertsten Absage Wut.

Wir wurden wiederum abgelehnt, und das hassen wir.

Und wenn wir all dies nicht im Geringsten erwartet haben, dann leiden wir, wie ich es nenne, unter einem *Ablehnungstrauma.*

Niemand wird gern abgelehnt. Weder am Arbeitsplatz noch während der Jobsuche. Wir hassen es.

All diese aufgestaute Wut verschwindet nicht einfach mit der Zeit; sie kann sich, wie ich oben erwähnte, zu einer Depression ausweiten.

Ich brauche wohl nicht ausdrücklich zu erwähnen, wie schnell wir unsere Wut vergessen würden, wenn wir relativ leicht eine andere Stelle finden könnten, in der wir grundsätzlich die Arbeit verrichten, die wir gern tun, mit dem gleichen Maß an Verantwortung und dem gleichen Gehalt, in derselben Stadt und mit einem Chef, der noch besser ist als der vorherige. Aber in Anbetracht unseres vorsintflutlichen Jobsuchsystems ist das nicht so. Es ist nicht leicht, solche Jobs zu finden, selbst wenn sie vorhanden sind.

Deshalb sollte sich unsere Wut in erster Linie gegen dieses sogenannte Jobsuchsystem richten – das uns mit dem Gefühl allein lässt, wertlos und für Wochen, Monate, manchmal Jahre ein Außenseiter der Gesellschaft zu sein. Unsere Wut ist gerechtfertigt und verständlich – zu Beginn.

Aber wenn sie anhält, ist das etwas anderes. Und wenn sich unsere Wut nicht gegen das Jobsuchsystem richtet, sondern gegen unsere ehemaligen Arbeitgeber, ist das der Anfang allen Ärgers. Ich beobachte dies häufig in Gesprächen zwischen entlassenen Arbeitnehmern, die über ihre frühere

Firma reden: »Ich werde ihnen nie verzeihen. Sie haben mein Leben ruiniert.«

Natürlich können unsere früheren Arbeitgeber unser Leben nur dann ruinieren, wenn wir ihnen dabei zur Hand gehen, indem wir an unserem Ärger festhalten. Das wird uns für den Rest unseres Lebens ruinieren. Ich habe diese Entwicklung bei vielen Arbeitslosen miterlebt.

Wir vergessen eine alte Weisheit, die besagt: Wenn die Wut sich zu einem Feuer in uns ausweitet, verzehrt das Feuer auf Dauer nicht das Objekt der Wut, sondern uns selbst. Mit Sicherheit wird sie den gewünschten Effekt auf das Objekt der Wut nicht erreichen. Dieses schläft ruhig, während wir im Gegensatz dazu nachts wach liegen. Nein, Ärger frisst uns selbst auf, nicht sein Objekt, und zwar indem er dazu führt, dass wir gereizt sind, uns zurückziehen, vereinsamen, indem er zum Bruch unserer Beziehungen, zu Scheidung (häufig) oder gar Selbstmord (selten) führt. Nach einer bestimmten Zeit schlägt dieser Ärger gewöhnlich in eine Depression um.

Auswege

- Sie müssen Ihren Blick nach vorn richten, in die Zukunft, nicht nach hinten, auf Ihre Vergangenheit. Wenn Sie sich Ihrer Wut hingeben, bleiben Sie in der Vergangenheit verhaftet.
- Reden Sie über Ihre Wut mit jemandem, der gut zuhören kann, verständnisvoll und mitfühlend ist: Lebensgefährte, Ehepartner, Freund, Therapeut.
- Wenn Sie immer noch Wut im Bauch haben und das Bedürfnis verspüren, auf jemanden (zum Beispiel Ihren früheren Arbeitgeber) einzuschlagen, *tun Sie es nicht*. Lassen Sie Ihre Wut an einem Kissen aus. Einem großen Kissen. Oder an Ihrer Matratze. Schlagen Sie fest zu.
- Wenn Sie ein gläubiger Mensch sind, übergeben Sie Ihre Wut Gott. Richten Sie dann Ihren Blick auf die Zukunft.

Die mentalen Wurzeln der Depression durch Arbeitslosigkeit

Wir leiden unter Depressionen, weil wir das Gefühl haben, machtlos zu sein. Monatelang, jahrelang, vielleicht jahrzehntelang haben wir uns selbst über diesen Job bei dieser Firma definiert. Es gab unserem Leben seinen Zusammenhalt, es bestimmte täglich den Tagesablauf, es gab uns unsere Identität. »Wer sind Sie?« – »Oh, ich bin Vorarbeiter in dem Stahlwerk dort hinten.« Das haben wir vielleicht jahrelang gesagt. Und wenn wir entlassen werden, bedeutet dies das Ende einer Ära. Was sagen wir nun? »Wer sind Sie?« – »Ach, ich weiß es selbst nicht mehr.« Kein Wunder, dass wir unter Depressionen leiden.

Oft führt das dazu, dass wir einen großen Teil unserer Zeit damit verbringen, darüber nachzugrübeln, was falsch läuft. Was stimmt nicht mit anderen Menschen, was läuft falsch in unserem Leben, was stört uns an unserer Situation, an diesem und jenem? In unseren Gesprächen mit Freunden oder Verwandten konzentrieren wir uns darauf, was wir an den Gesprächen – oder an ihnen – nicht gut finden. Wenn wir einen Film oder ein Theaterstück sehen, konzentrieren wir uns nur auf das, was uns miss-

---

Auswege

- Denken Sie immer daran: Sie sind nie machtlos – Sie haben es immer in der Hand, die Perspektive, aus der Sie Ihre Situation betrachten, zu verändern und damit im Laufe der Zeit auch Ihre Situation zum Besseren zu wenden.
- Verbringen Sie Ihre Zeit damit, sich selbst in einem neuen Licht zu sehen. Arbeiten Sie die Übungen in diesem Buch durch, damit Sie lernen, sich nicht über Ihre Berufsbezeichnung, sondern über Ihre Gaben und Talente zu definieren. »Ich bin ein Mensch, der ...«

- Verbringen Sie Ihre Zeit damit, darüber nachzudenken, wie Sie den Rest Ihres Lebens verbringen wollen. Betrachten Sie es als eine philosophische und spirituelle Erneuerung Ihrer selbst.
- Wenn Sie einen Ausweg aus Ihrer Depression suchen wollen, ist es für Sie von wesentlicher Bedeutung, Ihre Aufmerksamkeit auf die schönen Dinge des Lebens zu richten. Legen Sie eine nachsichtigere Haltung gegenüber der Welt an den Tag, sehen Sie sie so, wie sie ist, nicht so, wie Sie sie gerne hätten. Und wie Baltazar Gracián sagte: »Gewöhnen Sie sich an die Fehler Ihrer Freunde, Verwandten, Bekannten ...« Und Ihrer Chefs. Und Ihrer Kollegen.
- Bleiben Sie nicht ständig allein. Verbringen Sie Ihre Zeit mit Ihren Freunden und Ihrer Familie, reden Sie mit Ihnen, nehmen Sie sie in den Arm, machen Sie Ausflüge, treiben Sie Sport, gehen Sie spazieren, singen Sie, hören Sie gute Musik, setzen Sie sich gemeinsam vor den Kamin (in dem hoffentlich ein Feuer brennt). Wenn Sie keinen Kamin besitzen, stellen Sie eine Kerze auf den Tisch, vor sich und einen Menschen, den Sie lieben.

fällt. Wenn wir reisen, konzentrieren wir uns nur darauf, was uns an den Orten, die wir gesehen haben, missfiel. Diese Angewohnheit richtet sich immer auf das, was andere Menschen unserer Meinung nach falsch gemacht haben, was nicht nach unseren Vorstellungen geschieht, was (aus unserer Sicht) fehlt. Wir werden noch depressiver.

Unsere Depression nimmt an Schwere zu, wenn wir uns machtlos fühlen. Sich wie besessen mit dem zu beschäftigen, was falsch läuft, ist der beste Weg, sich immer ohnmächtiger zu fühlen.

Die spirituellen Wurzeln der Depression durch Arbeitslosigkeit

Wir leiden unter Depressionen, weil wir den Eindruck haben, das Leben habe keinen Sinn. Sie werden mit großer Wahrscheinlichkeit Depressionen verspüren, wenn Sie arbeitslos sind, wenn Sie die Erfahrung, entlassen worden zu sein und lange nach einer neuen Stelle suchen zu müssen, als willkürliches, überflüssiges und sinnloses Ereignis in Ihrem Leben betrachten.

Anlässlich eines medizinischen Symposiums, an dem ich vor einigen Jahren teilnahm, referierte ein Arzt über die Rätsel des Heilungsprozesses: Von zwei Patienten gleichen Alters und mit der gleichen Krankengeschichte, die sich beide der gleichen Operation unterziehen, wird einer schnell wieder gesund, während der andere sich nur langsam wieder erholt. Die Ärzte hatten keine Erklärung für dieses verbreitete Phänomen. Sie gaben eine Studie an einem großen Krankenhaus in New York in Auftrag, um herauszufinden, welche Faktoren diese Differenz erklären können. Mit Hilfe eines Computers verglichen sie alle Daten, die ihnen über die Patienten zur Verfügung standen. Und so begannen sie, dem Computer ihre Fragen zu stellen.

Zeichneten sich die Patienten mit rascher Heilung durch Optimismus aus, während diejenigen, die sich nur langsam erholten, nicht optimistisch waren? Nein, sagte der Computer, das treffe nicht zu.

Besaßen diejenigen, die sich zügig erholten, irgendeine Art von Religiosität oder Gläubigkeit, während diejenigen, die sich nur langsam erholten, nicht gläubig waren? Nein, sagte der Computer, auch das treffe nicht zu.

Und so weiter.

Die Antwort lautete schließlich: Diejenigen, die sich durch einen raschen Heilungsprozess auszeichneten, fühlten, dass jedes Ereignis, das ihnen in ihrem Leben widerfahre, einen Sinn habe, selbst wenn ihnen im Augenblick nicht klar sei, welchen. Die Patienten dagegen, deren Heilungsprozess langsam voranschritt, hatten das Gefühl, dass den meisten Ereignissen, die ihnen widerfuhren, keinerlei Bedeutung zugrunde liege, dass sie zufällig oder sinnlos seien. Und so war zu erklären, dass sich von zwei Patienten nach einer Krebsoperation derjenige, der die Krebserkrankung als etwas Bedeutungsvolles in einem größeren Sinnzusammenhang auffasste, schneller erholte, während derjenige, der die Krebserkrankung als sinnlose und überflüssige Unterbrechung seines Lebens betrachtete, einen langwierigen Heilungsprozess durchmachte.

Wir können all dies auch auf die Situation der Arbeitslosigkeit übertragen. Wenn jemand entlassen wird, handelt es sich dabei nur selten um das unglaubliche, sinnlose Ereignis, als das es uns im ersten Augenblick erscheint. Als ich zum letzten Mal gefeuert wurde, erhielt ich die Kündigung kurz vor der Mittagspause, und um drei Uhr desselben Nachmittags hatte ich einen Termin beim Zahnarzt. Ich wusste bereits, dass er auch würde bohren müssen, und dachte voller Sarkasmus: »Das wird noch ein richtig schöner Tag heute ...«

Wie auch immer, mein Zahnarzt war einige Jahre älter als ich, und verfügte über ein hohes Maß an Lebenserfahrung. Als ich ihm von meinen Sorgen erzählte, sagte er einen Satz, den ich niemals vergessen habe: »Eines Tages werden Sie sagen: Das war das Beste, was mir jemals passiert ist. Ich erwarte nicht, dass Sie mir das glauben, aber warten Sie nur ab. Ich habe es schon bei so vielen Menschen beobachtet, dass ich sicher bin, dass es auch Ihnen so ergehen wird.«

Natürlich hatte er vollkommen Recht. Heute kann ich mit Fug und Recht sagen, dass diese Kündigung das Beste war, was mir in meinem ganzen Leben widerfahren ist, weil sie dazu führte, dass ich noch einmal über mein ganzes Leben nachdachte – und darüber, was ich in der Welt verändern wollte. Sie führte letztendlich dazu, dass ich dieses Buch verfasste. Aus der Dunkelheit wurde Licht.

Selbst wenn in Deutschland nicht so viele Menschen gläubig sind wie in den USA, bietet die Jobsuche eine Chance für grundlegende Veränderungen im ganzen Leben. Sie kann einen Wendepunkt bieten für die Art, wie wir unser Leben führen.

Sie bietet uns eine Chance, abzuwägen und nachzudenken, unseren geistigen Horizont zu erweitern und tiefer in den Grund unserer Seele vorzudringen.

Sie bietet uns damit eine Chance, uns mit der Frage zu beschäftigen, warum wir auf der Welt sind. Wir wollen uns nicht wie ein unbedeutendes Sandkorn fühlen im großen Strand, der Menschheit heißt, ohne eigene Merkmale und verloren inmitten von fünf Milliarden anderer Menschen.

Wir möchten mehr tun, als einfach so durchs Leben zu trotten, zur Arbeit hin und danach wieder heim zu gehen. Wir wollen eine bestimmte Art von Freude empfinden, »die uns niemand nehmen kann«, und die daher rührt, dass wir ein Gefühl dafür haben, was unsere Lebensaufgabe ist.

Wir möchten fühlen, dass wir zu einem bestimmten Zweck hier auf der Erde sind, um eine einzigartige Arbeit zu verrichten, die nur wir erbringen können. Wir möchten wissen, was unsere Berufung ist.

Wenn der Begriff Berufung im Zusammenhang mit unserem Leben und unserer Arbeit benutzt wird, hat er in seiner ursprünglichen Bedeutung immer einen Zusammenhang mit Sinnfragen oder mit religiösen Konzepten. Spirituelle Überzeugungen und die Arbeitswelt existieren meist in getrennten geistigen Welten innerhalb des Kopfs derselben Person. Die Arbeitslosigkeit bietet uns die Chance, die beiden wieder miteinander zu verbinden, über die Berufung und die Lebensaufgabe nachzudenken – eben darüber nachzudenken, warum wir auf der Welt sind.

Daher kann gerade die Phase der Arbeitslosigkeit unser Leben grundlegend verändern. Sie können also darüber nachdenken, welche Werte Ihnen im Leben wichtig sind – im Zusammenhang mit Dingen, die nicht sichtbar sind: Werte, zu denen Sie stehen möchten und für die Sie nicht stehen wollen, was Ihnen etwas bedeutet.

Die nützlichste Art, dies zu tun, ist es, zu einem Blatt Papier zu greifen und auf diesem Ihre *Lebensphilosophie* niederzuschreiben, die typischerweise ein Statement ist, aus welchem Grund Sie Ihrer Meinung nach auf der Erde sind, was Sie Ihrer Meinung nach hier tun sollten, was Ihrer Meinung nach wichtig im Leben und was nicht wichtig ist, mit welchen Werten unserer Gesellschaft Sie übereinstimmen und mit welchen nicht. Nur als Vorschlag können Sie den folgenden Katalog mit Stichworten benutzen, aus denen Sie einige auswählen können (Sie müssen nicht alle nehmen):

- **Dienst:** Was wir Ihrer Meinung nach mit unseren Gaben anfangen sollten.
- **Entscheidung:** Was ist ihr Wesen und ihre Bedeutung.
- **Erbarmen:** Was Ihrer Meinung nach seine Bedeutung ist, und wie es im Alltag gezeigt werden sollte.
- **Ereignisse:** Was Ihrer Meinung nach Dinge hervorbringt, und wie wir uns selbst dies erklären.
- **Freier Wille:** Was Sie in Bezug auf die Frage meinen, ob Dinge »vorbestimmt« sind oder ob sie durch den freien Willen hervorgerufen werden.
- **Gemeinschaft:** Auf welche Art wir zueinander gehören, und was Ihrer Meinung nach unsere Verantwortung füreinander ist.
- **Helden:** Wer die Ihren sind.
- **Höchstes Wesen:** Wenn Sie eine Vorstellung von einem höheren Wesen haben, wie kann man sich Ihrer Meinung nach dieses vorstellen?
- **Humanität:** Was Ihrer Meinung nach jemanden wirklich »human« macht.
- **Liebe:** Was Ihrer Meinung nach ihr Wesen und ihre Bedeutung ist, auch im Zusammenhang mit verwandten Worten.
- **Opfer:** Was es im Leben ihrer Meinung nach wert ist, dass man dafür Opfer bringt, und welche Art von Opfern Sie zu bringen bereit sind.
- **Prinzipien:** Für welche Sie einzutreten bereit sind, auf welchen Sie Ihr Leben begründen.
- **Realität:** Was Ihnen zum Wesen der Realität von Bedeutung erscheint.
- **Selbst:** Was Sie über das Selbst, das Ich, Egoismus und Selbstlosigkeit glauben.
- **Sinn:** Warum wir Ihrer Meinung nach hier auf der Erde sind, worin Ihrer Meinung nach der Sinn Ihres Lebens besteht.
- **Tod:** Was Sie darüber denken und was Ihrer Meinung nach danach geschieht.
- **Überzeugungen:** Was Ihre stärksten Überzeugungen sind.
- **Verhalten:** Wie wir uns auf dieser Welt Ihrer Meinung nach verhalten sollten.
- **Verwirrung und Ambivalenz:** Mit wie viel davon zu leben wir Ihrer Meinung nach lernen müssen.
- **Werte:** Welche Ihnen die wertvollsten, heiligsten und wichtigsten sind.

Um Ihnen beim letzten Stichwort zu helfen, könnten Sie Ihre Gedanken über die Bedeutung weiterer Begriffe untersuchen, zum Beispiel von

»Wahrheit« (in welchen Bereichen bedeutet Ihnen Wahrheit am meisten?), die Bedeutung von »Schönheit« (welche Art Schönheit mögen Sie am meisten?), Fragen der »Moral« (mit welchen sind Sie am meisten beschäftigt – Justiz, die Hungrigen ernähren, den Obdachlosen helfen, AIDS-Kranke zu trösten) und die Bedeutung von »Liebe«. Schreiben Sie nicht nur alles spontan nieder, sondern nehmen Sie sich auch die Zeit, nachzudenken.

Wenn Sie plötzlich ohne den Job dastehen, den Sie vielleicht seit Jahren hatten, finden Sie vielleicht in Ihrem Glauben an Gott eine Stärke, die es Ihnen ermöglicht, jeden einzelnen Tag in dieser schweren Zeit durchzustehen. Aber wenn Sie gläubig sind, müssen Sie sich auch dieser Tatsache bewusst sein: Nichts, was Ihnen widerfährt, ist sinnlos. Wenn die Arbeitslosigkeit nicht enden will, dann hat das eine Bedeutung, auch wenn Sie in dieser Situation nicht herausfinden können, worin sie besteht. Das Gefühl, dass alles, was Ihnen widerfährt, weder Sinn noch Bedeutung hat, wird bei Ihnen zu Depressionen führen.

Auswege

- Wenn sich Ihre Jobsuche ewig hinzieht, sollten Sie Ihre Jobsuchstrategie ändern und sich auf Kapitel 5, 6 und 7 in diesem Buch stürzen. Legen Sie in Ihrer Jobsuche ein neues Verhalten an den Tag und wenden Sie neue Methoden an.
- Setzen Sie sich hin und schreiben Sie Geschichten über Zeiten nieder, in denen es Ihnen schlecht ging. Schreiben Sie auf, welchen Sinn Sie in diesen Ereignissen heute sehen.
- Fühlen Sie sich nicht von Gott verlassen, nur weil Ihnen *das* passiert ist. Beherzigen Sie den Glaubensgrundsatz, dass Gott die Gläubigen nicht vor schweren Zeiten bewahrt. Gläubige müssen harte Zeiten ebenso durchstehen wie Nichtgläubige. Vermeiden Sie vor allem die flehentliche Klage: »Warum gerade ich?«
- Beschränken Sie Ihren Glauben nicht auf das, was Sie fühlen können. Wenn Sie Gottes Gegenwart in dieser schweren Zeit nicht spüren können, bedeutet das gar nichts. Gefühle haben häufig keine Entsprechung in der Realität. Wir können von Nebelschwaden umgeben sein, die unsere Sicht trüben. Folgen Sie Ihrem Glauben.

Die organischen Wurzeln der Depression durch Arbeitslosigkeit

Wir werden depressiv, weil wir körperliche Wesen sind. Sie leiden unter Depressionen, wenn Sie zu wenig Schlaf bekommen oder Ihr Körper in anderer Hinsicht erschöpft ist.

Für Menschen, die sehr wenig geschlafen haben, sieht die Welt nie rosig aus.

Für Menschen mit einer Depression sieht die Welt ebenfalls nie rosig aus.

Es ist deshalb leicht, diese beiden Gefühlszustände miteinander zu verwechseln. Was Ihrer Meinung nach eine Depression ist, kann unter Umständen nur das Gefühl sein, das aus einem gravierenden Schlafmangel entsteht.

Ich sagte, wir werden depressiv, weil wir körperliche Wesen sind. Das schließt einige weitere Aspekte ein.

Als körperliche Wesen brauchen wir ein Dach über dem Kopf, Essen auf dem Tisch und Kleidung an unserem Körper. In unserer »Zwei-Drittel-Gesellschaft« ist für ein Drittel aller Erwachsenen ihre finanzielle Situation ohnehin kritisch – ob sie nun Arbeit haben oder nicht. Deshalb ist es nur selbstverständlich, dass ein noch höherer Prozentsatz bei Arbeitslosigkeit seine finanzielle Situation als kritisch bezeichnet – weil viele Menschen dann darauf angewiesen sind, sich von einer Arbeitslosengeldzahlung zur nächsten zu hangeln. Je länger dieser »Von-der-Hand-in-den-Mund-Zustand« anhält, desto schlechter fühlen wir uns.

Auswege

- Ich habe in den vergangenen Jahren mit großem Erstaunen bemerkt, wie viel wohler und glücklicher sich viele Jobsuchende fühlen, wenn sie nur ihren Schlaf aufholen. Schalten Sie um 22 Uhr den Fernseher aus und gehen Sie ins Bett! Sie werden sich schon bald besser fühlen – in manchen Fällen um ein Vielfaches besser.
- Versuchen Sie, einen geregelten Tagesablauf einzuhalten, gehen Sie abends immer zur gleichen Zeit ins Bett und stehen Sie auch unbedingt zur gleichen Zeit auf!
- Vermeiden Sie Dinge, die Sie wach halten können, zum Beispiel Kaffee, nachdem Sie zu Abend gegessen haben. Reduzieren Sie Ihren Alkoholkonsum auf höchstens ein alkoholhaltiges Getränk pro Tag.

- Wenn Sie länger als 30 Minuten wach liegen, stehen Sie auf und lesen Sie, schreiben oder meditieren Sie, bis Sie müde werden. Tun Sie das nicht im Bett. Ihr Bett sollte nur zum Schlafen und Lieben da sein. Erlernen Sie eine Entspannungstechnik wie autogenes Training oder die progressive Muskelentspannung.

Außer der Sache mit dem Schlaf gibt es noch weitere Aspekte, die Sie beachten müssen, um während der Zeit Ihrer Arbeitslosigkeit körperlich fit zu bleiben. Die folgenden Dinge hielt ich für sehr wichtig, als ich selbst arbeitslos war:[5]

- Gehen Sie so oft wie möglich in die Sonne hinaus, oder halten Sie sich in einem hellen Raum beziehungsweise in der Nähe einer Lichtquelle auf, besonders im Winter (es ist ein bekanntes Phänomen, dass viele Menschen vor allem im Winter unter Depressionen leiden, weil sie Licht benötigen – besonders Sonnenlicht).[6]
- Treiben Sie regelmäßig Sport, oder gehen Sie wenigstens einmal pro Tag spazieren.
- Trinken Sie viel Wasser. (Ich versuche, Tag für Tag mindestens acht Gläser Wasser zu trinken, das klingt zwar albern, ist aber oft sehr wichtig.)
- Ernähren Sie sich ausgewogen, nehmen Sie ausreichend Ballaststoffe zu sich. Schlagen Sie sich den Bauch nicht ständig mit Fastfood aus dem nächsten Imbiss voll. Seien Sie auch in dieser Hinsicht gut zu sich. Wenn Sie jemals überlegt haben, Ihre Ernährungsgewohnheiten zu ändern, egal ob es um Fett (Fleisch oder Milchprodukte), Zucker, Backwaren oder Koffein geht – jetzt ist der geeignete Zeitpunkt, um damit anzufangen.
- Reduzieren Sie Ihren Zuckerkonsum so weit wie möglich.
- Achten Sie darauf, dass Sie ausreichend Vitamine zu sich nehmen. Essen Sie viel Obst.
- Wenn Sie tatsächlich so knapp bei Kasse sind, greifen Sie auf Aushilfsjobs zurück – jede ehrliche Arbeit, die Sie finden können und mit der Sie ein wenig Geld verdienen können, während Sie einen Job suchen. Suchen Sie vor allem nach Zeitarbeitsfirmen in Ihrer Stadt oder Region und finden Sie heraus, ob eine von ihnen sich vielleicht darauf spezialisiert hat, Arbeitnehmer mit Ihrer Erfahrung und Ihrem Wissen zu vermitteln. Sie finden sie in den *Gelben Seiten* unter Z wie »Zeitarbeit«.
- Schließlich sollten Sie diese Zeit nutzen, um darüber nachzudenken, worin Ihre wesentlichen Bedürfnisse in Ihrem Leben bestehen. Überlegen Sie, ob Sie sich vielleicht mit einem einfacheren Leben anfreunden können, in dem Sie von weniger materiellen Werten umgeben sind und stattdessen mehr Zeit mit Menschen verbringen, die Sie lieben. Dieser »freiwillige Verzicht« ist vielleicht genau das, wonach Sie sich insgeheim sehnen.

Entwickeln Sie Aktivität!

Das Problem: Sie werden wahrscheinlich deprimiert sein, wenn Sie nur ein Ziel während Ihrer Phase der Arbeitslosigkeit verfolgen.

Versuchen Sie sich vorzustellen, wie Sie einen Kurzurlaub planten, als Sie noch Arbeit hatten: Sie dachten vielleicht, dass Sie sich erholen und bestimmt nicht an Ihrem Zufluchtsort arbeiten wollten. Andererseits dachten Sie, dass Sie etwas aufarbeiten müssten, was sich während der letzten Zeit angesammelt hatte. Da Sie sich nicht sicher waren, nahmen Sie vorsichtshalber etwas Arbeit mit, beschlossen aber, kein schlechtes Gewissen zu haben, wenn Sie in Ihrem Urlaub nichts davon erledigen würden. Sie wussten schon vor Ihrem Aufbruch, dass die Ferien für Sie auf diese Art auf jeden Fall lohnenswert sein würden.

Warum? Weil Sie zwei Alternativen hatten, und eine von beiden auf jeden Fall erreicht würde. Entweder würde es ein schöner Erholungsurlaub oder Sie würden einige Arbeit erledigen. So konnten Sie nicht verlieren.

Die Hälfte unseres Kummers in unserem zielfixierten Leben entspringt unserer Unfähigkeit, für einen bestimmten Zeitraum zwei alternative Ziele zu verfolgen. Immer wieder setzen wir uns nur ein Ziel. Und dann, wenn wir es verfehlen, wie es so häufig vorkommt bei den unvorhersehbaren Wechselfällen des Lebens, werden wir depressiv. Es ist deshalb kein Wunder, dass wir die Arbeitslosigkeit auf die gleiche Art angehen, wenn wir entlassen werden, das Beschäftigungsverhältnis endet oder was auch immer. Wir setzen uns nur ein Ziel für die Phase, in der wir arbeitslos sind: einen (sinnvollen) Job zu finden. Wenn wir keinen Job finden – zumindest in absehbarer Zeit –, werden wir depressiv. Es ist daher wichtig, dem Problem der mangelnden Aktivität entgegenzutreten, das zu dieser Depression beiträgt, und es zu beseitigen. Wie man es beseitigt, liegt auf der Hand:

Sie müssen mehr als nur ein Ziel während der Zeit der Arbeitslosigkeit haben. Sie müssen diese Phase der Arbeitslosigkeit in Vorsätzen wie diesem definieren: »Meine Ziele während dieser Arbeitslosigkeit sind: erstens einen guten Job zu finden und zweitens ...« Da ist die Krux: Was sollte zweitens sein?

Das zweite Ziel muss auf alle Fälle erreichbar sein. Denn es tut unserem Selbstwertgefühl später nicht gut, wenn wir zwei Ziele haben und keines davon erreichen. Manche Ziele, die sich zunächst möglicherweise anbieten, werden dadurch ausgeschlossen: beispielsweise das Ziel, während der Arbeitslosigkeit dauerhaft 10 Kilogramm Gewicht abzunehmen. Solch zweifelhafte Ziele wie dieses können Ihre depressiven Gefühle nur noch verstärken, wenn Sie keinen Job finden und nicht abnehmen.

Welche Ziele sind dann aber erreichbar? Nachdem ich Jobsuchende mehr als 20 Jahre lang beobachtet habe, ist mir klar geworden, dass es mehrere gibt. Deren Angemessenheit hängt davon ab, wie lange sie aus dem normalen Arbeitsleben schon heraus sind. Ich werde sie entsprechend zusammenfassen. Sie sollten diese Zeitangaben nicht allzu wörtlich nehmen. Wenn klar ist, dass Sie aus finanziellen Gründen die Jobsuche beschleunigen müssen, dann werden Sie die Dauer der Phasen entsprechend verkürzen – also einen Monat, zwei Monate, drei Monate und vier Monate.

Wenn Sie bis zu zwei Monate lang arbeitslos sind

Ihr Ziel für diese Phase der Arbeitslosigkeit ist es, die Zeit dafür zu nutzen, einen (sinnvollen) Job zu finden und sich damit zu beschäftigen, welche Art Mensch Sie sind und welche Art Mensch Sie gerne wären.

Machen Sie eine Bestandsaufnahme davon, was Sie schon getan haben: Ihre Fähigkeiten, Ihre Wissensgebiete, Ihre Werte ... Das Material dazu finden Sie in diesem Buch. Schreiben Sie dann auf, welche Art Mensch Sie gerne wären und was Sie gerne mit Ihrer Familie und Ihren Freunden tun würden. Arbeiten Sie einen Plan aus, wie Sie das realisieren könnten. Denken Sie viel nach über das, was Sie geschrieben haben, vor allem draußen im Freien oder im Haus bei schöner Musik.

Hat jemand, der keinen Job hat, überhaupt noch in der großen, weiten Welt eine Bedeutung? Das ist die Frage, die viele Menschen beschäftigt, wenn sie aus dem Arbeitsleben nicht mehr als zwei Monate heraus sind. Wenn das bei Ihnen der Fall ist, dann könnten Sie zweifellos etwas Bestätigung dafür brauchen, dass Sie als Mensch noch etwas wert sind. Die oben genannte Übung kann immens dazu beitragen. In Wahrheit ist es wichtiger, wer wir sind als was wir tun. Und wer sind wir? Jemand, der dazu bestimmt ist, ein Segen für diesen Planeten Erde zu sein.

Wenn Sie seit vier oder mehr Monaten ohne Arbeit sind, werden Sie wahrscheinlich nach Bestätigung lechzen, dass Sie einen sinnvollen Bei-

> **Wenn Sie vier Monate oder länger arbeitslos sind**
>
> Ihre Ziele für diese Phase der Arbeitslosigkeit sind es, die Zeit dafür zu benutzen, um einen (sinnvollen) Job zu finden und anderen ehrenamtlich zu helfen, die weniger Glück haben als Sie. Es ist wichtig, vier Werktage für die Jobsuche zu reservieren, aber einen Werktag dafür zu nutzen, anderen zu helfen, die weniger Glück haben. Es gibt viele Möglichkeiten, ehrenamtlich zu helfen. Hier einige wenige Beispiele:
> - Organisationen, die Mahlzeiten und Unterkunft für Obdachlose zur Verfügung stellen,
> - Frauenhäuser oder Organisationen, die missbrauchten Kindern helfen,
> - Organisationen, die mit Behinderten arbeiten,
> - Organisationen, die mit Alten und Sterbenden arbeiten.

trag zur Gesellschaft leisten. Einmal wöchentlich ehrenamtlich zu arbeiten, kann dies in der Folge mit sich bringen. Ehrenamtliche Arbeit ist recht weit verbreitet. Dabei spielt es keine Rolle, ob Sie einen Job haben oder nicht. Es ist eine Art, Ihre Zeit sinnvoll zu verbringen, anderen zu helfen und dabei auch einige neue Fähigkeiten zu erwerben.

Der entscheidende Aspekt dieser speziellen Betätigung ist, dass diese Arbeit Sie in direkten Kontakt mit denjenigen bringt, die wirklich in Not sind, statt nur am Schreibtisch in einem Büro zu sitzen. Letzteres ist zwar auch wichtig, aber es ist nicht die Art Betätigung, die Sie zu diesem Zeitpunkt brauchen. Ihr Ziel ist dabei, Selbstmitleid und Depression zu vermeiden, indem Sie größeres Leid bei denjenigen erleben, die es wirklich nötig haben und die (wie die Redewendung oben besagt) unglücklicher sind als Sie.

Eine wichtige Warnung an dieser Stelle: Stürzen Sie sich nicht so sehr auf Ihr zweites Ziel für die Zeit der Arbeitslosigkeit, dass Sie Ihr primäres Ziel vergessen oder vernachlässigen: nämlich das, einen Job zu finden. Die Regel ist: vier Werktage an Ihrem primären Ziel arbeiten (der Jobsuche) und einen Werktag an Ihrem sekundären Ziel (ehrenamtliche Arbeit). Lassen Sie sich auf keinen Fall dazu verleiten, vier Werktage lang ehrenamtlich zu arbeiten und einen Werktag auf Jobsuche zu gehen, wenn Sie nicht genügend finanzielle Reserven haben, um das lange Zeit durchzustehen und die ehrenamtliche Tätigkeit sich als der Job herausstellt, den Sie auf der Welt überhaupt am liebsten ausüben würden.

> **Wenn Sie sechs Monate oder länger arbeitslos sind**
>
> Ihre Ziele für diese Phase der Arbeitslosigkeit sind es, die Zeit dafür zu benutzen, um einen (sinnvollen) Job zu finden und sich bei Ihrer Volkshochschule einzuschreiben oder eine Weiterbildungsmaßnahme wahrzunehmen, um etwas Neues zu erlernen. »Etwas Neues« könnte zum Beispiel sein:
> - Ein Thema, das Sie fasziniert hat, als Sie darüber in Zeitungen oder Zeitschriften gelesen haben.
> - Ein Thema, das Ihre Fähigkeiten in Ihrem derzeitigen (unterbrochenen) Beruf auf den neuesten Stand bringt.
> - Ein Thema, das Ihnen Fähigkeiten oder Wissen vermittelt, das mit einem möglichen neuen Beruf zu tun hat, über den Sie gerade nachdenken.

Nochmal etwas Neues zu erlernen, ist ein weit verbreiteter Wunsch. Er geht häufig in dem Zeitdruck unter, wenn wir einen Vollzeitjob haben. Aber während der aktuellen Phase der Arbeitslosigkeit haben Sie keinen Vollzeitjob, so dass jetzt eine wundervolle Zeit dafür ist, nochmals etwas zu lernen und uns diesen lang gehegten Wunsch zu erfüllen. Eine Weiterbildungsmaßnahme zu besuchen ist eine gute Möglichkeit, Ihre Gedanken mit etwas anderem zu beschäftigen als mit Ihrem derzeitigen Unglück.

Eine Warnung an dieser Stelle, wie eben schon: Stürzen Sie sich nicht so auf dieses sekundäre Ziel für die Zeit der Arbeitslosigkeit, dass Sie Ihr primäres Ziel vergessen oder vernachlässigen, nämlich das, einen Job zu finden. Die Regel ist dieselbe wie eben: vier Werktage an Ziel Nr. 1 arbeiten (der Jobsuche), einen Tag an Ziel Nr. 2 (einen oder zwei Kurse besuchen), es sei denn, Sie haben genügend finanzielle Reserven, die lange Zeitspanne durchzustehen, und Sie haben sich dafür entschieden, dass dies auch eine gute Gelegenheit sein könnte, nochmals die Schulbank zu drücken und einen neuen Beruf zu erlernen. In diesem Fall lesen Sie bitte vorher genau das Kapitel 6 in diesem Buch.

Wenn es eine Uni in Ihrer Nähe gibt, gehen Sie hin, schauen sich das Vorlesungsverzeichnis an und sehen Sie nach, was angeboten wird. Sie können versuchen, als Gasthörer Vorlesungen oder Seminare zu besuchen. Auch die Volkshochschulen oder sonstige Anbieter haben interessante Angebote.

Wenn Sie finanzielle Probleme dabei haben, sollten Sie mit dem Arbeitsamt sprechen, welche Maßnahmen dort für Sie in Frage kommen könnten. Wenn Sie auf dem Land leben und es weit und breit keine Anbieter gibt, sollten Sie sich nach Fernlehrgängen erkundigen. (Auch wenn Sie in der Großstadt wohnen, könnten Sie diese Art des Unterrichts wählen. Da aber die Jobsuche oft ein einsames Unterfangen ist, würde ich in jedem Fall vorziehen, in einem Klassenzimmer mit anderen Menschen zu sitzen. Alles, was Ihnen dabei hilft, die Zeit der Jobsuche in Ihrem Leben weniger einsam zu machen, sollte nicht unterschätzt werden.)

Wenn Sie seit acht Monaten oder länger arbeitslos sind

Spätestens jetzt glauben Sie, Ihre Arbeitslosigkeit ziehe sich endlos hin. In dieser Phase haben Sie immer noch zwei Ziele, aber nach acht Monaten sollten es zwei gleichberechtigte Ziele werden und nicht mehr ein primäres und ein sekundäres.

Das erste Ziel bleibt das gleiche wie immer, nämlich sinnvolle Arbeit zu finden und das zu tun, was Sie vorher getan haben. Aber das zweite Ziel ist jetzt genauso, etwas in Betracht zu ziehen, was Sie nie zuvor versucht haben: ein Umzug, sich selbstständig zu machen oder etwas ganz anderes.

Zusammenfassung

Auch nachdem all diese Dinge gesagt und getan sind, alle Ursachen diagnostiziert, alle Auswege versucht wurden, kann es vorkommen, dass die Depression durch Arbeitslosigkeit anhält – besonders, wenn Ihre Jobsuche einfach nicht enden will. Sie haben alles ausprobiert. Sie haben die Übungen absolviert, Sie haben die einzelnen Kapitel dieses Buches verschlungen. Sie haben gebetet. Sie haben alles gegeben. Was dann?

An einem solchen Punkt ist es meiner Meinung nach wichtig, eine langfristige Perspektive zu haben – als seien Sie beispielsweise während einer Wanderung in ein Unwetter geraten, und es sieht aus, als würde der Himmel nie wieder aufklaren. Aber Sie wissen, dass es geschehen wird, und das macht Ihnen Mut.

Und deshalb müssen wir in Zeiten der Arbeitslosigkeit realisieren, dass das Leben naturgemäß in wechselnden Phasen verläuft:

Mal ist das Leben trüb, mal heiter.
Mal ist das Leben schwer, mal leicht.
Mal ist das Leben bitter, mal süß.
Mal ist das Leben schlechter, mal besser.
Mal zwingt uns das Leben zu kämpfen, mal lässt es uns treiben.
Mal bringt das Leben Krankheit, mal wieder Gesundheit.
Mal ist das Leben deprimierend, mal begeisternd.
Mal bringt das Leben Leid, mal Glück.
Mal bringt das Leben Tod, mal Auferstehung.
Mal macht es uns fertig, mal gibt es uns Auftrieb.
Mal ist das Leben eine Schlacht, mal ist es ein Fest.

Das Leben hat seinen eigenen Rhythmus, es ist ein Kreislauf von Tod und Leben, Tod und Wiederbelebung. Immer und immer wieder.

Eine Phase, in der es Ihnen schlecht geht, in der Sie entlassen oder schlecht behandelt werden, in der Sie schwere Zeiten durchmachen, während Sie nach Arbeit suchen, gehört einfach zum Leben dazu. Es ist eine der Perioden, die wir in unserem Leben zwangsläufig durchmachen.

Aber das Leben verläuft in wechselnden Rhythmen. Diese schwierige, von Depression bestimmte Zeit wird vielleicht einer Zeit des Glücks und der Zufriedenheit Platz machen, und das in gar nicht ferner Zukunft. Sie müssen das wissen und sich die Aussicht auf eine solche Zeit bewusst machen.

Nach drei Monaten sollten Sie sich neben Ihrer Jobsuche mit anderen Dingen beschäftigen. Bitten Sie einen Karriereberater um Hilfe. Gehen Sie aus, werden Sie aktiv, beginnen Sie ehrenamtlich zu arbeiten, belegen Sie einen Kurs an der Volkshochschule oder in einer Familienbildungsstätte, seien Sie ein Segen für diese Erde, auch wenn Sie gerade keine Arbeit haben. In guten Zeiten werden auch die positiven Seiten des Lebens wieder sichtbar werden.

KAPITEL 5

Was haben Sie zu bieten?

*Vergiss einfach, »was der Markt hergibt«.
Verschaff dir den Job, den du wirklich willst.*

David Maister

Wild Life by John Kovalic, © 1989 Shetland Productions.

»Ich kann keinen Job finden«

Wenn mir Arbeitssuchende erzählen: »Ich kann keinen Job finden«, sagt mir das gar nichts, bevor sie mir nicht erzählen, *wie* sie nach Arbeit gesucht haben. Die Suchmethode, die sie benutzen, sagt alles. Alles!

Die beste Suchmethode, die wir bislang kennen, ist der sogenannte kreative Ansatz der Jobsuche, wie wir im vorletzten Kapitel gesehen haben. Diese Methode führt in 86 von 100 Fällen zum Erfolg, sofern die Arbeitssuchenden den Ansatz ernsthaft verfolgen. Eine so hohe Erfolgsquote – 86 Prozent – hat im Vergleich zu allen anderen Suchmethoden geradezu astronomische Ausmaße. Wenn also nichts anderes funktioniert hat, werden Sie dem Himmel für diese Methode danken.

Es ist auch die Methode, für die Sie sich entscheiden sollten, wenn Sie beschlossen haben, eine neue berufliche Laufbahn einzuschlagen – und lieber nicht noch einmal jahrelang die Schulbank drücken wollen, um einen zweiten Abschluss zu erlangen. (Und selbst wenn Sie sich entschlossen haben, noch einmal etwas Neues zu lernen, und wissen müssen, welche Fachrichtung oder welches Hauptfach es sein sollte.)

Wie ich bereits im vergangenen Kapitel erwähnt habe, erfordert diese Methode Zeit und Mühe. Die meisten Menschen versuchen, Anstrengungen aus dem Wege zu gehen. Nehmen wir exemplarisch eine typische Unterhaltung zwischen zwei Studenten, die wir Walter und Paul nennen wollen: In nur einer Minute illustriert sie den Aufwand an Kraft und Mühe, den viele Menschen in ihre Lebensplanung investieren:

Walter: »Und was studierst du jetzt?«
Paul: »Physik.«

Walter: »Physik? Mann, wie kannst du nur? Heutzutage ist Wirtschaftsinformatik angesagt!«
Paul: »Nee, ich mag Physik.«
Walter: »Da verdienst du doch nichts.«
Paul: »Ist das wahr? Und wo kann ich mehr verdienen?«
Walter: »Als Wirtschaftsinformatiker zum Beispiel. Du solltest wirklich wechseln.«
Paul: »Okay, ich werde morgen mal reinschauen.«

Viele berufliche Entscheidungen in unserem Kulturkreis werden auf diese Weise getroffen – ohne lange Überlegung, in Sekundenschnelle, innerhalb eines Augenblicks. Eine zufällige Unterhaltung mit irgendjemandem. Die Entscheidung, einfach in die Fußstapfen der Eltern zu treten. Ein Beitrag in einem Nachrichtenmagazin. Die Einladung des Vaters oder eines Freundes, auch in seiner Firma zu arbeiten. Den »Arbeitsmarkt« und nicht das Herz entscheiden lassen.

> Wenn Sie sich für einen Beruf entscheiden, müssen Sie wissen, was *Sie* tun wollen, sonst wird Ihnen irgendjemand am Wegesrand den größten Unfug verkaufen und Ihrer Selbstachtung, Ihrem Wertebewusstsein und den Talenten, die Ihnen in die Wiege gelegt wurden, unwiderbringlichen Schaden zufügen.

Nein, nein! Wenn Sie dem Ansatz der kreativen Minderheit folgen wollen, müssen Sie die Ärmel hochkrempeln und diese Aufgabe selbst bewältigen, und Sie müssen darauf vorbereitet sein, die Übungen gründlich zu bearbeiten. Denken Sie immer daran: Der Nutzen überwiegt den Aufwand bei weitem, wie die folgende Aussage belegt:

»Ich habe noch nie in meinem Leben so viel Klarheit über das, was ich eigentlich will, bekommen. Das Ergebnis der Übungen hat mir geholfen, klar zu sehen. Als Rechtsanwalt habe ich dabei mit einer Reihe von mir nicht beeinflussbaren Faktoren zu kämpfen, wie Aktenbearbeitung, sinnloser Warterei vor Gerichtssälen, menschlich inkompetenten Kollegen und Richtern et cetera. Das alles hat mich gestört, aber ich habe einfach keinen Ausweg gefunden. Mit Hilfe der Übungen wurde mir dann klar, was mir eigentlich Spaß macht. Und ich habe einen radikalen Kurswechsel vorgenommen, der mir heute noch jeden Tag zu mehr Freude im Job verhilft. Noch immer nehme ich die wesentlichen Erkenntnisse der Übungen hervor, wenn ich auf neue

Was haben Sie zu bieten? 109

Travels with Farley by Phil Frank © 1982. Field Enterprises, Inc.

Herausforderungen stoße, und gleiche sie mit ihnen ab. Und schon ist die Entscheidung einfach und logisch.«

Behandeln Sie jede Stellensuche wie einen Berufswechsel

Ich habe diese Methode nicht erfunden, das war die kreative Minderheit. Aber lassen Sie mich kurz erklären, was ich an ihrem Ansatz besonders schätze (abgesehen von der Tatsache, dass sie so hervorragend funktioniert): Es ist die Tatsache, dass jede Stellensuche so behandelt wird, als könnte sie ein Berufswechsel sein.

Es hieß immer, wenn du nur einen neuen Job willst, dann gibt es eine Methode, um ihn zu finden. Aber wenn du umsteigen, eine neue berufliche Laufbahn einschlagen willst, dann ist das eine ganz andere Sache.

Die kreative Minderheit sieht das anders! Sie sagt: **Wenn Sie Ihre Jobsuche erfolgreich abschließen wollen, dann müssen Sie den gleichen Prozess durchmachen, als würden Sie beruflich eine völlig neue Richtung einschlagen.**

Warum ich diese Philosophie mag? Erstens, weil sie mir einleuchtet. Ein beruflicher Wechsel scheint der radikale Schritt zu sein – und ist deshalb auch komplizierter und zeitaufwendiger als die bloße Stellensuche. Und wenn nun die kreative Minderheit auftaucht und mir erzählt, sie hätte eine effektivere Methode der Jobsuche gefunden, erwarte ich, dass dieser Ansatz komplizierter und zeitaufwendiger ist als die herkömmliche Arbeitssuche – oder ebenso kompliziert und zeitaufwendig wie ein Berufswechsel. Beide zeichnen sich durch ähnlich hohe Komplexität aus; es ist nicht überraschend, dass sich die Prozesse so sehr ähneln. Das erscheint mir außerordentlich sinnvoll.

Zweitens mag ich sie, weil die Tür für viele Möglichkeiten geöffnet bleibt. Stellen Sie sich vor, Sie haben die Hälfte der Stellensuche schon hinter sich und erkennen plötzlich, dass Sie nicht wieder das gleiche wollen wie zuvor. Sie erkennen plötzlich, dass Sie einen anderen Berufsweg einschlagen wollen. Mit dem kreativen Ansatz ist das kein Problem! Sie müssen nicht zurück an den Anfang und alles noch einmal machen. Sie behandeln Ihre Jobsuche von Beginn an so, als sei sie ein Berufswechsel.

Experten sagen, dass Arbeitnehmer sich darauf einstellen sollten, ihren Arbeitsplatz durchschnittlich drei- bis viermal im Leben zu wechseln, und in Zukunft wahrscheinlich sogar ihren Beruf. Die Stellensuche ist für viele Menschen der Zeitpunkt, an dem sie plötzlich beschließen, dass »die Zeit reif ist« – aus welchem Grund auch immer.

Eine Untersuchung der Unternehmensberatung Gemini Consulting zeigt, dass 60 Prozent der Deutschen keinen Spaß am Job haben. Eine weitere Studie der Gesamthochschule Wuppertal aus dem Jahr 1997 fand heraus, dass 30 Prozent aller Angestellten sogar innerlich gekündigt hat und ihr Engagement auf das Notwendigste beschränkt. Man kann davon ausgehen, dass ein großer Teil der Unzufriedenen ihren Job wechseln würde, wenn er könnte. Bis 1987 betrug die durchschnittliche Verweilzeit an einem Arbeitsplatzes 12,5 Jahre, 1995 nur noch 9,7 Jahre mit weiter abnehmender Tendenz. Das Jobkarussell dreht sich also immer schneller. Dafür gibt es folgende Gründe:

- **Sie sind gefeuert worden** und können keinen Job in Ihrem alten Beruf mehr finden. In diesem wechselvollen Leben, in dieser wechselvollen Welt kann es passieren, dass Jobs einfach verschwinden. Sie dürfen nicht unbedingt erwarten, dass Sie genau die gleiche Art von Arbeit finden, die Sie zuvor gemacht haben.
- **Sie verdienen nicht genug** und sind auf der Suche nach einem neuen Beruf, in dem Sie mehr Geld verdienen – das Sie wirklich verdienen!
- **Man verlangt von Ihnen, dass Sie für drei arbeiten** und Sie fühlen sich gestresst und ausgebrannt, sind wütend, erschöpft und mürrisch; Sie wollen einen Job oder Beruf, der Ihnen ein bisschen leichter fällt, so dass Ihnen noch Zeit bleibt, das Leben zu genießen.
- **Ihre bisherige Arbeit hat Sie bei weitem nicht ausgefüllt** und Sie wün-

schen sich etwas, das Ihnen eine wirkliche Herausforderung bietet und Sie wirklich fordert.
- **Sie haben diese Arbeit zehn, fünfzehn Jahre lang gemacht,** aber das war von Anfang an eine falsche Entscheidung, die Sie jetzt korrigieren möchten.
- **Sie hatten einen Traumjob,** aber Ihr ach so geliebter Chef ist weggegangen und nun stellen Sie fest, dass Sie für einen Trottel arbeiten und der Traumjob zu einem Alptraumjob geworden ist. Nun wollen Sie nicht nur einen neuen Arbeitgeber, sondern streben gleich eine neue Karriere an.
- **Sie haben die Mitte Ihres Lebens erreicht und sind nun reif für die Veränderungen, die mit der berüchtigten Midlife-Crisis einhergehen.**
- **Sie suchen mehr und mehr nach dem »Sinn des Lebens«** und obwohl Sie noch nicht wissen, was das für Sie bedeutet, sind Sie ganz sicher, dass Ihre gegenwärtige Arbeit es nicht ist. (Tatsächlich sind die meisten von uns lebenslang auf der Suche nach und auf der Reise zu dem Sinn des Lebens – ein Prozess, in dem das Thema Berufswechsel eine wichtige Rolle spielt.)

Aus jedem dieser Gründe (oder allen zusammengenommen) kann die Entscheidung für einen Berufswechsel erfolgen. Die Jobsuche ist häufig der Zeitpunkt, an dem wir diesen Wechsel vornehmen.

Welch glücklicher Zufall, dass die kreative Minderheit mit einem Prozess aufwarten kann, der jede Jobsuche so behandelt, als sei sie ein Berufswechsel. Wir sind bereit für diesen Prozess. Er wartet schon auf uns.

© Arlo & Janis.

Was ist ein Berufswechsel?

Es ist wichtig, gleich zu Beginn ein Verständnis dafür zu entwickeln, was ein Berufswechsel eigentlich ist. Hier verlässt man den sicheren Boden, weil das Wort »Beruf« auf so viele verschiedene Weisen in der Umgangssprache benutzt wird.

- In erster Linie wird es als *Beruf* im Gegensatz zu *Lernen* oder *Freizeit* verwendet. Wenn also Anzeigen von Bekleidungsfirmen von »Berufsbekleidung« sprechen, beziehen sie sich auf Kleidung, die vorwiegend bei der Arbeit getragen wird, und nicht bei Lern-Aktivitäten oder bei Freizeit-Aktivitäten.
- Zweitens wird es benutzt, *um das gesamte Leben eines Menschen in der Arbeitswelt* zu beschreiben. Wenn also Menschen am Ende ihres Lebens sagen, dass er oder sie »einen brillanten Berufsweg, eine tolle Karriere« hinter sich hat, beziehen Sie sich auf alle Tätigkeiten, die diese Person jemals ausgeübt hat, und all die Arbeit, die diese Person jemals getan hat.
- Drittens, in seinem allgemeinsten Sinn – so, wie er hier benutzt wird – wird er als Synonym für das Wort »Bereich« oder »Job« benutzt, wie in der Redewendung »ein Berufswechsel«, bei dem das, was eigentlich damit gemeint ist, ein »Wechsel der Aufgabe beziehungsweise der Branche« ist.

Soviel zum Wort »Beruf«. Wenn wir also einen »Berufswechsel« vornehmen, was genau wechseln wir?

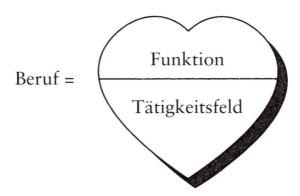

Wie Sie hier sehen, besteht ein Beruf grundsätzlich aus zwei Teilen:

- einer Funktion, also (dem Namen) einer Tätigkeit oder auch Berufsbezeichnung,
- einem Tätigkeitsfeld, dem Bereich, der Branche.

Um dies zu erklären, lassen Sie uns für einen Moment den Namen einer Tätigkeit, eine *Funktion*, konstant halten und zum Beispiel eine »Sekretärin« nehmen. Stellen Sie sich nun vor, Sie würden gerade in dieser Funktion als »Sekretärin« irgendwo anfangen. Die nächste Frage, die Sie sich stellen müssten, wäre: Wo würden Sie gerne als »Sekretärin« arbeiten? Möchten Sie eine Sekretärin sein bei ... einer Rechtsanwaltskanzlei? ... einer Gärtnerei? ... einer Fluglinie? ... einer Kirche? ... einem Fotolabor? ... einer Bank? ... einer Chemiefabrik? ... im Öffentlichen Dienst? All diese Orte sind *Tätigkeitsfelder*: Recht, Gartenbau, Luftfahrt, Religion, Fotografie, Bankwesen, Chemie, Verwaltung – alle sind *Felder*. Das Tätigkeitsfeld macht einen großen Unterschied bei Ihrer Wahl aus.

Ein weiteres Beispiel: Diesmal halten wir die *Funktion*, also den Namen der Tätigkeit eines »Unternehmensberaters« konstant. Stellen Sie sich vor, dass Sie gerade in diesen Beruf eintreten: Wo würden Sie gerne ein Unternehmensberater sein? Bei ... einer EDV-Firma? ... einem Autohandel? ... Großbäckerei? ... einer Freizeitorganisation? Wiederum sind das alles *Tätigkeitsfelder*: Management, EDV, Autos, Nahrungsmittel, Freizeit, Gesundheit. Das Feld macht einen großen Unterschied aus. (Sie werden feststellen, dass all diese Felder an Schulen oder Hochschulen erlernt werden können. Dort heißen sie »Fächer«, »Themen« oder nur einfach »Bereiche«. Viele kann man auch in der Praxis erlernen – indem man eine Lehre macht, durch Erfahrung, oder indem man einen Mentor findet.)

Bitte prägen Sie sich diese äußerst wichtige Gleichung genau ein:

Beruf = Funktion + Tätigkeitsfeld.

Sie müssen beide klar definieren, damit Ihre Jobsuche gelingt. Wenn Sie dies nicht tun, kann dies Ihrer Jobsuche oder Ihren Plänen für einen Berufswechsel viel Schaden zufügen. Wenn Sie zum Beispiel als Ihr Berufsziel den »Unternehmensberater« definiert haben – aber nichts dabei herauskommt, wissen Sie, was Ihr Problem ist. Sie haben nur Ihre *Funktion* definiert, und das allein reicht nicht.

© Johnny Hart and Creators Syndicate, Inc.

Sie müssen gleichermaßen definieren, in welchem *Tätigkeitsfeld* Sie Unternehmensberater werden wollen, wenn Ihre Jobsuche erfolgreich sein soll. Bis Sie sich entschieden haben, in welchem Feld Sie Unternehmensberatung machen wollen, ist das Ziel Ihrer Jobsuche zu breit. Aus diesem Grund finden Sie keinen Job.

Das Vorgehen der kreativen Minderheit ermöglicht es Ihnen, sowohl die Funktion als auch das Tätigkeitsfeld festzulegen (oder die Bausteine dafür), weil es jede Jobsuche so behandelt, als wäre sie ein Berufswechsel.

Die drei Schritte für den Erfolg bei der Jobsuche

Nachdem ich Ihnen erklärt habe, was ich an diesem Ansatz schätze, lassen Sie uns fortfahren. Ich werde jetzt meine reichhaltigen Fähigkeiten strapazieren, um Ihnen die einzelnen Schritte der kreativen Arbeitssuche beziehungsweise des kreativen Berufswechsels nicht nur einfach vorzustellen, sondern um Ihnen diesen Prozess einzutrichtern, bis Sie die einzelnen Schritte im Schlaf herunterleiern können.

Ich möchte das tun, weil es von wesentlicher Bedeutung ist, dass Sie diesen Prozess *beherrschen* – und das für den Rest Ihres Lebens. Sie werden sich mit großer Wahrscheinlichkeit noch einmal auf die Jobsuche begeben und möglicherweise noch einmal einen beruflichen Neuanfang wagen. Jobsuche und Berufswechsel sind in der heutigen Zeit sich ständig wiederholende Aktivitäten. Sie können nie wissen, wann Sie diese Fähigkeit wieder gebrauchen können.

Um also noch einmal zu rekapitulieren, was Sie bereits im letzten Kapitel erfahren haben: Der kreative Ansatz der Jobsuche beziehungsweise des Berufswechsels umfasst drei Teile. Sie prägen sie sich am leichtesten als Was, Wo und Wie ein:

- *Was:* **Sie müssen ganz genau definieren, was Sie zu bieten haben.**
  Dieser Prozess schließt die Bestandsaufnahme Ihrer Gaben oder Talente ein, womit Ihre Lieblingsfähigkeiten in der Reihenfolge oder Bedeutung für Sie selbst gemeint sind. Experten bezeichnen sie als übertragbare Fähigkeiten, weil sie auf jedes Tätigkeitsfeld und jeden Beruf übertragbar sind, für die Sie sich entscheiden, wobei gleichgültig ist, wie Sie sie ursprünglich erworben haben, oder wie lange Sie sie in einem anderen Tätigkeitsfeld eingesetzt haben.
  Sobald Sie Ihre Fähigkeiten kennen, verfügen Sie damit über die Grundbausteine Ihrer Funktion; mit diesen Bausteinen können Sie eine Tätigkeit finden, die Sie gerne ausüben würden.
- *Wo:* **Sie müssen ganz genau entscheiden, wo Sie Ihre Fähigkeiten einsetzen wollen.**
  Das heißt, dass Sie Ihre Lieblingsthemen oder Interessensgebiete definieren, außerdem Ihre Präferenzen unter regionalen Aspekten. Hier helfen Ihnen eigene Recherchen (Bücher oder Internet) sowie informelle, persönliche Gespräche weiter.
  Bei der Frage nach dem Wo geht es vor allem um die Wissensgebiete, die Sie bereits gut kennen und die Sie mögen. Aber es geht auch um ihre bevorzugten Arbeitsbedingungen, weiterhin um die Art von Themen, Menschen oder Produkten, mit denen Sie am liebsten arbeiten würden und die Frage, wo Sie am liebsten leben würden, und vieles andere mehr. Sobald Sie Ihre Lieblingsthemen kennen, haben Sie die Grundbausteine Ihres Tätigkeitsfelds; mit Hilfe dieser Bausteine können Sie ein Tätigkeitsfeld definieren, in dem Sie gerne Ihre Stelle hätten. Darüber hinaus können Sie nun Funktion und Tätigkeitsfeld miteinander verknüpfen, um einen Beruf zu finden, der Ihnen gefallen würde.
- *Wie:* **Bemühen Sie sich um die Organisationen, die Sie am meisten interessieren, ohne Rücksicht darauf, ob es dort nach Ihrem Wissen freie Stellen gibt oder nicht.**
  »Bemühen« heißt, dass Sie Ihre Kontakte nutzen – jeden, den Sie haben –, um dort einen Termin zu bekommen; besonders mit der Person, die die Macht hat, Sie für den Job einzustellen, den Sie am liebsten hätten.

(Natürlich müssen Sie zuvor ein wenig recherchiert haben, um zu wissen, wer das genau ist, und um andere wertvolle Informationen über die Organisation zu sammeln.)

Sobald Sie diese Techniken beherrschen, wissen Sie, wie Sie in Ihren neuen, geliebten Beruf hineinkommen.

Angesichts dieses dreistufigen Ansatzes der kreativen Minderheit liegt es oft nahe, instinktiv das Was und Wo zu überspringen und direkt mit dem Wie zu beginnen: Wie finden Sie freie Stellen, wie schreiben Sie Ihre Bewerbung, wie verhalten Sie sich in einem Vorstellungsgespräch?

Es gibt natürlich Tausende von Büchern und Workshops über die Jobsuche, in denen es nur um das Wie geht: Wie formuliere ich eine Bewerbung, wie verhalte ich mich in Vorstellungsgesprächen, bei der Gehaltsverhandlung. Auf diese Weise wird suggeriert, das sei alles, um erfolgreich nach Arbeit zu suchen. Das ist ein riesiger Fehler.

Das Schreckgespenst: Fähigkeiten

Viele Menschen erstarren regelrecht, wenn sie das Wort »Fähigkeiten« hören. Das lässt sich schon bei Schulabgängern beobachten. Sie sagen: »Ich habe wirklich überhaupt keine Fähigkeiten, ich kann überhaupt nichts.«

Es geht bei Studenten weiter: »Ich habe vier Jahre an der Hochschule verbracht und noch immer keine Fähigkeiten; ich kann gar nichts.«

Und weiter in den ersten Jahren in der Arbeitswelt: »Ich kann überhaupt nichts und habe als Mitarbeiter überhaupt keine Fähigkeiten.«

Und in den mittleren Jahren, besonders wenn ein Mensch darüber nachdenkt, einen beruflichen Neuanfang zu wagen: »Ich weiß, dass ich wieder die Schulbank drücken und mich umschulen lassen muss, weil ich auf diesem neuen Gebiet keinerlei Fähigkeiten besitze, höchstens die eines blutigen Anfängers.«

»Fähigkeiten« gehört zu den am häufigsten missverstandenen Begriffen in der Arbeitswelt, und zwar von Seiten der Arbeitgeber, der Personalabteilungen und der sogenannten Berufs- oder Karriereberater. Das Missverständnis klärt sich auf durch den Gebrauch von »fähig« und »unfä-

„ ... und gib mir abstraktes Denkvermögen, kommunikative Kompetenz, kulturelles Einfühlungsvermögen, Sprachverständnis und ein hohes soziodynamisches Potential."

Ed Fisher, © 1981 The New Yorker Magazine, Inc.

hig«. Um es unverblümt zu sagen: Es gibt so etwas wie »unfähig« überhaupt nicht. Jeder Mensch hat Fähigkeiten und hat diese seit seiner Kindheit benutzt. Sie lassen sich an den lobenden Worten ablesen, die uns in unserem Freundeskreis und innerhalb unserer Familie zuteil werden: »ein ungeheuer gutes Gedächtnis«, »handwerklich sehr geschickt«, »kann sehr gut mit Menschen umgehen«, »kann alles reparieren«, »ein ausgeprägtes Gespür für Farben«.

Doch leider sind sich die meisten Menschen ihrer Fähigkeiten gar nicht bewusst. Ich kenne eine Frau, die in der Lage war, einen Raum zu betreten, sich zwanzig Leute anzusehen, die sich darin aufhielten, wieder hinauszugehen und aus dem Gedächtnis alle Menschen, die sie in diesen 15 Sekunden gesehen hatte, perfekt zu beschreiben, bis hin zu den Schmuckstücken, die jeder Einzelne getragen hatte. Und dennoch sagte sie groteskerweise, sie sei unfähig – sie dachte, jeder könne das.

Viele Menschen haben solche Fähigkeiten, deren sie sich nicht bewusst sind. Durch eine Bestandsaufnahme Ihrer Fähigkeiten – sowohl von denen, die Ihnen bewusst sind, als auch von denen, wo das nicht der Fall ist – werden Sie bei der Stellensuche automatisch die Nase vorn haben. Eine solche Bestandsaufnahme wird Ihnen auch jeden Berufswechsel erleichtern, mit dem Sie vielleicht liebäugeln, ohne Sie zu der Dummheit zu verleiten, die folgendermaßen lautet: »Ich kann den Beruf nur wechseln, wenn ich nochmals die Schulbank drücke.«

Vielleicht ist es erforderlich, dass Sie für den Berufsumstieg einige Fortbildungsmaßnahmen belegen müssen; sehr häufig ist es aber möglich, ohne die geringste Weiterbildung einen dramatischen Berufswechsel zu vollziehen. Es kommt ganz darauf an. Und Sie wissen nicht wirklich, ob Sie sich weiterbilden müssen, bevor Sie eine Bestandsaufnahme der Lieblingsfähigkeiten und -felder gemacht haben, die Sie bereits besitzen.

Die Definition von Eigenschaften

Die Fähigkeiten, die Sie in Ihrer Bestandsaufnahme berücksichtigen, sind ihre sogenannten übertragbaren Fähigkeiten.

Viele Menschen denken, dass zu den übertragbaren Fähigkeiten Dinge gehören wie: »hat viel Energie«, »ist sehr detailorientiert«, »kann gut mit Menschen umgehen«, »zeigt Entschlusskraft«, »arbeitet auch unter Druck hervorragend«, »ist sympathisch, intuitiv, beständig, dynamisch, verlässlich«, und so weiter. Aber gleichgültig, wie verbreitet dieses Missverständnis ist: Hierbei handelt es sich nicht um funktionelle oder übertragbare Fähigkeiten, sondern um die persönliche Art, mit der Sie Ihre übertragbaren Fähigkeiten einsetzen.

Um dies anhand eines Beispiels zu verdeutlichen, nehmen wir die Eigenschaft »ist sehr detailorientiert«. Stellen Sie sich vor, dass eine Ihrer übertragbaren Fähigkeiten ist, dass Sie etwas »erforschen« können. In diesem Fall beschreibt »ist sehr detailorientiert« die Art und Weise oder den Stil, mit dem Sie etwas erforschen.

Diese Dinge, die viele Jobsuchende fälschlicherweise für übertragbare Fähigkeiten halten, sind eigentlich ihre Eigenschaften. Sie werden auch als »Selbstmanagementqualitäten«, »Temperament« oder »Typus« bezeichnet. Die meisten sogenannten psychologischen Verfahren, Fragebögen und Tests überprüfen vor allem diese Eigenschaften.

Die Definition von »übertragbaren Fähigkeiten«

Was aber sind übertragbare Fähigkeiten, wenn das, was häufig dafür gehalten wird, eigentlich Eigenschaften sind? Hier folgt ein Crash-Kurs zu diesem Thema, in dem ich die sieben Prinzipien der übertragbaren Fähigkeiten darlegen werde.

Übertragbare Fähigkeiten sind das Geheimnis der erfolgreichen Jobsuche, weil sie die grundlegenden Einheiten jedes Berufs und jeder Beschäftigung sind.

Sie können das in diesem Diagramm sehen:

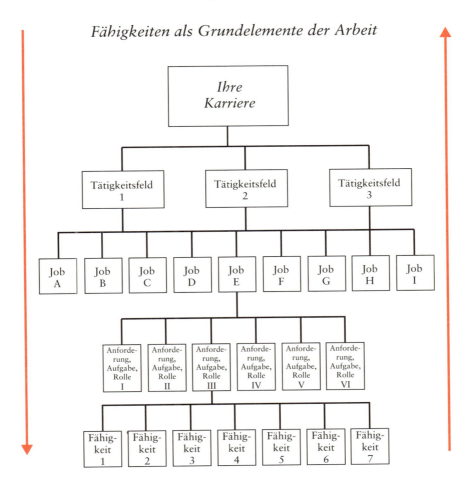

Übertragbare Fähigkeiten sind das Geheimnis eines Berufsumstiegs ohne zwangsläufige Rückkehr zur Schule, weil sie Ihnen ermöglichen, die Vision Ihres neuen Berufs von Grund auf neu zu gestalten.
Werfen Sie einen Blick auf das obige Diagramm. Der kreative Ansatz des Berufsumstiegs startet oben links, arbeitet sich hinab bis nach unten und geht auf der anderen Seite wieder nach oben.

Das heißt, Sie nehmen Ihren derzeitigen oder früheren Beruf und zerlegen ihn (über Tätigkeitsfeld und Aufgaben – ob Sie ihn nun mochten oder nicht) bis hin zur kleinsten atomaren Einheit: den Fähigkeiten.

Dann bilden Sie einen neuen Beruf, indem Sie mit den Grundelementen, Ihren Lieblingsfähigkeiten, beginnen und dann über Ihre Lieblingsaufgaben zu Ihrem Lieblingstätigkeitsfeld weiter nach oben gehen.

Die eine Seite des Diagramms hinunter, die andere wieder hinauf. Und siehe da: ein neuer Beruf. Ihre Lieblingsfähigkeiten sind die Basis, auf dem alles andere beruht.

Übertragbare Fähigkeiten sind fast immer Verben.
Sie sind Tätigkeitswörter im engsten Sinne des Wortes. Man kann sie sich als »gebündelte Energien« vorstellen, die auf irgendein Objekt einwirken.

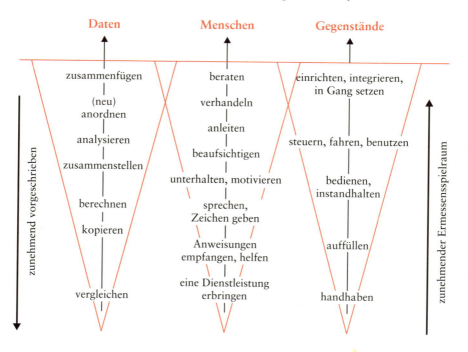

Übertragbare Fähigkeiten lassen sich in drei grundlegende Familien gliedern.

Abhängig von der Art des Objektes, auf das sie einwirken – Daten beziehungsweise Informationen, Menschen oder Gegenstände –, werden die Fähigkeiten unterschiedlich eingeteilt. Innerhalb dieser drei Familien gibt es einfache und komplexere Fähigkeiten. Die Familien können als drei auf dem Kopf stehende Pyramiden dargestellt werden, in denen jeweils die einfacheren Fähigkeiten zuunterst und die komplexeren Fähigkeiten darüber angeordnet werden.

Bei der Bestandsaufnahme Ihrer übertragbaren Fähigkeiten sollten Sie sich immer die höchsten Fähigkeiten zuschreiben, die aufgrund Ihrer früheren Erfolge gerechtfertigt sind.

In *jeder* Pyramide der übertragbaren Fähigkeiten möchten Sie natürlich die höchste Fähigkeit für sich beanspruchen, die Sie in der Vergangenheit erfolgreich gezeigt und damit nachgewiesen haben.

Als allgemeine Regel – von der es Ausnahmen gibt – gilt, dass jede Fähigkeit, die in dem Dreieck weiter oben steht, voraussetzt, dass man auch die darunter stehenden beherrscht. So besitzen Sie wahrscheinlich in jeder der auf dem Kopf stehenden Pyramiden auch all die Fähigkeiten, die unterhalb der höchsten Fähigkeit stehen, die Sie bei sich erkannt haben. Vergewissern Sie sich immer, ob das auch wirklich zutrifft.

Je spezieller Ihre übertragbaren Fähigkeiten sind, desto mehr Freiheiten werden Sie in Ihrem Beruf genießen.

Einfachere Fähigkeiten können – und werden in der Regel – stark vom Arbeitgeber vorgeschrieben sein, so dass Sie sich, wenn Sie *nur* einfachere Fähigkeiten besitzen, »anpassen« müssen, indem Sie den Anweisungen der Aufsichtsperson folgen und genau das tun müssen, was man Ihnen sagt. Je *höher* die Fähigkeiten sind, die Sie sich zu Recht zuschreiben können, desto mehr Gestaltungsfreiheit wird man Ihnen für Ihre Tätigkeit zugestehen, so dass sie sich *Ihnen* anpasst.

Je spezieller Ihre übertragbaren Fähigkeiten sind, desto weniger Konkurrenz werden Sie haben, weil die Positionen, die solche Fähigkeiten voraussetzen, kaum mit den Suchmethoden gefunden werden, die der normale Bewerber oder Berufsumsteiger benutzt.

Der herkömmliche Weg über Stellenanzeigen, Bewerbungen und Arbeitsvermittlung ist nichts für Sie. Wenn Sie speziellere Fähigkeiten besitzen, müssen Sie den kreativen Ansatz der Jobsuche beschreiben, um passende Positionen zu finden. Er wird in den folgenden beiden Kapiteln beschrieben.

Das wesentliche Merkmal dieses kreativen Ansatzes der Jobsuche oder Berufsumstiegs ist, dass Sie an jede Organisation herantreten können, die Sie interessiert, ob sie nun bekanntermaßen freie Stellen hat oder nicht – indem Sie Ihre Kontakte benutzen, um dort hineinzugelangen. Es versteht sich von selbst, dass Sie in diesen Organisationen, die Sie aufsuchen – und besonders in denjenigen, die keine freien Stellen ausgeschrieben haben – auf wesentlich weniger Mitbewerber treffen werden, als wenn Sie auf Stellenangebote in Zeitungen oder dem Internet antworten.

Es kann sogar vorkommen, dass Arbeitgeber, die Sie ansprechen, extra eine neue Stelle für Sie schaffen, wenn sie Sie mögen. In diesem Falle

© 1985 Universal Press Syndicate.

werden Sie sich mit niemandem messen müssen, weil Sie der einzige Bewerber für die neu geschaffene Stelle sind. Doch dies wird wohl nur selten der Fall sein.

Der Grund dafür ist, dass die Arbeitgeber oft schon längere Zeit darüber nachgedacht haben, einen neuen Job in ihrer Organisation zu schaffen, aber aufgrund verschiedener Umstände nie dazu gekommen sind, dieses Vorhaben auch in die Tat umzusetzen. Bis zu dem Moment, zu dem Sie durch die Tür kommen mit klaren Vorstellungen davon, welche Fähigkeiten Sie haben. Dann beschließen sie, Sie nicht mehr weggehen zu lassen, schließlich sind gute Arbeitnehmer ebenso schwer zu finden wie gute Arbeitgeber.

In diesem Augenblick erinnern sie sich plötzlich an den Job, den sie schon seit Wochen oder Monaten neu einrichten wollten, setzen ihre Absicht in die Tat um, schaffen auf der Stelle einen neuen Job und bieten ihn Ihnen an! Wenn dieser neue Job nicht nur das ist, was sie brauchen, sondern auch genau das, was Sie wollen, dann machen Sie beide eine gute Partie. Es ist auch interessant, festzuhalten, dass Sie durch Ihre Eigeninitiative dazu beigetragen haben, neue Stellen zu schaffen. Schön für Ihr Land und schön für Sie!

Die paradoxe Moral von der Geschichte: Je weniger Sie versuchen, offen und anpassungsfähig für alles zu sein, je genauer Sie bis ins kleinste Detail die höchsten Fähigkeiten definieren, die Sie mit Informationen und/oder Menschen und/oder Gegenständen nachweisen können, desto wahrscheinlicher ist es, dass Sie eine Stelle finden. Das ist genau das Gegenteil davon, was der typische Jobsuchende oder Berufsumsteiger denkt.

Strategien, um Ihre übertragbaren Fähigkeiten herauszufinden

Tipps für ungeduldige Ein-, Um- und Aufsteiger

- **Vergessen Sie Ihre offizielle Berufsbezeichnung** (»Ich bin Automechaniker«) und definieren Sie sich stattdessen als »Ich bin ein Mensch, der dieses oder jenes kann«. Dann denken Sie darüber nach, wie Sie den

Satz beenden würden. Welche Aufgaben? Welche Fähigkeiten haben Sie? Stellen Sie eine Liste zusammen.
- **Überlegen Sie, welche anderen Arten von Arbeit Sie tun können** und gerne tun würden. Vielleicht ist es etwas, das Sie zuvor schon getan haben, wenn auch in sehr geringem Umfang, in Ihrer Freizeit (vielleicht Kleider entwerfen oder Segelboote reparieren). Dann überlegen Sie, welche Fähigkeiten Sie benötigen, um das zu tun. Fügen Sie diese Ihrer Liste hinzu.
- **Fragen Sie sich: »Was kann ich gut? Wofür loben mich alle?«** Welche Fähigkeiten sind dafür erforderlich? Fügen Sie diese Ihrer Liste hinzu.
- **Was spricht Sie an?** Wenn Sie etwas stark interessiert, werden Sie gut darin sein, wenn nicht, natürlich nicht. Was elektrisiert Sie? Listen Sie die Tätigkeiten und Aufgaben auf, die Ihnen Kraft geben, die Ihnen Ihre Lebensenergie bringen. Welche Fähigkeiten setzen Sie in solchen Momenten ein? Fügen Sie sie Ihrer Liste hinzu und versehen Sie diese mit einem Pluszeichen »+«. Dann: Was ermüdet Sie nach sehr kurzer Zeit und aus geringstem Anlass? Welche Fähigkeiten benutzen Sie dann? Listen Sie diese ebenfalls auf, aber setzen Sie diesmal ein Minuszeichen »–« davor. Fähigkeiten, die Sie ermüden, tun das aus einem bestimmten Grund: Sie mögen sie nicht. Vermeiden Sie diese.
- **Stellen Sie sich die Frage: »Was habe ich in der Vergangenheit ausgesprochen gerne getan?«** Was sind Ihre Hobbys? Ahnenforschung? Angeln? Astronomie? Autos? Blumen? Bücher? Eisenbahnen? Elektronik? Flugzeuge? Fotografie? Gärten? Jagd? Jonglieren? Haustiere? Höhlen? Kochen? Kunsthandwerk? Kanufahren? Klettern? Luftfahrt? Marionetten? Mineralien? Modellbau? Motorräder? Radfahren? Reisen? Rudern? Sammeln von Briefmarken, Münzen oder Puppen? Schreinerarbeiten? Sport? Tanz? Vogelzucht? Fragen Sie sich: »Was genau hat mir daran gefallen? Was genau tue ich immer noch gerne?« Überlegen Sie, auf welche Arten von Fähigkeiten das hinweist. Fügen Sie diese Ihrer Liste hinzu.
- **Fragen Sie sich: »Möchte ich vorwiegend meine Fähigkeiten mit Menschen einsetzen, oder meine Fähigkeiten mit Gegenständen oder meine Fähigkeiten mit Informationen?«** Und welche genau? Fügen Sie diese Ihrer Liste hinzu.
- **Haben Sie eine bestimmte natürliche Begabung, die nicht jeder hat?** Dies kann etwas sein, für das Sie einen ausgeprägten Blick haben (zum

Beispiel Farben, Mimik, Krankheitssymptome) oder etwas, für das Sie ein gutes Ohr haben (zum Beispiel Vogelgesang) oder etwas, für das Sie eine feine Nase besitzen (zum Beispiel schwache Gerüche) oder eine feine Zunge (zum Beispiel bestimmte Geschmacksrichtungen) oder eine ausgeprägte körperliche Sensibilität (zum Beispiel für Luftbewegungen oder Temperaturveränderungen) oder etwas, für das Ihr Gehirn eine besonders ausgeprägte Wahrnehmung hat (zum Beispiel für Zusammenhänge, Widersprüche, Details), und so weiter. Fügen Sie diese Ihrer Liste hinzu.

- **Welche Fähigkeiten besitzen Sie?** Auf der nächsten Seite folgt eine Liste zur Auswahl. Markieren Sie jede Fähigkeit, die Sie Ihrer Meinung nach haben, mit einem Haken. Kennzeichnen Sie jede Fähigkeit, die Sie wirklich gerne einsetzen, mit einem Stern. Und markieren Sie jede Fähigkeit, die Sie Ihrer Meinung nach gut beherrschen, mit einem Kreis. Den Fähigkeiten, die Sie mit Haken, Stern und Kreis markiert haben, sollten Sie besondere Aufmerksamkeit widmen. Fügen Sie diese Ihrer Liste hinzu.

- **Wägen Sie ab, welche Ihrer Fähigkeiten in der Vergangenheit dabei geholfen haben, Probleme eines Arbeitgebers zu lösen.** Haben Ihre Fähigkeiten zum Beispiel dazu beigetragen, dass Kunden gerne wiedergekommen sind, der Service an Qualität gewonnen hat, die Qualität der Waren gestiegen ist, Lieferzeiten eingehalten, Kosten reduziert oder neue Produkte erfunden werden konnten oder ähnliches? Wenn das der Fall war, welche Fähigkeiten haben dazu beigetragen? Fügen Sie diese Ihrer Liste hinzu.

- **Stellen Sie sich die folgende Frage: »Wessen Job hätte ich am liebsten von allen Menschen, die ich kenne oder über die ich gelesen habe?«** Dann überlegen Sie, welche Fähigkeiten dafür nötig sind. Haben Sie diese? Fügen Sie sie Ihrer Liste hinzu.

Eine Liste von Fähigkeiten in Verbform

ablenken	beziehen	formulieren	nutzen	übertragen
abschätzen	bilden	forschen	ordnen	überwachen
adressieren	darstellen	fotografieren	organisieren	überzeugen
analysieren	definieren	führen	pflegen	unterhalten
anbieten	diagnostizieren	geben	planen	unterrichten
anleiten	drucken	gehorchen	präparieren	untersuchen
anpassen	durchführen	gründen	präsentieren	verantworten
anwerben	durchsetzen	handeln	problematisieren	verarbeiten
arbeiten	einfühlen	helfen	produzieren	verbessern
argumentieren	einführen	herstellen	programmieren	vereinigen
arrangieren	einkaufen	hervorbringen	projektieren	verfassen
aufbauen	einleiten	identifizieren	prüfen	verhandeln
aufnehmen	einordnen	illustrieren	publizieren	verkaufen
aufrechterhalten	einrichten	improvisieren	reagieren	vermehren
aufstellen	einschätzen	informieren	realisieren	vermitteln
aufwerten	eintragen	initiieren	reden	versammeln
ausbilden	empfangen	inspirieren	redigieren	versöhnen
ausdrücken	empfehlen	inspizieren	reduzieren	verstehen
ausführen	entdecken	installieren	rehabilitieren	verteilen
ausstellen	entscheiden	integrieren	reisen	vertreten
auswählen	entwerfen	interpretieren	reparieren	verwalten
bauen	entwickeln	interviewen	restaurieren	verweisen
beaufsichtigen	entziehen	inventarisieren	riskieren	vollenden
bedienen	erahnen	klassifizieren	sammeln	vollziehen
beeinflussen	erfassen	komponieren	schlichten	voraussagen
befolgen	erfinden	konsolidieren	schreiben	vorbereiten
befragen	erhalten	kontrollieren	schützen	vorführen
begeistern	erhöhen	konzipieren	sezieren	vorschreiben
behalten	erinnern	koordinieren	siegen	vorstellen
behandeln	erklären	korrigieren	singen	vortragen
beherrschen	erlangen	lehren	skizzieren	wagen
bekommen	erledigen	leisten	sortieren	wahrnehmen
belehren	errechnen	leiten	spielen	waschen
benutzen	erreichen	lernen	sprechen	weiterleiten
beobachten	erschaffen	lesen	spüren	widerlegen
beraten	erstellen	liefern	steuern	wiegen
berechnen	erweitern	lösen	studieren	zeichnen
bereitstellen	erzählen	malen	symbolisieren	zeigen
berichten	erzeugen	managen	systematisieren	zergliedern
beseitigen	experimentieren	manipulieren	teilen	zuhören
bestellen	fahren	mitfühlen	testen	zurechtkommen
bestimmen	festlegen	mitteilen	treffen	zurückholen
betreiben	feststellen	modellieren	trennen	zusammen-arbeiten
beurteilen	finanzieren	motivieren	übergeben	zusammenfassen
bewahren	folgen	nachweisen	überprüfen	zusammen-stellen
bewältigen	fördern	nähen	überreden	
bewerten	formen	navigieren	übersetzen	

Wie Sie Ihre übertragbaren Fähigkeiten genauer definieren

Wenn all dies bei Ihnen nicht funktioniert oder wenn es zwar ein guter Anfang für Sie ist, Sie jedoch noch tiefer gehen wollen, fahren Sie fort mit den Übungen im Anhang A und analysieren Sie Ihre Fähigkeiten mit der Methode, die dort beschrieben ist.

Dabei verfassen Sie unter anderem sieben Geschichten, die Ereignisse aus Ihrem Leben wiedergeben über Zeiten, die Sie wirklich genossen haben, und können daraus ersehen, welche Fähigkeiten Sie dabei benutzt haben. Hier ist ein Beispiel für eine solche Geschichte, damit Sie sehen, wie das funktioniert.

»Ich wollte mit meiner Frau und unseren vier Kindern in den Sommerurlaub fahren. Ich hatte nur sehr wenig Geld zur Verfügung und konnte mir deshalb keinen Hotelurlaub leisten. Deshalb beschloss ich, unseren Kombi zu einem Wohnmobil umzubauen.

Als erstes ging ich in die Bücherei, um mir einige Bücher über Wohnmobile auszuleihen. Nachdem ich sie gelesen hatte, entwarf ich einen Plan, was ich bauen musste, um sowohl den Innenraum als auch das Dach des Kombis nutzen zu können. Als nächstes kaufte ich das Holz, das ich dafür benötigte. Über einen Zeitraum von sechs Wochen baute ich an den Wochenenden in meiner Garageneinfahrt das Gehäuse für die ›zweite Etage‹ meines Kombis. Dann schnitt ich Türen und Fenster aus und fügte eine Kommode mit sechs Schubladen in das Gehäuse ein. Ich montierte es auf dem Dach des Wagens und befestigte es, indem ich es fest mit dem Dachgepäckträger verschraubte. Schließlich stattete ich den Kofferraum des Kombis mit einem Tisch und einer Bank auf jeder Seite aus, die ich ebenfalls selbst baute.

Das Ergebnis war ein komplettes Wohnmobil Marke Eigenbau. Kurz bevor wir losfuhren, baute ich es zusammen und, als wir wieder zu Hause waren, nahm ich es wieder auseinander. Wir konnten auf diese Weise vier Wochen Urlaub machen und gaben trotzdem nur so viel Geld aus, wie wir uns leisten konnten, weil wir nicht in Hotels übernachten mussten.

Ich schätze, dass wir während dieser Sommerferien 3 500 Mark für Übernachtungen gespart haben.«

Im Idealfall sollte jede Geschichte, die Sie schreiben, die folgenden Aspekte beinhalten, wie im Beispiel oben erkennbar:

- **Ihr Ziel:** Was wollten Sie erreichen? »Ich wollte mit meiner Frau und unseren vier Kindern in den Sommerurlaub fahren.«

- Schwierigkeiten, widrige Umstände oder Einschränkungen, die auftraten (durch Sie selber oder andere Personen verursacht): »Ich hatte nur sehr wenig Geld zur Verfügung und konnte mir deshalb keinen Hotelurlaub für die Familie leisten.«
- Eine Beschreibung dessen, was Sie Schritt für Schritt getan haben (wie Sie es schließlich geschafft haben, Ihr Ziel trotz der Hindernisse oder Einschränkungen zu erreichen): »Ich beschloss, unseren Kombi zum Wohnmobil umzubauen. Als erstes ging ich in die Bücherei, um mir einige Bücher über Wohnmobile auszuleihen. Nachdem ich sie gelesen hatte, entwarf ich einen Plan, was ich bauen musste um sowohl den Innenraum als auch das Dach des Kombis nutzen zu können. Als nächstes kaufte ich das Holz, das ich dafür benötigte. Über einen Zeitraum von sechs Wochen ...«
- Eine Beschreibung des Ergebnisses: »Wir konnten auf diese Weise vier Wochen Urlaub machen und gaben trotzdem nur so viel Geld aus, wie wir uns leisten konnten, weil wir nicht in Hotels übernachten mussten.«
- Jegliche messbare/quantifizierbare Aussage über das Ergebnis, die Ihnen einfällt. »Ich schätze, dass wir während dieser Sommerferien 3 500 Mark für Übernachtungen gespart haben.«

In den Übungen im Anhang A werden Sie erfahren, wie Sie Ihre sieben Geschichten analysieren, Ihre übertragbaren Fähigkeiten herausfinden und sie in eine Reihenfolge bringen.

Wie Sie Ihre Lieblingsfähigkeiten in eine Reihenfolge bringen

Sie finden Ihre Fähigkeiten in drei Schritten heraus. Wir nennen diese Schritte Bestandsaufnahme, Bilden einer Reihenfolge und Ausgestaltung Ihrer Fähigkeiten.

Sobald Sie eine Bestandsaufnahme Ihrer Fähigkeiten gemacht haben, ist es von wesentlicher Bedeutung für Sie, mit dem zweiten Schritt (dem Erstellen einer Prioritätenliste) fortzufahren, indem Sie entscheiden, welches Ihre Lieblingsfähigkeiten sind. Dann tragen Sie die sechs Fähigkeiten, die Sie am meisten mögen – sei es der Umgang mit Daten, Menschen oder Gegenständen – in der genauen Reihenfolge in das folgende Diagramm ein:

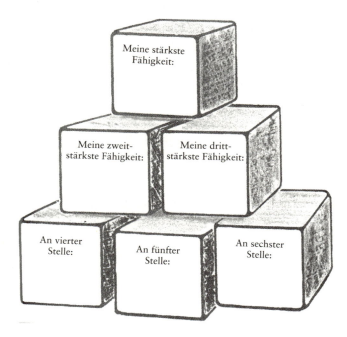

Gestalten Sie Ihre Fähigkeiten weiter aus

Sobald Sie Ihre Fähigkeiten herausgefunden und eine Prioritätenliste erstellt haben, die zeigt, in welcher Reihenfolge Sie sie am liebsten einsetzen würden, ist es Zeit, mit dem dritten Schritt der Bestimmung Ihrer Fähigkeiten fortzufahren. Gestalten Sie Ihre sechs Favoriten weiter aus, indem Sie sie mit mehr als nur einem Wort umschreiben.

Angenommen, auf Ihrer Liste steht:

> verwalten

Das ist ein guter Anfang, um Ihre Fähigkeiten zu definieren, aber unglücklicherweise verrät uns dieses eine Wort noch nicht sehr viel. Was können Sie verwalten? Menschen, zum Beispiel in einer Organisation? Material, zum Beispiel in einem Autozubehörhandel? Oder eine Menge Informationen am Computer? Dies sind drei völlig verschiedene Fähigkeiten. Das Wort »verwalten« allein reicht nicht aus um zu erklären, worin Ihre Fähigkeit besteht. Deshalb müssen Sie das Verb, das Ihre Fähigkeiten beschreibt, mit einem Objekt verknüpfen – bestimmten Daten, Menschen oder Gegenständen wie zum Beispiel:

»Ich kann Informationen verwalten.«

> Informationen
> verwalten

Schließlich fügen Sie, wenn Sie können, ein Adverb oder eine adverbiale Bestimmung hinzu. Warum? – »Ich kann Informationen gewissenhaft und logisch verwalten« und »Ich kann Informationen intuitiv verwalten« sind zwei völlig unterschiedliche Fähigkeiten. Der Unterschied zwischen ihnen wird nicht mit dem Verb ausgedrückt, ebensowenig mit dem Objekt, sondern mit dem Adverb oder der adverbialen Bestimmung vor dem Verb.

Also, worauf läuft das hinaus? Das Ergebnis sieht bei jeder einzelnen Ihrer sechs Lieblingsfähigkeiten etwa folgendermaßen aus:

> Informationen
> gewissenhaft und logisch
> verwalten

Das ist wirklich eine gute Definition Ihrer Fähigkeiten – weil es Sie von 19 anderen »Verwaltern« unterscheidet!

Wenn Sie jemandem gegenübersitzen, der darüber entscheiden kann, ob Sie eingestellt werden, müssen Sie in der Lage sein zu erklären, was Sie von 19 anderen Menschen unterscheidet, die grundsätzlich das gleiche tun können wie Sie. Oftmals ist es das Adjektiv oder das Adverb, das Ihnen bei dieser Erklärung zu einem neuen Job verhilft.

Zusammenfassung

Wenn Sie mit all Ihren sechs Lieblingsfähigkeiten auf diese Weise verfahren sind, haben Sie das *Was* definiert.

Falls Sie dieses ganze Kapitel gelesen haben, aber die Übungen noch nicht gemacht haben oder das Gefühl hatten »Ich kann diese Geschichten einfach nicht schreiben«, dann interessiert Sie vielleicht, wie eine Frau aus München, die beruflich unzufrieden war, mit dem Geschichtenschreiben umging und einen anderen Weg fand:

Noch 1995 arbeitete ich als Krankengymnastin in einem Fitness-Studio und jobbte als schlechtbezahlte Filmbesichtigerin ausländischer Seifenopern bei einem großen Filmverleih. Ich war frustriert. Zwei Jahre zuvor hatte ich meine Promotion in Ethnologie erfolgreich abgeschlossen, doch die Berufsaussichten waren miserabel. Da lernte ich in der Beratung den Ansatz von Richard Nelson Bolles kennen und nichts mehr ist, wie es einmal war ...

Erst durch die Übungen wurde ich mir meiner Fähigkeiten und meiner Wünsche bewusst und konnte dann gezielt auf Jobsuche gehen. Heute arbeite ich als freie Filmemacherin und bin mit meiner Arbeit superglücklich. Das Merkwürdige daran: Ich habe mir damit einen Kindheitstraum erfüllt. Schade, dass ich mir diesen Beruf nach dem Abitur nicht zutraute. Schade, dass ich den Ansatz von Bolles nicht damals schon kennenlernte. Aber besser spät als nie!

Heute bin ich 42 Jahre alt und weiß, dass ich auf dem richtigen Weg bin. Meine Arbeit ist vielseitig und – so abartig es klingt: Selbst Überstunden machen mir Spaß! Manchmal glaube ich es selbst nicht, dass ich dabei auch noch Geld verdiene ...

„Während du darauf wartest, dass das Schiff einläuft, könntest du dich auf dem Pier ein wenig nützlich machen."

© 1980 King Features Syndicate, Inc.

Ein paar freundliche Worte an alle, die wichtige Dinge gern auf die lange Bank schieben

Falls schon zwei Wochen verstrichen sind und Sie mit der Bestandsaufnahme, die in diesem Kapitel und in den Übungen beschrieben wird, noch nicht einmal begonnen haben, dann – ich sage Ihnen das nicht gerne – sollten Sie schnellstens jemanden suchen, der Ihnen dabei hilft.

Sie verbringen etwa 80 000 Stunden Ihrer Zeit auf dieser Erde in der Arbeitswelt. Und dennoch verbringen die meisten Menschen mehr Zeit damit, den nächsten Sommerurlaub zu planen, für den sie nur 504 Stunden ihres Lebens aufwenden werden, als damit herauszufinden, was sie mit diesen 80 000 Stunden machen wollen.

Also, schieben Sie es nicht mehr auf die lange Bank. Versuchen Sie, Unterstützung für Ihre Jobsuche zu finden – wenn möglich, eher bei einem Freund als bei einem Familienmitglied. Fragen Sie diese Person, ob sie Ihnen helfen will. Wenn sie Ja sagt, legen Sie beide in Ihrem Kalender einen regelmäßigen, wöchentlichen Termin fest, an dem Sie garantiert Zeit haben und an dem auch Ihr Freund Zeit für Sie hat. Ihr Freund sollte feststellen, was Sie bereits getan haben und ein ernstes Wörtchen mit Ihnen reden, wenn Sie seit Ihrem letzten Treffen nur wenig oder gar nichts getan haben.

Wenn Sie keine Freunde haben, die Ihnen helfen wollen, dann werden Sie vielleicht bald darüber nachdenken, ob Sie professionelle Hilfe in Anspruch nehmen müssen (siehe Anhang B). Sprechen Sie mit mehreren Karriereberatern. Wählen Sie denjenigen aus, der Ihnen am besten gefällt und bleiben Sie am Ball.

Sie haben nur ein Leben, mein Freund. Jetzt ist es an der Zeit sicherzustellen, dass Sie das Leben führen, das Sie wirklich wollen.

KAPITEL 6

Wo möchten Sie Ihre Fähigkeiten einsetzen?

Viele Wege führen Sie zum Ziel

Sie bleiben dort, wo Sie jetzt arbeiten

Sie verfolgen die gleiche Karriere, aber in einer anderen Organisation

Sie machen Zeitarbeit

← Sie setzen Ihre jetzige Karriere fort

Sie wechseln Ihren Beruf →

Ihr nächster Schritt

Sie bleiben an Ihrem jetzigen Wohnort

oder Sie ziehen um

Zumindest meine eigene Erfahrung besagt:
Wenn jemand vertrauensvoll seinen Träumen folgt
Und danach strebt
So zu leben, wie er es sich vorstellt,
Dann werden seine Erfolge
Jede Erwartung übertreffen.

Henry David Thoreau

„Sie werden diese Arbeit mögen, nur manchmal nicht, wenn man Sie unter einem Papierberg begräbt."

© 1982 NEA, Inc.

Die drei Schritte zur erfolgreichen Jobsuche oder zum Berufswechsel: *Was, Wo* und *Wie*

Wir kommen nun zum zweiten Teil des kreativen Ansatzes für die Jobsuche und den Berufsumstieg.

Im letzten Kapitel haben wir uns mit dem ersten Teil des kreativen Ansatzes beschäftigt, nämlich mit dem Was: **Sie müssen ganz genau definieren,** *was* **Sie zu bieten haben.** Dieser Prozess schließt auch die Bestimmung Ihrer Gaben oder Talente ein, das heißt Ihre Lieblingsfähigkeiten in der Reihenfolge ihrer Bedeutung für Sie.

In diesem Kapitel kommen wir nun zu der zweiten Frage: **Sie müssen ganz genau entscheiden,** *wo* **Sie Ihre Fähigkeiten einsetzen wollen.** Das heißt, dass Sie Ihre Lieblingsthemen und Interessengebiete ebenso definieren wie Ihre regionalen Präferenzen, die Sie mittels eigener Recherchen und durch informelle, persönliche Gespräche weiter untersuchen.

In der Frage nach dem Wo geht es vor allem um Wissensgebiete, die Sie bereits beherrschen und die Sie am meisten mögen. Aber es geht auch um Ihre gewünschten Arbeitsbedingungen, um die Frage, mit welcher Art von Daten oder Menschen oder Gegenständen Sie am liebsten arbeiten, wo Sie am liebsten leben würden und so weiter.

Sobald Sie Ihre bevorzugten Wissensbereiche kennen, haben Sie die Bausteine Ihres Tätigkeitsfeldes; mit diesen Bausteinen können Sie einen Tätigkeitsbereich definieren, in dem Sie gerne Ihre Beschäftigung fänden. Darüber hinaus können Sie nun Funktion und Tätigkeitsfeld miteinander verknüpfen, um den Beruf festzulegen, den Sie gerne ausüben würden.

Also: Im letzten Kapitel haben Sie an der Definition Ihrer Fähigkeiten gearbeitet – oder zumindest gesehen, wie es gemacht wird. Aber es reicht nicht aus, einfach zu sagen: »Ich setze meine Fähigkeiten gerne ein.« Sie müssen für sich entscheiden, *wo* sie diese Fähigkeiten nutzen wollen. Das heißt, in welchem Tätigkeitsfeld – und die Bausteine dieses Feldes sind Ihre bevorzugten Wissensbereiche.

Literaturempfehlung

Uta Glaubitz: *Der Job, der zu mir passt*, Campus Verlag, 1999. Dieser Ratgeber zeigt, wie man in zehn Schritten das persönliche Berufsprofil entwickelt.

Die fünf Schritte zum *Wo*

Sie nähern sich dem Wo in fünf Schritten, die aufeinander aufbauen:

---

1. Schritt
Wie lauten meine Lieblingsthemen oder Interessen?

---

2. Schritt
Auf welches Tätigkeitsfeld verweisen diese Interessengebiete?

---

3. Schritt
Welche Funktion in diesem Feld mag ich besonders?

---

4. Schritt
Welcher Beruf gäbe mir die Möglichkeit, diese Funktion in diesem Feld auszuüben – und damit meine bevorzugten Fähigkeiten mit meinen größten Interessen zu verknüpfen?

> **5. Schritt**
> Wie heißen die Organisationen beziehungsweise Unternehmen, die Menschen mit solchen Berufen einstellen und die mit meinen persönlichen Wertvorstellungen übereinstimmen?

Nun lassen Sie uns sehen, wie Sie Schritt für Schritt eine Antwort auf jede dieser fünf Fragen finden.

1. Schritt
Ihre Lieblingsthemen oder -interessen

An welchen Themen sind Sie interessiert?

Das, wonach wir hier suchen – die bevorzugten Wissensgebiete –, hat noch zwei andere Bezeichnungen. Sie werden manchmal »Lieblingsthemen« genannt, andere bezeichnen sie als Interessen. Alle drei Begriffe sind mehr oder weniger austauschbar und weisen auf die Tatsache hin, dass jeder von uns über eine ganze Menge Dinge ein wenig weiß. Unter all diesen Dingen, von denen wir etwas wissen, haben wir natürlich Vorlieben. Manche Themen interessieren uns, andere nicht.

Ich zum Beispiel weiß ein paar grundlegende Dinge über Buchhaltung, bin aber im Grunde genommen nicht an dem Thema interessiert.

Ich weiß eine Menge über Fundraising, aber auch an diesem Thema habe ich kein besonders großes Interesse.

Andererseits weiß ich sehr viel über die Jobsuche. Und ich bin an dem Thema interessiert. Sehr sogar.

Ich bin sicher, dass Sie verstehen, was ich meine. Eines meiner Interessen ist die Jobsuche. Anders gesagt: Die Jobsuche ist eines meiner Lieblingsthemen.

Doch kommen wir von meinem Leben wieder auf Ihres zurück. Die Frage, die sich aufdrängt, lautet: An welchen Themen oder Wissensbereichen sind Sie interessiert?

Strategien, um Ihre Lieblingsthemen oder -interessen herauszufinden

Tipps für ungeduldige Ein-, Um- und Aufsteiger[7]

- **Welches sind Ihre bevorzugten Hobbys oder Interessen? Computer? Gartenarbeit? Spanisch? Jura? Physik? Kaufhäuser? Krankenhäuser?** Stellen Sie eine Liste auf.
- **Worüber reden Sie gerne?** Stellen Sie sich die folgende Frage: Wenn Sie mit einem Menschen auf einer einsamen Insel festsitzen würden und dieser Mensch könnte sich nur über einige wenige Themen unterhalten, welche würden Sie dann bevorzugen? Wenn Sie sich mit einem Menschen unterhalten, der zwei Ihrer Lieblingsthemen gleichzeitig abdecken könnte, wie sollte die Unterhaltung Ihrer Meinung nach verlaufen? Wenn Sie sich mit einem Universalgenie über irgendein Thema unterhalten könnten, von früh bis spät, Tag für Tag, welches Thema oder Interessensgebiet wäre das dann? Fügen Sie alle Ideen, zu denen diese Fragen Sie inspirieren, Ihrer Liste hinzu.
- **Welche Zeitschriftenartikel lesen Sie ausgesprochen gerne?** Ich meine, über welche Themen? Sie werden wirklich hellwach, wenn Sie Zeitschriftenartikel sehen, in denen es um ... (welches Thema?) geht. Fügen Sie diese Themen Ihrer Liste hinzu.
- **Welche Zeitungsartikel lesen Sie gerne?** Sie werden wirklich hellwach, wenn Sie sehen, dass sich eine Sonderbeilage Ihrer Tageszeitung mit ... (welchem Thema?) beschäftigt. Fügen Sie auch jetzt Ihrer Liste alle Ideen hinzu.
- **Welche Abteilung zieht Sie magisch an, wenn Sie in einer Buchhandlung stöbern?** Welche Themen dort finden Sie besonders faszinierend? Fügen Sie die hier entstandenen Ideen Ihrer Liste hinzu.
- **Welche Seiten im Internet ziehen Sie magisch an?** Um welche Themen geht es auf diesen Seiten? Gibt es darunter welche, die Sie wirklich faszinieren? Fügen Sie Ihrer Liste alle Ideen hinzu.
- **Für welchen Wissensbereich würden Sie sich entscheiden, wenn Sie sich im Fernsehen eine Spielshow ansehen?** Welche Themen veranlassen Sie dazu, sich ein Wissenschaftsmagazin anzusehen? Fügen Sie sie Ihrer Liste hinzu.
- **Welche Themen interessieren Sie am meisten, wenn Sie ein Programm-

Wo möchten Sie Ihre Fähigkeiten einsetzen?

[handschriftliche Notiz: Computer Sprache]

heft der Volkshochschule durchblättern? Fügen Sie alle Ideen Ihrer Liste hinzu.
- **Was wäre das Thema, wenn Sie ein Buch schreiben würden?** Es sollte weder Ihr eigenes noch das Leben einer anderen Person zum Inhalt haben. Fügen Sie es Ihrer Liste hinzu.
- **Welche Aufgabe, welches Thema hat Ihre Aufmerksamkeit so sehr in Anspruch genommen, dass Sie jegliches Zeitgefühl verloren?** Es gibt Momente in unserem Leben, in denen wir so sehr mit einer Aufgabe beschäftigt sind, dass wir jedes Zeitgefühl verlieren (und daran erinnert werden müssen, dass es Zeit für das Abendessen oder sonst etwas ist). Fügen Sie es Ihrer Liste hinzu.

Treffen Sie keine Entscheidungen für Ihre Zukunft, bevor Sie nicht eine Bestandsaufnahme Ihrer Vergangenheit gemacht haben

Die kurzen Übungen von oben können schon zu einer zufrieden stellenden Liste Ihrer Lieblingsthemen und -interessen führen – zumindest wenn Sie sich selbst sehr, sehr gut kennen. Aber in den meisten Fällen könnte unsere Selbsterkenntnis ein wenig mehr Arbeit vertragen. Ein Wochenende sollte ausreichen.

Wenn Sie ein Wochenende lang Zeit haben, können Sie ein noch breiteres Netz spinnen und eine Bestandsaufnahme aller Felder machen, über die Sie etwas wissen – ob es nun Ihre Lieblingsthemen sind oder nicht. (Sie können die Bestandsaufnahme natürlich auch über einen längeren Zeitraum betreiben, wenn es Ihnen lieber ist. Das bleibt ganz Ihnen überlassen.)

Füllen Sie in der folgenden Abbildung alle Spalten aus. Sie können die Tabelle auch auf ein größeres Papierformat kopieren (oder einscannen und im Computer bearbeiten), wenn Sie mehr Platz benötigen. Die folgenden drei Aspekte sollten Sie beim Ausfüllen beachten:

- Jede Spalte beziehungsweise Kategorie in dieser Tabelle ist es wert, dass Sie darüber nachdenken.

Themen, über die ich etwas weiß

In welche der Spalten Sie etwas eintragen, spielt gar keine Rolle. Die Spalten sind nur Hinweise, um Sie zum Nachdenken anzuregen. Schreiben Sie alles, was Ihnen einfällt, also dort auf, wo Sie möchten.

Spalte 1 Wissen, das Sie in der Schule oder Hochschule erworben haben	*Spalte 2* Wissen, das Sie bei der Arbeit erworben haben	*Spalte 3* Wissen, das Sie bei Konferenzen, in Workshops, Schulungen und Seminaren erworben haben	*Spalte 4* Wissen, das Sie zu Hause durch Lesen, Fernsehen, Video- oder Kassettenlernprogramme, Fernstudium oder Funkkolleg erworben haben	*Spalte 5* Wissen, das Sie in der Freizeit durch ehrenamtliche Tätigkeiten oder Hobbies erworben haben
Beispiele: Spanisch, Maschine schreiben, Buchhaltung, Computer, Psychologie, Geographie	*Beispiele: Verlagswesen, Computergrafiken, Aufbau einer Organisation, Bedienung unterschiedlicher Maschinen*	*Beispiele: Sozialgesetzgebung, Bewerbung, Malerei, Nutzung des Internets*	*Beispiele: Kunstverständnis, Geschichte, Schnelllesen, Fremdsprachen*	*Beispiele: Garten- und Landschaftsgestaltung, Nähen, Antiquitäten, Camping, Briefmarken*

- Es genügt vollkommen, dass Sie gerne über ein Thema reden und etwas darüber wissen – Sie brauchen es nicht vollkommen zu beherrschen. Der Grad Ihrer Kompetenz oder Ihres Wissens ist irrelevant, wenn Sie nicht unbedingt auf einer Ebene in diesem Bereich oder Feld arbeiten möchten, die extrem gutes Fachwissen voraussetzt und erfordert.
- Es spielt keine Rolle, wie Sie zu diesem Wissen gelangt sind. Ob Sie es nun während des Studiums erworben haben oder in einem Wissenschaftsmagazin gelesen, ob Sie in einer ehrwürdigen Universitätsbibliothek gesessen haben oder in einer Hängematte in Südfrankreich, ist einerlei. Es kann ein Gebiet sein, in dem Sie zufällig auf Ihrem Lebensweg eine Menge Erfahrungen gesammelt haben – sagen wir Antiquitäten oder Autos, Innenarchitektur oder Musik, Film oder Psychologie oder auch die Art von Themen, die in Spielshows im Fernsehen aufgegriffen werden. Nehmen wir zum Beispiel Antiquitäten. Stellen Sie sich vor, dass es eines Ihrer Lieblingsthemen ist, obwohl Sie in der Schule nie etwas darüber gelernt haben. Sie haben Ihr Wissen erworben, indem Sie in Antiquitätenläden gestöbert und unzählige Fragen gestellt haben. Und Sie haben Ihr Wissen dadurch ergänzt, dass Sie einige Bücher zu diesem Thema gelesen und eine Zeitschrift über Antiquitäten abonniert haben. Sie haben auch selbst einige Antiquitäten erworben. Das reicht aus, um Antiquitäten auf die Liste Ihrer Themen oder Interessengebiete zu setzen.

Wie Sie Ihre liebsten Wissensgebiete und Interessen in eine Reihenfolge bringen

Sobald Sie eine Bestandsaufnahme all der Themen gemacht haben, über die Sie etwas wissen, wählen Sie im nächsten Schritt Ihre Favoriten aus. Sie dürfen diesen Schritt nicht überspringen. Das geht am schnellsten, indem Sie einen Blick auf die Tabelle und Ihre anderen Listen werfen. Dann überlassen Sie es Ihrem Gefühl oder Ihrer Intuition zu entscheiden, welches Ihr Lieblingsthema ist – oder Ihre drei Favoriten sind.

Wenn Sie lieber in noch kleineren Schritten vorgehen, wählen Sie aus Ihrer Tabelle oder einer anderen Liste Ihre zehn Favoriten aus (in keiner bestimmten Reihenfolge) und schlagen Sie das Prioritätenraster im An-

> **Das Interessenspiel**
>
> Manchmal hilft ein Spiel Ihrer Intuition auf die Sprünge:
>
> - Nehmen Sie Ihre Tabelle und schreiben Sie jedes Thema einzeln auf einen kleinen Zettel.
> - Dann nehmen Sie eine Schale (egal welcher Größe) und stellen sich Folgendes vor: Sie müssen all diese Themen an andere weitergeben, außer den dreien, die Sie selbst behalten wollen.
> - Lassen Sie nacheinander alle Zettel in die Schüssel fallen, auf denen Themen stehen, die Sie bereitwillig an andere abgeben.
> - Wenn Sie auf ein Thema stoßen, bei dem Sie sich nicht sicher sind, warten Sie noch mit der Entscheidung.
> - Fahren Sie fort, bis Sie nur noch die Themen haben, von denen Sie sich nicht trennen können. Das können zwischen einem und zwanzig sein.
> - Nun leeren Sie die Schüssel aus. Nehmen Sie von den Themen, die sich noch in Ihrer Hand befinden, jenes, welches Sie mit dem geringsten Bedauern abgeben können, und legen Sie es in die Schüssel. Wiederholen Sie diesen Schritt mit den anderen Zetteln in Ihrer Hand. Fahren Sie fort, bis Sie nur noch drei Zettel in der Hand halten. Alle Themen, die (nun) in der Schüssel sind, sind es wert, auf einem Zettel notiert zu werden. Aber diejenigen, die in Ihrer Hand bleiben, sind die Themen oder Interessengebiete, die Ihnen am meisten am Herzen liegen.

hang A auf. Indem Sie dieses Raster benutzen und von diesen zehn jeweils zwei miteinander vergleichen, können Sie diese in die genaue Reihenfolge Ihrer persönlichen Präferenz bringen. »Das ist mein Favorit«, »das hier kommt an zweiter Stelle« und so weiter. Tragen Sie Ihre drei Favoriten in das Diagramm rechts ein:

Wie ich schon an anderer Stelle gesagt habe, bilden Ihre Lieblingsthemen die Bausteine, um Ihr liebstes »Tätigkeitsfeld« festzulegen. Da Sie nun Ihre drei Lieblingsthemen kennen, sind Sie in der Lage, Ihr Tätigkeitsfeld festzulegen.

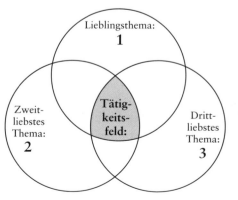

2. Schritt
Ihr liebstes Tätigkeitsfeld

Der Arbeitsmarkt und Ihre Interessen

Die meisten Menschen kommen zu ihrem Tätigkeitsfeld, indem sie eine Aufstellung zur Hand nehmen, auf der steht, was auf dem Arbeitsmarkt benötigt wird. Zeitungen, Zeitschriften und das Internet stürzen sich auf Hitparaden wie die folgenden:

- Die zehn Topfelder unter dem Aspekt des prognostizierten Wachstums.
- Die zehn Topfelder unter dem Aspekt der höchsten Entlohnung.

Wir sind von Kindheit an darauf geeicht, den Arbeitsmarkt darüber bestimmen zu lassen, in welches Tätigkeitsfeld wir uns begeben sollten. Leider führt diese Art der Wahl nur allzu oft dazu, dass wir in einem Feld landen, das wir aus tiefstem Herzen verabscheuen, wenn wir älter werden.

Das Rezept der kreativen Minderheit für die Methode, mit der Sie ein Tätigkeitsfeld auswählen, setzt genau am anderen Ende an: Es beginnt nicht beim Arbeitsmarkt, sondern bei Ihnen!

Bei Ihnen! Was begeistert Sie? Was ist Ihre Berufung auf dieser Erde? Was sind Ihre Träume? Gehen Sie in sich! Finden Sie Ihre wirklichen Interessen heraus. Und *dann* wählen Sie ein Tätigkeitsfeld aus, das diese Interessen auch würdigt und verwendet.

Sie selbst sollten der Fixstern bei der Auswahl des Tätigkeitsfelds sein und nicht der Arbeitsmarkt mit seinen vermeintlichen Erfordernissen.

Wenn Sie sich für ein Tätigkeitsfeld entscheiden, das Sie mögen: Werden Sie in diesem Feld auch Jobs finden, die Sie tatsächlich ausüben können? Sicher, aber darüber können wir uns auch später noch genauer informieren.

Wenn Sie sich für ein Tätigkeitsfeld entscheiden, das Sie mögen, kommt die Frage auf: Wird es in diesem Feld auch freie Stellen geben? Sicher, aber auch die können wir später noch auskundschaften.

Zum jetzigen Zeitpunkt wählen Sie erst einmal ein Tätigkeitsfeld aus, das Sie wirklich lieben. Wählen Sie ein Feld aus, das zu Ihnen passt, indem Sie Ihre Interessen herausfinden – die Themen, zu denen Sie sich hingezogen fühlen – so wie Sie es gerade getan haben. Und lassen Sie dann die obersten drei auf das Tätigkeitsfeld verweisen, in dem sie alle drei vorkommen.

Fangen Sie mit Ihrem Herzen an! Finden Sie ein Tätigkeitsfeld, das Sie mögen, und Sie werden mit jeder Faser Ihres Daseins nach einem Job in diesem Feld suchen. Begeisterung ist der Schlüssel zu Beharrlichkeit, und Beharrlichkeit ist der Schlüssel zu erfolgreicher Stellensuche.

Das ist das Rezept, um Arbeit zu finden, die Sie auch lieben können. Das ist das Rezept, um Ihre Berufung herauszufinden. Das ist das Rezept für den Erfolg bei der Stellensuche. Und das, so verspricht die kreative Minderheit, mit einer Erfolgsquote von 86 Prozent!

Wie man Interessen miteinander kombiniert, um ein Tätigkeitsfeld zu bilden

Wie verknüpfen wir Ihre drei Interessengebiete so miteinander, dass wir daraus einen Tätigkeitsbereich bilden können? Lassen Sie uns ein Beispiel geben anhand eines Jobsuchenden beziehungsweise Berufsumsteigers, den wir Christian nennen wollen.

Nachdem er sich mit den Übungen in den letzten Kapiteln befasst hatte, stellte Christian fest, dass seine drei Lieblingsinteressen oder Lieblingsthemen die folgenden waren: Psychiatrie, Pflanzen und Schreinern.

So weit, so gut. Und wie bestimmte er hieraus ein Tätigkeitsfeld? Genauso wie Sie es tun werden. Sie folgen den sieben unten genannten Schritten:

- **Sie müssen sich mit anderen Menschen unterhalten.** Schriftliche Quellen helfen Ihnen in diesem Stadium nicht weiter. Sie werden sich mit anderen Menschen unterhalten müssen, entweder im persönlichen Gespräch, per Telefon oder via Internet.
- **Wählen Sie für jedes Ihrer drei Lieblingsthemen einen Experten aus.** Wie wählte Christian die richtigen Gesprächspartner aus? Er nahm sich seine Lieblingsthemen oder Wissensgebiete vor – Psychiatrie, Pflanzen und Schreinern – und versuchte, für jedes Gebiet einen Experten zu finden: Für Psychiatrie war das ohne Zweifel ein Psychiater oder ein

Professor für Psychiatrie an einer nahe gelegenen Universität. Für Pflanzen war es eindeutig ein Gärtner oder ein Landschaftsarchitekt. Und für den Bereich des Schreinerns war es offensichtlich ein Schreiner.
- **Suchen Sie für jede dieser Kategorien Namen von Experten.** Nachdem er die drei Berufskategorien definiert hatte, musste Christian die Namen von Psychiatern, Gärtnern und Schreinern herausfinden. Wie ging er vor? Er suchte in den *Gelben Seiten* und dachte natürlich auch an Psychiater, Gärtner und Schreiner in seinem Freundes- und Bekanntenkreis.
- **Planen Sie Ihre Gespräche mit den Experten.** Ein persönliches Gespräch ist am besten, aber Sie können natürlich auch telefonieren oder die Foren im Internet aufsuchen.
- **Gehen Sie zuerst zu dem Experten mit dem größten Überblick.** Das ist oft (aber nicht immer) gleichbedeutend mit der Frage, wer am längsten für seine Ausbildung gebraucht hat. In diesem speziellen Fall war die Antwort: der Psychiater.
- **Suchen Sie zwei oder drei dieser Experten jeder Kategorie auf.** Verlassen Sie sich keineswegs nur auf eine einzige Aussage. Christian entschied sich für drei Psychiater – den Dekan der Fakultät für Psychiatrie an der nahe gelegenen Universität sowie zwei weitere praktizierende Psychiater.[8] Er zeigte ihnen sein Diagramm, das aus drei Kreisen bestand und fragte sie: »Haben Sie irgendeine Idee, wie ich meine drei Interessen – Schreinern, Pflanzen und Psychiatrie – in einem Beruf oder Tätigkeitsfeld miteinander verbinden könnte?« Er wusste, dass es ein bereits bestehendes Berufsbild sein könnte oder dass er vielleicht sein eigenes schaffen müsste.

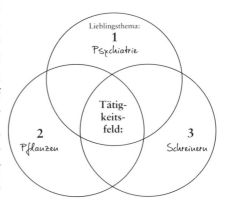

- **Wenn Ihnen Ihre Experten nicht weiterhelfen können, bitten Sie sie, Ihnen jemand anderen zu empfehlen.** Experten sind in zweierlei Hinsicht gut: Sie können Ihnen die Informationen geben, die Sie benötigen, oder Sie können Ihnen den Namen eines anderen Experten nennen, der vielleicht weiß, was sie nicht wissen. Christian suchte so lange Experten auf, bis er herausfand, wie er seine drei Interessen unter einen Hut bringen konnte. Ein Psychiater erzählte ihm schließlich: »Es gibt einen Zweig in der Psychiatrie, der mit Pflanzen arbeitet, um Menschen zu heilen, insbesondere Patienten, die an Katatonie leiden. Auf diese Weise könnten Sie Ihre Interessen an Pflanzen und Psychiatrie miteinander verbinden. Was Ihre Fähigkeiten zum Schreinern angeht, so könnten Sie sie dazu benutzen, die dazugehörigen Pflanztische zu bauen.« Voilà! Christian hatte sein Tätigkeitsfeld gefunden, auch wenn er noch keine präzise Vorstellung davon hatte, wie dieses heißen sollte.

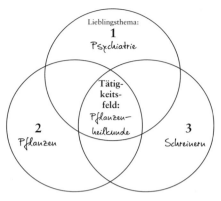

Das können auch Sie erreichen, wenn Sie nur diesen sieben Schritten folgen.

Wenn Sie den Namen eines Tätigkeitsfeldes kennen, das Ihre drei Interessengebiete miteinander verknüpft, schreiben Sie den Namen in die Mitte des Drei-Kreise-Diagramms, hier oder im Anhang A.

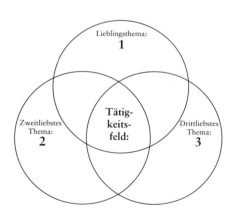

Eine Zusammenstellung wichtiger Recherchemöglichkeiten

Sobald Sie einen Beruf oder einen Tätigkeitsbereich identifiziert haben, wollen Sie wahrscheinlich mehr darüber herausfinden. Wenn Sie Zugang zum Internet und zu Datenbanken haben, folgen jetzt einige Quellen, bei denen Sie Informationen zu den verschiedensten Themen finden können. Die Preise für die Recherche sind oft beträchtlich, dafür aber im Gegensatz zu manchen Printmedien aktuell.

Man kann mit dem Internet schnell und umfangreich Informationen sammeln. Einfach findet man diese mit Web-Katalogen wie Yahoo! (*www.yahoo.de*), Web.de (*www.web.de*) oder DINO (*www.dino-online.de*). Unter den Rubriken Wirtschaft, Branchen, Unternehmen, Firmen, Organisationen und Wirtschaftsverbände finden sich oft recht brauchbare Ergebnisse.

Auch Suchdienste wie Lycos (*www.lycos.de*), Fireball (*www.fireball.de*), Excite (*www.excite.de*) oder AltaVista (*www.altavista.de*) eignen sich zum Recherchieren. Um vernünftige Ergebnisse zu bekommen, sollten aber mehrere Suchbegriffe gleichzeitig eingegeben werden. Dafür bieten sich folgende Begriffe an: Berufsbezeichnung, Berufsverband, Beruf, Berufsbeschreibung, Job, Arbeit, Arbeitsmarkt. Die Wörter werden durch Leerzeichen getrennt.

Unter *www.gbi.de* finden Sie Informationen der Gesellschaft für Betriebswirtschaftliche Information. GBI bietet 150 Datenbanken, unter anderem Informationen über mehr als drei Millionen Unternehmen, Fachzeitschriften, Branchen und Märkte. Die kostenlose GBI-Cross-Suchmaschine gibt zunächst Informationen darüber, welche Datenbanken am interessantesten sind, bevor erste Kosten anfallen.

Die Genios-Wirtschaftsdatenbanken, ein Unternehmensbereich der Verlagsgruppe Handelsblatt, bietet unter *www.genios.de* 20 Millionen Dokumente in rund 500 Datenbanken aus Tages-, Wirtschafts- und Fachpresse, Nachrichtenagenturen sowie weiteren führenden Wirtschafts- und Firmeninformationen.

Unter der Adresse *www.qualitysearch.mckinsey.de* erhält jeder Nutzer Zugriff auf die Volltextarchive von 45 ausgewählten Zeitungen, Magazinen und Hochschulen auf der ganzen Welt. Das Besondere daran: Die Recherche ist kostenlos.

Die folgenden Recherchemöglichkeiten führen gleichzeitig die bedeutendsten deutschen Wirtschaftszeitungen und -magazine auf.

Die Verlagsgruppe Handelsblatt in Düsseldorf mit dem *Handelsblatt* (*www.handelsblatt.de*), der *Wirtschaftswoche* (*www.wiwo.de*) und *DM* (*www.dm-online.de*) bietet Recherchemöglichkeiten über den bereits genannten Informationsdienst Genios an.

Das *Manager Magazin* (*www.manager-magazin.de*) recherchiert über den Leserservice kostenlos eine Trefferliste.

Capital (www.business-channel.de/bch/capital) und *BIZZ (www.bizz.de)* bieten Recherchemöglichkeiten über die Gruner + Jahr Pressedatenbank. Alternativ: *www.pressedatenbank.guj.de* (mit Daten bis in die fünfziger Jahre) oder der Basisdienst der Deutschen Presse-Agentur (*www.dpa.de*). Anmeldung und die Vergabe des Kennwortes sind kostenlos. Kosten entstehen erst bei der erfolgreichen Online-Suche.

Auch die *Frankfurter Allgemeine Zeitung (www.faz.de)* bietet einen Recherchedienst an. Die *FAZ*-Online ist das aktuelle elektronische Archiv der *FAZ* und wird täglich aktualisiert. Sie ist über eine Volltextsuche recherchierbar, geht über GBI oder über T-Online. Informationen über das umfangreiche Angebot der *FAZ* in der Broschüre »Das Lexikon des Erfolges« mit zahlreichen interessanten Publikationen der *Frankfurter Allgemeinen Zeitung* für Schule, Studium und Beruf beim *FAZ*-Versandservice, Schulstraße 12, 65468 Trebur.

Die *Süddeutsche Zeitung* in München (*www.sueddeutsche.de*) bietet ebenfalls einen Recherchedienst an. Eigene Recherchemöglichkeit über Datenbank *www.diz-muenchen.de*.

Bei den *VDI-Nachrichten (www.vdi-nachrichten.com)* kann man einzelne Artikel kostenlos über den Leserservice bestellen, ansonsten über Genios oder GBI.

Das Archiv des *Spiegel (www.spiegel.de)* ist über GBI oder Genios kostenpflichtig zu erreichen.

Bei *Focus (www.focus.de)* kann man einzelne Artikel kostenlos über den Leserservice bestellen.

Branchenberichte findet man oft in den Wirtschaftszeitungen und in weiteren überregional bedeutenden Blättern. Neben den bereits oben genannten, die auch häufig Sonderbeilagen bringen, haben mittlerweile fast alle Zeitungen und Zeitschriften, auch fast alle bekannten Frauenzeitschriften, einen Karriereteil und oft sogar Sonderhefte zum Thema. Für Hochschulabsolventen und Nachwuchskräfte sind zu nennen: *FAZ Hochschulanzeiger*, *Handelsblatt Junge Karriere*, *BIZZ* und das *Forum*, die kostenlos an allen relevanten Hoch- und Fachhochschulen in Deutschland ausliegen.

Wichtige Printinformationen über Berufe und Tätigkeitsfelder

Die Bundesanstalt für Arbeit mit ihren angeschlossenen Organisationen haben zahlreiche Informationen über den Arbeitsmarkt. Man findet diese in den 181 Berufsinformationszentren (BIZ) der über 200 Arbeitsämter, die es bundesweit gibt, kann sie aber auch zum Teil schriftlich beziehen.

Ein Klassiker ist *Studien- und Berufswahl*, die offizielle Informationsbroschüre für Studenten, herausgegeben von der Bund-Länder-Kommission für Bildungsplanung und Forschungsführung und der Bundesanstalt für Arbeit. Die Broschüre ist als Buch oder als CD-ROM erhältlich, im Internet unter *www.studienwahl.de* beziehungsweise *www.berufswahl.de*.

Detaillierte *Arbeitsmarkt-Informationen* gibt es für zahlreiche Fachgruppen, auch für viele akademische Berufe. Bei Bestellungen wendet man sich an: Zentralstelle für Arbeitsvermittlung (ZAV), Arbeitsmarktinformationsstelle, Villemombler Straße 76, 53123 Bonn.

Informativ sind auch die *blätter zur berufskunde* mit circa 800 Einzelheften, die in 5 Bände gegliedert sind. Eine Übersicht über das Gesamtverzeichnis der *blätter zur berufskunde* und Bezugsbedingungen erhält man beim W. Bertelsmann Verlag, Postfach 10 06 33, 33506 Bielefeld (*www.berufsbildung.de*).

Für Schülerinnen und Schüler vor der Berufswahl gibt es die Broschüre *Beruf Aktuell* mit einem Überblick über die anerkannten Ausbildungsberufe, die Berufe mit geregelten Ausbildungsgängen an beruflichen Schulen, in Betrieben und Verwaltungen sowie Berufe nach einem Studium an Fachhochschulen. Sie wird jährlich neu aufgelegt und ist in Einzelexemplaren beim Arbeitsamt erhältlich.

Die Schriftenreihe *IBZ – Ihre berufliche Zukunft* informiert fachlich kompetent und optisch ansprechend über verschiedenste Themen und Branchen. Sie ist erhältlich beim Arbeitsamt.

Neben diesen Informationen der Bundesanstalt für Arbeit könnten auch folgende Bücher weiterhelfen:

Berufswahl für Abiturienten. Ausbildungs- und Studienwege in Deutschland, Österreich und der Schweiz, herausgegeben von Chris Hablitzel, Lexika-Verlag, 1998. Dieses Buch wird mit »Beruf & Chance« der *FAZ* gemeinsam vertrieben. Es gibt Informationen über verschiedene Studiengänge und Ausbildungsberufe. Das »Berufe-Lexikon« stellt Berufe von A wie Agrarbiologe bis Z wie Zahnarzt vor. Es beschreibt Aufgabenbereiche, Vorbildung, Anforderungsprofil, Ausbildung, Entwicklungsmöglichkeiten und Berufe im Umfeld.

Der BW (Bildung und Wissen) Verlag in Nürnberg (*www.bwverlag.de*) hat interessante neuartige Reihen herausgebracht über verschiedene Tätigkeitsfelder: *Berufe mit ...* und *Alternativen zu meinem Wunschberuf*. Wie die Titel schon sagen, werden anhand von bereits bekannten Interessen Vorschläge zur Berufsfindung gemacht.

Der Forum Verlag in Konstanz hat ein umfangreiches Buchprogramm für spezielle Bereiche wie Banking, Consulting und Marketing herausgebracht. Der *Praxisführer* bringt neben weiteren Themen auch Wissenswertes über aktuelle Branchentrends. Unter *www.forum-jobline.de* gibt es auch online zahlreiche Informationen zu verschiedenen Bereichen der Stellensuche.

Branchenreporte findet man auch in den bekannten Publikationen des iba-Instituts Köln GmbH von Joerg E. Staufenbiel (*www.staufenbiel.de*). Beispielsweise gibt es jährlich aktualisiert die *Berufsplanung für den Management-Nachwuchs* und *Berufsplanung für Ingenieure*. Als Gemeinschaftsprojekt mit der *FAZ* kann man auf der *Perspektiven*-CD-ROM Informationen zu Tätigkeitsfeldern und Branchen finden.

Claudia Schumacher und Stefan Schwarz beschreiben in *100 Jobs mit Zukunft. Anforderungen, Berufe, Informationsquellen* aus dem Wirtschaftsverlag Ueberreuter, Entwicklungen auf dem Arbeitsmarkt, Aufgaben, Voraussetzungen und Trends für Berufe und nennen Informationsquellen.

Martin Massow informiert im *Jobber-Atlas 1998/99. 1000 Tips für haupt- und nebenberufliche Tätigkeiten* aus dem Econ-Verlag neben den juristischen Aspekten verschiedener Formen der Erwerbstätigkeit über mehr als 250 Jobs und Geschäftsideen.

In Österreich gibt es vom Arbeitsmarktservice AMS viele Berufsinformationsbroschüren über Jobchancen in verschiedenen Branchen. Man kann sie auch unter *www.ams.or.at* herunterladen. Die wichtigsten Tages- und Wirtschaftszeitungen in Österreich sind: der *Standard* (*www.derstandard.at*), die *Presse* (*www.diepresse.at*), der *Kurier* (*www.kurier.at*), das *Wirtschaftsblatt* (*www.wirtschaftsblatt.at*), die *Salzburger Nachrichten* (*www.salzburg.com*), die *Tiroler Tageszeitung* (*www.tirol.com/tt/*), *Vorarlberger Nachrichten* (*www.medienhaus.at*), *Kleine Zeitung* (*www.kleine.co.at*). Die wichtigsten Wirtschaftsmagazine sind *Trend* (*www.trend.at*), *Gewinn* (*www.gewinn.co.at*) und *Profil* (*www.profil.at*). Das offizielle Amtsblatt für öffentliche Stellen ist die *Wiener Zeitung* (*www.wienerzeitung.at*).

Die schweizerische Zeitungslandschaft ist, was die regionale Ausrichtung anbelangt, sehr vielfältig. Auf nationaler Ebene ist die Konzentration hingegen sehr groß. Die wichtigsten Zeitungen und Wirtschaftszeitschriften sind folgende:

Neue Zürcher Zeitung (*www.nzz.ch*), *Tages-Anzeiger* (*www.tages-anzeiger.ch*), über dessen Internetseite man auch an die weiteren großen Konzernzeitungen der TA-Media AG (*SonntagsZeitung*, *Facts* und andere) sowie zu den Jobbörsen Alpha-Online und SwissClic gelangt. Über den anderen großen Medienkonzern Ringier (*www.ringier.ch*) kommt man zu weiteren nationalen Zeitungen, *Blick*, *Cash* oder *SonntagsBlick*, und hat den Link zu einer wichtigen Stellenbörse. Zu nennen sind weiterhin: *Handelszeitung* (*www.handelszeitung.ch*), *Die Weltwoche* (*www.weltwoche.ch*), *Bilanz* (*www.bilanz.ch*) sowie *Alpha – der Kadermarkt der Schweiz* (*www.alpha-online.ch*), die Beilage, die am Samstag im *Tages-Anzeiger* und sonntags in der *SonntagsZeitung* zu finden ist.

Die besten Informationen, und das noch dazu gratis, erhalten Arbeitssuchende über die staatlichen Beratungs- und Informationszentren für die berufliche Aus- und Weiterbildung. Für jeden Beruf gibt es Literatur, Videos und Informationsblätter. Die Adressen der über 200 RAV können Sie in jedem Telefonbuch finden.

In der Schweiz gibt es eine CD-ROM *Swiss Job* mit Berufs- und Weiterbildungsinformationen. Sie beinhaltet Informationen über mehr als 800 Berufe. Aufschlussreich ist auch die Broschüre *Weiterkommen in Arbeit & Beruf*. Erhältlich (wie weitere Bücher zu allen Fragen der Berufswahl und Laufbahn für Jugendliche und Erwachsene, insbesondere Peter Baumgartners Buch *Lebensunternehmer*) über den Schweizerischen Verband für Berufsberatung SVP, Postfach 396, 8066 Dübendorf 1. Unter dieser Internetadresse erhält man auch die Informationen über Berufsbilder.

Ein hervorragendes Buch, das sich vor allem an Hochschul-, HTL- und HWV-Absolventen richtet, heißt »Zukunftschancen«, das von der Wirz Unternehmensberatung AG in Zürich herausgegeben wird. Über den WEKA Verlag in Zürich (www.weka.ch) kann man Näheres erfahren.

Auch der DSV Studentenverlag, ein Ableger der Forum-Verlagsgruppe, hat eine interessante Reihe herausgebracht und führt eigene Absolventenkongresse durch. Die Schweizer Ausgabe des *Forum Magazins* liegt kostenlos aus. Als Pendant zur deutschen Ausgabe gibt es auch einen eigenen *Praxisführer* für die Schweiz.

3. Schritt
Ihre Lieblingsfunktion

Was können Sie in dem von Ihnen ausgewählten Tätigkeitsfeld tun?

Werfen Sie einen Blick auf Ihr Kreisdiagramm. Denken Sie über das Tätigkeitsfeld nach, das Sie dort notiert haben. Freuen Sie sich darauf, in diesem Bereich zu arbeiten.

Vielleicht denken Sie nun: »Ich weiß jetzt zwar, in welchem Feld ich gerne arbeiten würde, aber ich weiß, dass es in diesem Feld keinen Job gibt, den ich machen könnte.« Eine verständliche Angst! Aber, lassen Sie es mich vorsichtig ausdrücken: Sie können so etwas gar nicht wissen. **Es gibt einen Platz für Ihre Fähigkeiten, egal welche Branche Sie auswählen.**

Ein Tätigkeitsfeld ist wie eine große Wiese. Für welchen Bereich Sie sich auch entscheiden, es gibt unzählige Menschen, die sich darauf tummeln.

Nehmen wir an, Sie lieben Filme und entscheiden sich für dieses Feld, um dort beruflich tätig zu werden. Ihr Gefühl wird Ihnen vielleicht sagen, dass Sie dort keine Chance haben, wenn Sie nicht die Fähigkeit eines Schauspielers, eines Regisseurs oder eines Filmkritikers haben.

Das ist nicht wahr. In der sogenannten Filmindustrie werden auch viele andere Fähigkeiten gebraucht. Der Abspann am Ende eines jeden Kinofilms vermittelt Ihnen einen Eindruck, welche Fähigkeiten das sind – und um welche Berufsbezeichnungen es sich handelt: Recherche (besonders für historische Filme), Touristikexperten (um Drehorte zu suchen), Bühnenbildner (um das Bühnenbild zu entwerfen), Schreiner (um es zu bauen), Maler (für die Kulissen), Künstler, Computer-Grafikdesigner (für Spezialeffekte), Kostümbildner, Maskenbildner, Friseure, Fotografen und Kameraleute, Lichttechniker, Tontechniker und Tonredakteure, Komponisten und Musiker (für den Soundtrack), Dirigenten, Musiker, Sänger, Personal für Stunts, Tierdressuren, Verpflegung, Fahrer, Sanitäter, Assistenten, Sekretäre, Publizisten, Buchhalter und so weiter.

Und das gleiche gilt für jedes Tätigkeitsfeld.

Was auch immer Ihre übertragbaren Fähigkeiten sind: Sie können Sie auf jedem beliebigen Tätigkeitsfeld einsetzen, für das Sie sich entscheiden.

Wie man den Fähigkeiten einen Namen gibt

Jetzt, und erst jetzt, da Sie ein Tätigkeitsfeld identifiziert haben, in dem Sie Ihre Lieblingsfähigkeiten mit Begeisterung anwenden können, ist die Zeit reif dafür, diesen eine Tätigkeitsbezeichnung zu geben. Und das funktioniert folgendermaßen:

- Notieren Sie auf einem Blatt Papier Ihre sechs Lieblingsfähigkeiten und das Tätigkeitsfeld, das Sie ausgewählt haben. Schreiben Sie die Fähigkeiten in der oberen Hälfte auf, das Tätigkeitsfeld, das Sie gerade identifiziert haben, in der unteren Hälfte. Schreiben Sie unter dem Namen des Tätigkeitsfelds Ihre drei Lieblingsinteressen dazu. In Christians Fall stünde also auf der unteren Hälfte:

Pflanzenheilkunde
(Psychiatrie)
(Pflanzen)
(Schreinerei)

Jedes Tätigkeitsfeld bietet Ihnen eine große Auswahl an Berufen, in denen Sie entweder mit Menschen, mit Informationen oder mit Gegenständen zu tun haben. Nehmen wir zum Beispiel die Landwirtschaft. In der Landwirtschaft können Sie:

Mit Traktoren und anderen landwirtschaftlichen Fahrzeugen und Maschinen fahren – und somit vorwiegend mit **Gegenständen** arbeiten; oder Statistiken über das Getreidewachstum für das Landwirtschaftsministerium oder andere Behörden zusammentragen – und somit hauptsächlich mit **Informationen/Daten/Ideen** arbeiten; oder eine Gruppe in einem landwirtschaftlichen Betrieb leiten – und somit vorwiegend mit **Menschen** arbeiten.

Viele Jobs stellen eine Kombination von zwei oder drei dieser Faktoren dar; zum Beispiel wenn Sie Lehrer in einer Fachhochschule für Agrarwissenschaften sind – also mit **Menschen** und **Informationen** umgehen.

Sie müssen nach einem Blick auf Ihre Lieblingsfähigkeiten entscheiden, welchen von diesen drei Sie in Ihrem Tätigkeitsfeld Vorrang geben würden. Notieren Sie ihn auf der oberen Hälfte Ihres Zettels.

- Notieren Sie ganz oben auf Ihrem Zettel, ob Sie grundsätzlich lieber mit Menschen, lieber mit Informationen/Daten/Ideen oder mit Gegenständen arbeiten möchten.
- Suchen Sie sich mindestens zehn Freunde, Familienmitglieder oder Menschen, die im Berufsleben stehen, um ihnen diesen Zettel zu zeigen. Diese Personen sollten so viele unterschiedliche Erfahrungen, Ausbildungswege und Berufe haben wie möglich. Versuchen Sie auch Menschen mit einzubeziehen, die genau in dem Feld tätig sind, das Sie interessiert.
- Zeigen Sie ihnen Ihren Zettel. Sagen Sie ihnen, Sie würden nach Tätigkeitsbezeichnungen suchen, die diese Fähigkeiten benötigen. Bitten Sie jeden von ihnen, einen Blick auf Ihren Zettel zu werfen, besonders Ihre Fähigkeiten anzuschauen und Ihnen dann zu sagen, welcher Beruf oder welche Berufe ihnen dazu einfallen.
- Notieren Sie alles, was diese zehn Leute Ihnen sagen.
- Wenn nichts Ihnen brauchbar erscheint, wählen Sie weitere fünf Personen aus, die Sie kennen und die in der Geschäftswelt, im Nonprofit-Sektor oder in Ihrem ausgewählten Tätigkeitsfeld tätig sind. Zeigen Sie auch ihnen Ihren Zettel und stellen Sie ihnen die gleichen Fragen wie oben.
- Wenn Sie verwertbare Hinweise bekommen haben, denken Sie zu Hause darüber nach.

Strategien, um Ihre Funktion herauszufinden

Tipps für ungeduldige Ein-, Um- oder Aufsteiger

- Fragen Sie sich selbst, nachdem Sie nochmals einen Blick auf die Liste mit Ihren Lieblingsfähigkeiten geworfen haben: Welche Berufsgruppe könnte zu meinen Lieblingsfähigkeiten passen? Die folgende Liste kann bei der Orientierung helfen.

- Führungs-, Verwaltungs- und Managementkräfte;
- Ingenieure und Architekten;
- Naturwissenschaftler und Mathematiker;
- Sozialarbeiter, Seelsorger und Juristen;
- Lehrer, Dozenten, Berater, Bibliothekare und Archivare;
- Ärzte;
- Pflegepersonal, Apotheker, Diätassistenten, medizinisch-technische Assistenten, Therapeuten und Physiotherapeuten;
- Schriftsteller, Künstler und Entertainer;
- Berufe im Marketing und Vertrieb;
- Berufe in der Verwaltung, einschließlich Schreibkräfte;
- Dienstleistungsberufe;
- Berufe in der Land- und Forstwirtschaft und Fischerei;
- Mechaniker und Techniker;
- Berufe im Baugewerbe;
- Berufe in der Produktion;
- Berufe im Transportwesen;
- ungelernte Arbeiter, Hilfskräfte, Reinigungspersonal;
- andere Berufe.

- Um ein wenig mehr ins Detail zu gehen: Experten unterscheiden mindestens 33 000 offizielle Berufsbezeichnungen und 1 015 Ausbildungswege. Hinzu kommt das babylonische Sprachgewirr von neuartigen Berufsbezeichnungen, die wir hier außer Acht lassen, um nicht noch mehr Verwirrung zu stiften. Über 33 000 Berufsbezeichnungen, zwischen denen Sie wählen können! Die meisten Menschen würden es für unmöglich halten, *irgendetwas* aus 33 000 beliebigen Dingen auszuwählen. Wir haben ja schon Schwierigkeiten, uns für eines von zwanzig Gerichten auf der Speisekarte zu entscheiden! Um Ihnen dennoch einen Überblick zu ermöglichen, haben Experten auch übersichtlichere Listen von Berufsbezeichnungen zusammengestellt. Von den knapp 33 Millionen Erwerbstätigen in Deutschland findet sich die Mehrheit unter den folgenden Berufsbezeichnungen. Schauen Sie, ob irgendeiner davon so klingt, als könnte er zu Ihren Lieblingsfähigkeiten passen. Sie werden bemerken, dass viele davon keine extrem lange Ausbildung erfordern.

> Architekten, Ärzte, Bäcker, Bankfachleute, Bauhelfer, Bauingenieure, Bauschlosser, Bibliothekare, Buchhalter, Hauswirtschaftshilfen, Berufskraftfahrer, Betriebsschlosser, Buchhalter/innen, Bürofachkraft, Bürohilfskräfte, Chemiefacharbeiter, DV-Fachleute, Elektroingenieure, Elektroinstallateure, Friseure, Gärtner, Groß- und Einzelhandelskaufleute, Handelsvertreter, Industriemeister, Ingenieure, Installateure, Kellner, Kfz-Mechaniker, Kindergärtner, Krankenschwester/-pfleger, Lager-/Transportarbeiter, Lehrer, Maler/Lackierer, Manager, Maschinenschlosser, Metallarbeiter, Monteure, Metzger, Pförtner/Hauswarte, Rechtsanwälte/Notare, Reinigungsfachkräfte, Schreibkräfte, Sekretärinnen, Sozialarbeiter, Sozialpädagogen, Sprechstundenhilfen, Techniker, technische Zeichner, Tierpfleger, Tischler, Verkäufer, Versicherungsfachleute, Warenprüfer, Werkzeugmacher.

- Wenn Sie sicher sein wollen, dass nach Ihrem Beruf eine große Nachfrage besteht, folgen hier die zehn Topberufe unter dem Aspekt des prognostizierten Bedarfs für die nächsten Jahre. Schauen Sie, ob irgendeiner davon so klingt, als könnte er zu Ihren Lieblingsfähigkeiten passen. Sie sehen, dass viele davon keine extrem lange Ausbildung erfordern.

> Spezialisten für Informationstechnologie, Sozialarbeiter, Kindergärtnerinnen, Sprechstundenhilfen, Krankenschwestern, Ingenieure, Bankkaufleute, Bürofachkräfte, Planungs- und Laborberufe, Verkäufer.

Dies ist wie Kaffeesatzlesen. Die eben genannten zehn Berufe sind die mit dem größten Wachstum in Westdeutschland zwischen 1977 und 1997, wie das Institut der deutschen Wirtschaft in Köln ermittelt hat. Vorhergesagt wird in der Prognose-Studie »Arbeitslandschaft der Zukunft« von 1998, dass auch Berufe in den folgenden Bereichen in den nächsten 20 Jahren einen Zuwachs aufweisen werden: Forschung und Entwicklung, Organisation und Management, Beratungs- und Ausbildungstätigkeiten, Handelstätigkeiten sowie Publizieren beziehungsweise künstlerisch Arbeiten.

- Wenn Sie den Eindruck haben, dass Ihre Arbeit nicht genug gewürdigt wird und Sie nach einer Tätigkeit suchen, die Ihnen mehr Respekt verschafft, könnte es Sie interessieren, welche die zehn Topberufe unter

Prestigegesichtspunkten sind. Schauen Sie, ob irgendeiner davon so klingt, als könnte er zu Ihren Lieblingsfähigkeiten passen: Sie sehen, dass die meisten davon eine extrem lange Ausbildung erfordern.

Ärzte, Pfarrer/Geistliche, Rechtsanwälte, Hochschulprofessoren, Botschafter/Diplomaten, Unternehmer, Apotheker, Geschäftsführer, Physiker, Schriftsteller.

- Wenn Sie sich finanzielle Sorgen machen, folgen hier die zehn Topberufe unter dem Aspekt der Bezahlung. Das Einkommen zählt hierzulande zu den bestgehüteten Geheimnissen. Da eine zuverlässige Informationsquelle nicht existiert, haben wir versucht, aus verschiedenen Quellen wie dem Statistischen Bundesamt und Vergütungsstudien in Wirtschaftszeitungen die Informationen zusammenzustellen. Schauen Sie, ob einer der Berufe so klingt, als könnte er zu Ihren Lieblingsfähigkeiten passen. Sie sehen wieder, dass die meisten davon eine extrem lange Ausbildung erfordern.

Notare, Wirtschaftsprüfer, Zahnärzte, Ärzte, Steuerberater, Unternehmensberater, Wirtschaftsanwälte, selbstständige Unternehmer, beratende Ingenieure, Softwareberater.

- Wenn Sie im Trend der Zeit liegen wollen, folgt jetzt das, was irgendjemand als die zehn Top-Trendberufe definiert hat. Prüfen Sie, ob irgendeiner davon klingt, als könnte er zu Ihren Lieblingsfähigkeiten passen. In manchen Fällen ist vorher eine lange Ausbildung erforderlich.

Anlageberater, Coach/Mediator, Fondsmanager, Informationsbroker, Managementberater, Medizininformatiker, Multimedia-Spezialist, Technischer Redakteur, Wellness-Trainer, Wirtschaftsinformatiker.

- Denken Sie daran, dass derselbe Beruf für einen Menschen ein Traum, für den anderen aber ein Alptraum sein kann. Bevor Sie sich für eine Funktion auf der Liste entscheiden, müssen Sie sich erst darüber klar werden, welche Art von Arbeit für Sie geeignet wäre – unter dem Aspekt der darin eingesetzten Fähigkeiten, der gestellten Aufgaben, der Interessensgebiete, mit denen Sie zu tun haben, der Menschen, mit denen Sie zusammenarbeiten und so weiter. Sie müssen all diese Aspekte festlegen; bevor Sie das nicht getan haben, wissen Sie nicht, ob Sie in diesem Beruf aufblühen oder Schiffbruch erleiden werden.

Wenn Ihnen diese Tipps nützliche Hinweise geben: großartig! Wenn nicht, wissen Sie, was Sie zu tun haben: Blättern Sie zurück und beginnen Sie mit der Recherche, die ich Ihnen dort vorgeschlagen habe. Und recherchieren Sie gründlich und ausführlich, bis Sie eine Berufsbezeichnung gefunden haben, die so klingt, als würde sie zu Ihren Fähigkeiten passen.

4. Schritt
Ihr Beruf

Wie man Funktion und Tätigkeitsfeld zusammenbringt

Wenn Sie eine Tätigkeitsbezeichnung gefunden haben, die Ihnen interessant erscheint (Sie können sie mit einem beliebigen Namen versehen, sollten jedoch möglichst Bezeichnungen, die aus ein oder zwei Wörtern bestehen, dafür finden), sind Sie in der Lage, einen Beruf für sich zu definieren. Oder zwei. Oder drei.

Unsere Definition eines Berufes war, wie Sie sich erinnern werden, diese Gleichung:

Beruf = Funktion + Tätigkeitsfeld.

Bei Schritt Nr. 3, den Sie soeben abgeschlossen haben, haben Sie eine Vorstellung von Ihrer Lieblingsfunktion bekommen, die auf Ihren Fähigkeiten aufbaut.

Davor haben Sie bei Schritt Nr. 2 eine Vorstellung Ihres Lieblingsfelds bekommen, das auf Ihren Interessen und Ihrem Fachwissen aufbaut.

Und nun sind sie dazu in der Lage, sie zusammenzufügen:

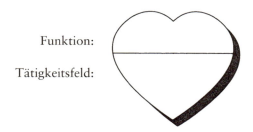

Sobald Sie ein solches Herz haben, schauen Sie sich sowohl die Funktion als auch das Tätigkeitsfeld an und überlegen Sie, ob es spontan eine offensichtliche Idee gibt, wie Sie die beiden zusammensetzen könnten. Wenn Sie zum Beispiel beruflich mit Zahlen umgehen möchten und Ihr Lieblingsfeld Gesundheit ist, so könnten Sie offensichtlich einmal überlegen, in der Finanzbuchhaltung eines Krankenhauses zu arbeiten.

Was steckt hinter einem Namen?

Alles, was Sie bisher über die Tätigkeit oder den Beruf wissen, den Sie vorläufig gewählt haben, ist nur, wie er klingt. Was Sie nun herausfinden müssen ist, wie der Job tatsächlich ist, abgesehen von dem wohlklingenden Namen.

Wo beginnen Sie mit Ihren weiteren Recherchen? Natürlich wird Ihnen jeder raten: Suchen Sie im Internet, in Bibliotheken, im Branchenverzeichnis. Leider muss ich Ihnen jedoch sagen, dass Sie die verlässlichsten und aktuellsten Informationen über Jobs und Berufe über keinen dieser drei Wege finden. Sie bekommen sie nur, indem Sie sich mit den Menschen unterhalten, die in diesen Berufen arbeiten.

Der Grund dafür ist, dass die garantiert hundertprozentig richtige, absolut zutreffende Superinformation (im Internet oder in den Printmedien) über Jobs und Berufe heute mit Sicherheit schon völlig veraltet ist. Die Welt verändert sich zu schnell. Bücher können nicht mithalten. Sie sind schon überholt, bevor sie überhaupt gedruckt sind. Selbst das Internet kann nicht auf der Höhe der Zeit sein, sieht man einmal von einigen wenigen Seiten ab. Wenn Sie also herausfinden wollen, ob ein neuer Beruf oder Job zu Ihnen passt, **müssen Sie sich mit den Menschen unterhalten, die genau die Arbeit tun, die Sie interessiert.**

Und wenn Sie Schwierigkeiten haben, von Angesicht zu Angesicht mit anderen Menschen zu sprechen, weil Sie zu schüchtern sind, dann finden Sie am Ende dieses Kapitels ein paar Hinweise, wie Sie Ihre Schüchternheit überlisten können.

Reden Sie mit Berufstätigen, probieren Sie Jobs aus

Wenn Sie mit Menschen reden, die in dem Bereich arbeiten, für den Sie sich interessieren, hoffen Sie, dass Sie von ihnen eine Vorstellung davon bekommen, wie diese Arbeit sich aus der Sicht von Insidern anfühlt.

Sie wollen wissen, was sich hinter einer bestimmten Berufsbezeichnung verbirgt – sagen wir, dem Psychiater, der mit Pflanzen arbeitet – und ein Gefühl dafür bekommen, wie der Alltag dabei aussieht. Wozu dient diese Recherche? Nun, letztendlich probieren Sie mental einen Beruf aus, um zu sehen, ob er zu Ihnen passt.

Es ist das Gleiche, als würden Sie in ein Kaufhaus gehen und dort verschiedene Kleider anprobieren, die Sie im Schaufenster gesehen haben. Warum probieren Sie diese an? Ganz einfach: Die Kleider, die im Schaufenster hinreißend aussehen, wirken häufig gar nicht mehr so aufregend, wenn Sie diese an sich selbst sehen. An den Schaufensterpuppen wurden die Kleider mit unzähligen Stecknadeln drapiert. An Ihrem Körper kann die Kleidung ohne die Stecknadeln wie ein Kartoffelsack herunterhängen.

Ganz ähnlich können sich Bilderbuchberufe beim näheren Hinsehen als gar nicht mehr so spannend erweisen. Stellen Sie sich vor, in diesem Beruf zu arbeiten – Tag für Tag, Monat für Monat, Jahr für Jahr.

Sie wollen einen Beruf finden, der nicht nur in Ihren Träumen faszinierend ist, sondern auch dann noch, wenn Sie ihn ausüben. Dazu müssen Sie herausfinden, wie es sich anfühlt, in diesem Beruf zu arbeiten. Hier sehen Sie, wie Sie das machen:

- Suchen Sie die Namen der Leute heraus, die gegenwärtig in dem Beruf arbeiten, für den Sie sich interessieren (und den Sie oben, in Ihrem

Herzdiagramm, definiert haben.) Schauen Sie in den *Gelben Seiten* nach, fragen Sie Ihre Freunde.
- Verabreden Sie sich mit ihnen. Bitten Sie sie, Ihnen nur zehn Minuten ihrer Zeit zu opfern (und halten Sie sich daran). Wenn diese sehr beschäftigt oder freiberuflich tätig sind, bieten Sie an, sie zu bezahlen. (»Wie viel würde es mich kosten, wenn Sie mir zehn Minuten Ihrer Zeit zur Verfügung stellen, damit ich etwas über Ihre Arbeit erfahre?«)

Hier sind einige Fragen, die Sie ihnen stellen können, wenn Sie ihnen persönlich gegenübersitzen:

- »Wie sind Sie zu dieser Arbeit gekommen?«
- »Was mögen Sie daran am meisten?«
- »Was mögen Sie daran am wenigsten?«
- »Wo könnte ich weitere Personen finden, die in diesem Beruf arbeiten?« (Sie sollten sie immer nach mehr als einem Namen fragen, so dass Sie jederzeit die anderen Personen aufsuchen können, wenn Sie einmal in eine Sackgasse geraten.)

Wenn Ihnen im Laufe dieser zehn Minuten klar wird, dass dieser Beruf, diese Tätigkeit oder Job definitiv nicht zu Ihnen passt, dann ändern Sie die letzte der oben vorgeschlagenen Fragen ein wenig ab:

»Haben Sie irgendeine Idee, mit wem ich mich sonst noch über meine Fähigkeiten, Interessen und Lieblingsthemen unterhalten könnte, so dass ich herausfinden kann, welche anderen Berufe sie mir nennen können?« Wenn sie Ihnen niemanden nennen können, fragen Sie, ob sie jemanden kennen, der etwas wissen könnte. Und so weiter und so fort. Dann suchen Sie die Leute auf, die Ihnen genannt wurden.

»Alle behaupten, ich müsse noch einmal die Schulbank drücken, aber dazu ich habe weder Zeit noch Geld«

Wenn Sie den Eindruck haben, dass Ihnen der Beruf gefällt, den Sie mit Hilfe dieser Leute gerade unter die Lupe nehmen, stellen Sie ihnen, bevor Sie sich verabschieden, auf jeden Fall die folgende Frage: »Welche Ausbildung ist erforderlich, um diese Arbeit machen zu können?«

Leider werden Sie häufig schlechte Nachrichten bekommen. Man wird Ihnen beispielsweise erzählen: »Um diesen Job zu bekommen, brauchen Sie ein Diplom und zehn Jahre Berufserfahrung.« Wenn Sie bereit sind, diese Mühen auf sich zu nehmen, wenn Sie die Zeit und das Geld dafür haben, gut! Aber was, wenn das nicht der Fall ist?

Dann müssen Sie nach *Ausnahmen* suchen:

- »Ja, aber kennen Sie irgendjemanden in diesem Bereich, der es ohne Diplom und zehn Jahre Berufserfahrung geschafft hat?«
- »Wo kann ich den- oder diejenige finden?«
- »Und wenn Sie niemanden kennen: wer könnte mir Namen nennen?«

Sie werden alle Informationen, die Sie von anderen Menschen erhalten oder die Sie in Büchern finden (auch in diesem hier), genauestens prüfen müssen. Vergessen Sie nie, dass es auch Menschen gibt, die Ihnen Dinge erzählen, die absolut *nicht* zutreffen – und das mit vollster Überzeugung, weil sie ihrer Sache sicher sind. Ob es den Tatsachen entspricht, ist eine andere Sache.

Egal wie viele Menschen Ihnen erzählen, dass Sie an diesen und jenen Spielregeln nicht vorbeikommen, um einen bestimmten Beruf zu ergreifen, und dass es keine Ausnahmen gibt, glauben Sie mir, es gibt Ausnahmen – sieht man einmal von Berufen ab, in denen es strenge Eingangskriterien gibt, zum Beispiel in der Medizin und den Rechtswissenschaften.

Regeln sind Regeln. Aber irgendwo in dieser Welt gibt es jemanden, dem es gelungen ist, in Ihrem Traumjob zu arbeiten, ohne all die Hürden nehmen zu müssen, die alle anderen für unumgänglich halten. Sie wollen wissen, wer diese Leute sind, und mit ihnen darüber sprechen, um herauszufinden, wie sie es geschafft haben.

Stellen Sie sich nun vor, Sie sind entschlossen, einen Beruf zu ergreifen, von dem jeder behauptet, er bedürfe Jahre der Vorbereitung; und Sie können überhaupt niemanden finden, der es schneller geschafft hat. Was dann?

Selbst dann können Sie sich diesem Beruf ohne lange Vorbereitungszeit *annähern*. In jedem beruflichen Spezialgebiet gibt es Positionen, die ein wesentlich geringeres Maß an Ausbildung verlangen. Statt beispielsweise Arzt zu werden, können Sie als Heilpraktiker oder im Pflegebereich arbeiten. Statt Rechtsanwalt zu werden, können Sie zum Beispiel als Rechtspfleger, als Schiedsmann oder als Anwaltsgehilfe arbeiten.

Sammeln Sie weiter Informationen, bis Sie mindestens zwei Berufe oder Jobs gefunden haben, die wirklich zu Ihnen passen. Setzen Sie niemals nur auf ein Pferd. Sie können in diesem Dschungel nur überleben, wenn Sie über Alternativen verfügen.

Seien Sie vorsichtig. Seien Sie sorgfältig. Bleiben Sie am Ball. Es ist Ihr Leben, für das Sie all das hier tun, und es ist Ihre Zukunft. Sorgen Sie dafür, dass sie großartig wird. Was immer es auch kosten mag, finden Sie heraus, was die Bezeichnung für Ihren idealen Beruf, für Ihre ideale Tätigkeit und für Ihren idealen Job (oder Jobs) ist.

Informelle Gespräche

Es gibt einen Namen für diesen Prozess, den ich gerade beschrieben habe: einen Beruf auszuprobieren, indem man mit Menschen redet, die derzeit die Arbeit tun, die Sie gerne tun würden. Er heißt »informelle Gespräche«.[9] Dieses Konzept wird manchmal mit anderen Begriffen verwechselt. Manche denken sogar, das Zusammentragen von Informationen sei das gleiche wie Networking. Das trifft nicht zu.

Um Verwechslungen zu vermeiden, habe ich in der Tabelle auf den folgenden Seiten exakt zusammengetragen, was informelle Gespräche sind und wie sie sich von weiteren Methoden unterscheiden, mit denen andere Menschen Sie während Ihrer Jobsuche oder bei einem Berufswechsel unterstützen können.

Diese weiteren Methoden sind: Networking, Unterstützungsteams und Kontakte. Ich habe zusätzlich eine Spalte eingefügt, die einen Aspekt der Jobsuche anspricht, von dem sonst nie die Rede ist: nämlich die Pflege lange vernachlässigter Freundschaften, bevor die Jobsuche überhaupt beginnt – etwa durch einen Anruf oder Besuch. Dadurch stellen Sie Beziehungen wieder her, bevor Sie irgendetwas von ihnen wollen, was aber mit großer Sicherheit später bei der Jobsuche der Fall sein könnte.

Wie Sie als Ein-, Auf- oder Umsteiger Ihre Kontakte pflegen

Der Prozess	1. Pflege des Bekanntenkreises vor der Jobsuche	2. Networking
Was ist die Absicht?	Um sicherzustellen, dass Menschen, die Sie kennen, Ihnen vielleicht eines Tages einen Gefallen tun oder Hilfestellung geben, müssen diese schon lange vorher wissen, dass Sie sie um ihrer selbst willen schätzen.	Erstellen Sie jetzt eine Liste von Kontakten zu Menschen, die Sie irgendwann während Ihrer Jobsuche oder in Ihrem beruflichen Fortkommen unterstützen könnten. Erweitern Sie diese Liste regelmäßig.
Wer kommt dafür in Frage?	Menschen in Ihrer Umgebung sowie Ihre Familie, Ihre Verwandten, Freunde und Bekannten, wobei es keine Rolle spielt, wie nah oder weit entfernt sie leben.	Menschen in Ihrem derzeitigen Tätigkeitsfeld oder in einem Feld, das Sie für die Zukunft ins Auge gefasst haben, auch Menschen, die andere Ihnen genannt haben.
Wie gehen Sie vor, um es richtig zu machen?	Sie nehmen sich Zeit für sie, lange bevor Sie einen Job suchen. Planen Sie diese Zeit ein: • Verbringen Sie Ihre Zeit mit den Menschen, mit denen Sie zusammenleben, sehr bewusst und geben Sie ihnen zu verstehen, dass Sie sie wirklich schätzen. • Halten Sie den Kontakt (per Telefon, mit einer Verabredung zum Essen, durch eine Grußkarte) mit den Personen aufrecht, die in Ihrer Nähe leben. • Schreiben Sie denen, die weiter entfernt wohnen, regelmäßig ein paar freundliche Zeilen – und lassen Sie sie auf diese Weise wissen, dass Sie sie um ihrer selbst willen schätzen.	Sie nehmen zu diesem Zweck freiwillig an Tagungen oder Fortbildungsveranstaltungen in Ihrem derzeitigen oder für die Zukunft gewünschten Tätigkeitsfeld teil. Sie kommen bei solchen Veranstaltungen und bei informellen Treffen mit Menschen ins Gespräch, die in diesem Bereich arbeiten und tauschen nach einer kurzen Unterhaltung Ihre Visitenkarten aus. Vielleicht nennt Ihnen jemand den Namen eines Bekannten in einer Gegend, in die Sie reisen wollen, und schlägt Ihnen vor, dass Sie sich bei dieser Person melden. Ein Anruf ist mit Sicherheit der beste Weg, um den Kontakt herzustellen. Nach Ihrer Rückkehr sollten Sie ein paar Zeilen schreiben, es sei denn, Sie laden sie beim Telefongespräch zum Essen ein. Wenn Sie die Initiative ergreifen, kann das manchmal in einem Reinfall enden (siehe unten).
Woran erkennen Sie, dass Sie alles vermasselt haben?	Sie haben keine Arbeit mehr und stellen fest, dass Sie Kontakt zu Leuten aufnehmen müssen, mit denen Sie jahrelang weder schriftlich noch telefonisch Kontakt hatten und die Sie nun aus heiterem Himmel um ihre Hilfe bei der Jobsuche bitten müssen. Das wird unausweichlich den Eindruck vermitteln, dass Sie nicht wirklich an ihnen interessiert sind. Außerdem entsteht der Eindruck, dass Sie Menschen nur unter dem Aspekt sehen, wie sie Ihnen nutzen, statt eine Beziehung aufzubauen, die auf Gegenseitigkeit beruht.	Das passiert, wenn Sie jemanden angerufen haben, der sehr beschäftigt ist und ihn darum baten, mit Ihnen essen zu gehen. Wenn das Essen dann ziellos verläuft, ohne genaues Programm, man Sie dann aber irgendwann fragt, worüber Sie sich denn unterhalten wollten, und Sie dann nur lahm sagen: »Ach, na ja, ich weiß nicht, ich dachte nur, wir sollten uns vielleicht kennen lernen ...« Unter Networking versteht man etwas anderes, so machen Sie sich nur unbeliebt. Versuchen Sie, Ihr Networking auf telefonische Aktivitäten zu beschränken.

Wie Sie als Ein-, Auf- oder Umsteiger Ihre Kontakte pflegen (Forts.)

3. Aufbau eines Unterstützungsteams	4. Informelle Gespräche	5. Kontakte nutzen
Einige Familienmitglieder oder enge Freunde sollen dazu bewegt werden, Ihnen bei Ihren emotionalen, sozialen und spirituellen Bedürfnissen zur Seite zu stehen, während Sie eine schwierige Phase der Veränderung durchmachen, wie sie eine Jobsuche oder ein Berufswechsel darstellt, so dass Sie mit diesen Problemen nicht ganz allein dastehen.	Nehmen Sie Berufe genau unter die Lupe, bevor Sie sie ergreifen. Nehmen Sie einen Job unter die Lupe, bevor Sie ihn antreten, und nicht erst danach. Nehmen Sie die Organisation unter die Lupe, bevor Sie sich dazu entschließen, dort zu arbeiten. Finden Sie Antworten auf ganz spezifische Fragen, die sich Ihnen während Ihrer Jobsuche aufdrängen.	Sie brauchen etwa 77 Augen- und Ohrenpaare, um einen neuen Job oder einen neuen Beruf zu finden. So finden Sie die 76 anderen Menschen (bitte nehmen Sie mich nicht allzu wörtlich), die Ihnen ihre Augen und Ohren leihen – sobald Sie wissen, nach welcher Art von Arbeit, Art von Organisation und Art von Job Sie suchen, aber nicht schon vorher.
Versuchen Sie solche Menschen zur Unterstützung zu bewegen, auf die eines oder mehrere der folgenden Kriterien zutreffen: Sie fühlen sich wohl, wenn Sie mit ihnen reden, Sie ergreifen die Initiative, Sie regelmäßig anzurufen; sie sind klüger als Sie selbst; sie können Ihnen auch die Leviten lesen, wenn es darauf ankommt.	Berufstätige, Arbeiter, Freiberufler – mit einem Wort: Leute aus der Praxis. Sie führen Ihre informellen Gespräche nur mit Menschen, die gegenwärtig die Arbeit leisten, die Sie als möglichen neuen Job/Beruf in Erwägung ziehen.	Jeder und jede auf Ihrer Networking-Liste (siehe Spalte 2). Dazu gehören Familienmitglieder, Freunde, Verwandte, Kommilitonen, frühere Kollegen, Nachbarn und Gemeindemitglieder, Geschäfte, in denen Sie einkaufen, und so weiter.
Es sollten mindestens drei Personen sein. Sie können sich regelmäßig, zum Beispiel einmal pro Woche für ein oder zwei Stunden, mit Ihnen treffen, um zu sehen, wie es Ihnen geht. Ein oder mehrere Mitglieder des Teams sollten darüber hinaus »nach Bedarf« für Sie da sein: Jemand, der zuhört, wenn Sie niedergeschlagen sind und mit jemandem reden wollen; jemand, der Sie motiviert, wenn Sie den Kopf in den Sand stecken wollen; jemand, der Ihnen weiterhilft, wenn Sie nicht mehr wissen, was Sie als nächstes tun sollen; jemand, der Sie zur Ordnung ruft, wenn Ihre Disziplin nachlässt und Sie Ermutigung und Ansporn brauchen. Es ist auch hilfreich, wenn es jemanden gibt, der besonders begeisterungsfähig ist und dem Sie Ihre Erfolge mitteilen können.	Sie erfahren die Namen dieser Menschen, indem Sie im Kreise Ihrer Kollegen, an den Fachhochschulen Ihrer Region und an den Universitäten nachfragen oder indem Sie die Berufsinformationszentren oder Hochschulteams des Arbeitsamts aufsuchen. Wenn Sie einige Namen zusammengetragen haben, rufen Sie die Personen an und fragen nach einer Möglichkeit, zwanzig Minuten ungestört mit ihnen zu reden. Sie stellen rechtzeitig eine Liste der Fragen zusammen, auf die Sie Antworten suchen.	Immer wenn Sie nicht weiter wissen, bitten Sie Ihre Kontaktpersonen, Ihnen mit bestimmten Informationen weiterzuhelfen. Zum Beispiel: • Wenn Sie niemanden finden, der in einem Job arbeitet, für den Sie sich interessieren. • Wenn Sie nicht die Namen von den Unternehmen finden können, wo es diese Art von Arbeit gibt. • Wenn Sie ein bestimmtes Unternehmen im Sinn haben, aber den Namen der Person nicht kennen, die über Ihre Einstellung entscheiden kann. • Wenn Sie den Namen dieser Person kennen, es Ihnen aber nicht gelingt, einen persönlichen Termin zu vereinbaren. In solchen Situationen rufen Sie alle an, die auf Ihrer Liste stehen, bis Sie jemanden finden, der Ihnen genau die Antwort geben kann, die Sie benötigen.
Sie haben es vermasselt, wenn Sie kein Unterstützungsteam haben, niemanden, mit dem Sie reden oder an den Sie sich wenden können und wenn Sie das Gefühl haben, dass Sie ganz allein dastehen. Sie haben es vermasselt, wenn Sie darauf warten, dass Ihre Familie und Ihre Freunde bemerken, wie schlecht es Ihnen geht und ihre Liebe zu Ihnen unter Beweis stellen, indem sie die Initiative ergreifen und sich um Sie bemühen; statt, wie es bei einem Unterstützungsteam notwendig ist, selbst die Initiative zu ergreifen und sie auszuwählen und zu engagieren – indem Sie sie um Hilfe und Unterstützung bitten.	Sie versuchen, diese Recherche mit Hilfe von Leuten durchzuführen, die darüber entscheiden können, ob sie Sie einstellen, und nicht mit den Arbeitnehmern und Angestellten. Sie tun so, als ob Sie Informationen suchen, obwohl Sie in Wirklichkeit etwas anderes von diesem Menschen wollen. (Die meisten Menschen riechen zehn Meilen gegen den Wind, wenn Sie andere Pläne haben.) Sie haben es vermasselt, wenn Sie jemanden belügen. Der entscheidende Punkt an informellen Gesprächen ist, dass sie eine Suche nach Wahrheit sind.	Wenn Sie Ihre »Kontakte« zu früh bei der Jobsuche oder nur ganz allgemein und in vagen Begriffen um Hilfe bitten: »Ich bin arbeitslos. Wenn du irgendetwas hören solltest, sag mir bitte Bescheid.« Irgendetwas? Sie müssen Ihre Hausaufgaben machen, bevor Sie Ihre Kontakte nutzen. Sie werden Ihnen Ihre Hausaufgaben nicht abnehmen.

Was soll ich tun, wenn mir ein Job angeboten wird, während ich all diese Informationen sammle?

Mit großer Wahrscheinlichkeit wird das gar nicht geschehen. Ich erinnere Sie nochmals daran, dass Sie in dieser Phase der Recherche nicht primär mit Arbeitgebern reden. Sie reden mit Leuten aus der Praxis.

Trotzdem kann es passieren, dass Ihnen während Ihrer informellen Gespräche ein Arbeitgeber über den Weg läuft. Und dieser Arbeitgeber ist vielleicht so angetan von der Sorgfalt, die Sie bei Ihrer Jobsuche oder Ihrem Berufswechsel an den Tag legen, dass er Sie vom Fleck weg engagieren will. Es ist also möglich, dass Ihnen ein Job angeboten wird, während Sie noch damit beschäftigt sind Informationen zusammenzutragen. Nicht wahrscheinlich, aber möglich. Und falls das passiert, was sollten Sie dann antworten?

Nun, wenn Sie verzweifelt sind, werden Sie natürlich ja sagen.

Aber wenn Sie nicht verzweifelt sind, haben Sie die Zeit, zurückhaltender zu sein und auf das Jobangebot so zu reagieren, dass Sie etwas Zeit gewinnen. Sie erzählen, womit Sie gerade beschäftigt sind: dass der durchschnittliche Arbeitnehmer einen Job erst kennen lernt, nachdem er ihn angenommen hat. Sie dagegen tun das, was der Arbeitgeber an Ihrer Stelle sicher auch tun würde: Sie informieren sich über Berufe, Tätigkeitsfelder, Branchen, Jobs und Organisationen, bevor Sie entscheiden, wo Sie am besten und effektivsten arbeiten können.

Und Sie erzählen ihm, dass Sie Ihre informellen Gespräche noch nicht beendet haben und dass es deshalb zu voreilig wäre, das Angebot anzunehmen, bis Sie sicher sind, dass dies der Arbeitsplatz ist, an dem Sie Ihr Bestes geben können.

Fügen Sie aber hinzu: »Aber ich bin natürlich begeistert, dass Sie mir anbieten hier zu arbeiten. Wenn ich meine Recherchen abgeschlossen habe, möchte ich gern auf Ihr Angebot zurückkommen, denn mein erster Eindruck sagt mir, dass ich hier wirklich gern arbeiten würde.« Mit anderen Worten, wenn Sie noch nicht verzweifelt sind, stürmen Sie nicht gleich durch jede Tür, die man Ihnen aufhält; sorgen jedoch auch dafür, dass man sie nicht vor Ihrer Nase wieder zufallen lässt.

Der Einstieg in einen neuen Beruf

Sobald Sie einen Beruf gefunden haben, der wirklich zu Ihnen passt, stehen Sie vor dem nächsten Problem: Wie gelingt Ihnen der Wechsel aus Ihrem früheren Job oder beruflichen Hintergrund in den neuen?

Wir reden hier über Berufswechsel. Jeder Mensch hat eine ungefähre Vorstellung davon, was das ist. Aber mit der Gleichung, die wir aufgestellt haben (Beruf = Funktion + Tätigkeitsfeld) können wir nun genauer erkennen, was damit gemeint ist. Wir können sehen, dass ein Berufswechsel aus einem Wechsel der Funktion oder des Tätigkeitsfelds besteht – oder aus beidem.

Es gibt also drei Arten von beruflichen Veränderungen, zwischen denen Sie wählen können:

Typen des Berufswechsels als Bild

A: Alte Funktion / Altes Tätigkeitsfeld
B: Alte Funktion / Neues Tätigkeitsfeld
C: Neue Funktion / Altes Tätigkeitsfeld
D: Neue Funktion / Neues Tätigkeitsfeld

schwieriger Weg (ein Schritt)

⇨ leichterer Weg (zwei Schritte)
⬛➡ leichterer Weg (zwei Schritte)

© 1991 Daniel Porot.

- Sie können nur das Tätigkeitsfeld ändern, nicht aber ihre Funktion. Das entspricht in dem Schaubild auf der nächsten Seite dem Schritt von A nach B. Obwohl es sehr einfach aussieht, ist es doch ein Berufswechsel. Sie können allein durch den Wechsel in ein neues Tätigkeitsfeld viel glücklicher werden.
- Sie können nur Ihre Funktion ändern, nicht aber ihr Tätigkeitsfeld. Im Schaubild ist das der Schritt von A nach C. Auch wenn es sehr einfach aussieht, ist es doch ein Berufswechsel. Sie können allein durch den Wechsel der Funktion viel glücklicher werden, während Sie weiterhin in dem Tätigkeitsfeld bleiben, in dem Sie schon jetzt arbeiten.
- Sie können sowohl Ihre Funktion als auch Ihr Tätigkeitsfeld wechseln. Dies entspricht im Schaubild dem Schritt von A nach D. Es ist das, was die meisten Menschen unter einem Berufswechsel verstehen. Vielleicht sind Sie davon überzeugt, dass Sie nur dann glücklich sein können, wenn Sie sowohl die Funktion als auch das Tätigkeitsfeld ändern.

Wie Sie sowohl die Funktion als auch das Tätigkeitsfeld ändern können

Wenn Sie entschlossen sind, sowohl eine neue Funktion zu ergreifen als auch in ein anderes Tätigkeitsfeld zu wechseln (warum auch nicht, bei all der Mühe, die Sie in die vorangegangenen Übungen in diesem Kapitel investiert haben), gibt es drei Möglichkeiten, Ihr Ziel zu verwirklichen:

- **In einem einzigen Schritt.** Sie können sich mit einem Mal grundlegend verändern (der schwierige Weg), indem Sie den Schritt von A nach D in einem Rutsch verwirklichen.
- **Ein Schritt nach dem anderen.** Sie können den Wechsel in zwei Schritten vollziehen, wie die beiden weißen Pfeile zeigen, indem Sie zuerst nur Ihre Funktion verändern, nicht aber Ihr Tätigkeitsfeld.
- **Ein Schritt nach dem anderen.** Sie können den Wechsel in zwei Schritten vollziehen, wie die beiden schwarzen Pfeile zeigen, indem Sie zuerst nur Ihr Tätigkeitsfeld verändern, nicht aber Ihre Funktion.

Um das zu veranschaulichen, nehmen wir an, Ihr derzeitiger oder letzter

Wo möchten Sie Ihre Fähigkeiten einsetzen?

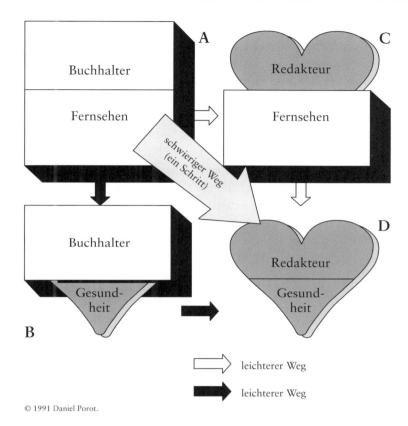

© 1991 Daniel Porot.

Beruf ist Buchhalter bei einem Fernsehsender. Sie haben genug davon. Sie wollen umsteigen. Sie würden gerne Redakteur im Feld Gesundheit werden. Ihr Ziel ist es also, sowohl die Funktion als auch das Tätigkeitsfeld zu wechseln.

Nun können Sie natürlich versuchen, diesen Berufswechsel in nur einem Rutsch zu verwirklichen. Das ist schwierig, denn wenn Sie von Ihrem zukünftigen Arbeitgeber gefragt werden, welche Erfahrungen Sie mitbringen, geraten Sie vielleicht in einen Erklärungsnotstand. Deshalb nennen wir diese Art umzusteigen den schwierigen Weg.

Aber es gibt zwei weitere Möglichkeiten, die ich oben bereits erwähnt habe: Machen Sie einen Schritt nach dem anderen.

Sie können also, wie in dem Schaubild oben dargestellt, erst den Schritt von A nach C vollziehen: Versuchen Sie bei dem Fernsehsender, für den

Sie bereits in der Buchhaltung gearbeitet haben, eine Stelle als Redakteur zu bekommen oder suchen Sie einen anderen Fernsehsender, um dort als Redakteur zu arbeiten. Sie bleiben dort ein, zwei oder auch drei Jahre und vollziehen dann den Schritt von C nach D: Sie bemühen sich um eine Stelle als Redakteur für Gesundheit bei einer Fachzeitschrift, einer Tageszeitung oder für Webseiten im Internet.

Sie können sich auch für die Alternative entscheiden, erst den Schritt von A nach B zu vollziehen: Bleiben Sie Buchhalter; suchen Sie sich einen neuen Job als Buchhalter bei einer Fachzeitschrift, einer Tageszeitung oder für Webseiten im Internet. Bleiben Sie dort ein, zwei oder drei Jahre und vollziehen Sie dann den Schritt von B nach D: Versuchen Sie Ihren Arbeitgeber dazu zu bewegen, Ihnen eine Chance als Redakteur zu geben, oder versuchen Sie bei einer anderen Fachzeitschrift, einer anderen Zeitung oder einer anderen Webseite, eine Stelle als Redakteur zu bekommen.

»Über welche Erfahrungen verfügen Sie?«

Die schrittweise Methode für den Berufswechsel hat den großen Vorteil, dass Sie mit jedem Schritt, den Sie wagen, bereits über Erfahrungen entweder in der Funktion oder aber in dem Tätigkeitsfeld verfügen. Das hat für potentielle Arbeitgeber mehr Gewicht, als wenn Sie in beiden keine Erfahrung haben.

In einem Rutsch umsteigen

Aber nehmen wir an, Sie haben Ihren Traumberuf definiert und können einfach nicht warten! Sie wollen es in einem Rutsch schaffen. Sie wollen den schwierigen Weg gehen. Wie verkaufen Sie sich einem potentiellen Arbeitgeber, wenn Sie sowohl in der Funktion als auch im Feld unerfahren sind? Gute Frage! **In diesem Falle müssen Sie auf Fähigkeiten verweisen, die jenseits spezieller Berufe oder Tätigkeitsbereiche von Bedeutung sind.**

Erinnern Sie sich daran, dass jede Funktion aus einer Reihe von *Aufgaben* oder *Anforderungen* besteht (vergleiche auch das Schaubild auf Seite 119) und jede Aufgabe oder Anforderung wiederum bestimmte *Fä-*

higkeiten voraussetzt, damit Sie diese erfolgreich ausführen können. Also müssen Sie mehr auf der Ebene der Fähigkeiten argumentieren als mit der Berufsbezeichnung. Diese Bezeichnungen werden von potentiellen Arbeitgebern nicht leicht als übertragbar erkannt, Fähigkeiten dagegen schon.

Sie erinnern sich auch daran, dass jedes *Tätigkeitsfeld* aus verschiedenen *Interessen-* oder *Wissensgebieten* besteht, die Sie an früherer Stelle in diesem Kapitel in einer Bestandsaufnahme erfasst haben.

Sie müssen also auf Ihr Wissen verweisen statt auf Erfahrungen in einem bestimmten Tätigkeitsfeld. Felder werden von potentiellen Arbeitgebern nicht leicht als übertragbar erkannt, spezielle Wissensgebiete dagegen schon.

Wie bereiten Sie sich unter Berücksichtigung Ihrer Fähigkeiten und Ihres Fachwissens auf den schwierigen Weg vor?

- **Sie unterhalten sich mit drei oder mehr Personen, die schon in diesem Job oder Beruf arbeiten.**
- **Sie fragen sie:** »Welche Aufgaben oder Anforderungen haben Sie zu bewältigen?« Sie fragen sie direkt im Anschluss daran: »Welche Fähigkeiten sind erforderlich, um diese Aufgaben oder Anforderungen zu erfüllen?« Notieren Sie ihre Antworten.
- **Dann wenden Sie sich dem anderen Schwerpunkt zu und fragen:** »Worüber müssen Sie viel wissen? Welches Fachwissen wird von Ihnen erwartet, damit Sie diesen Job oder Beruf ausüben können?« Notieren Sie Ihre Antworten.
- **Stellen Sie noch eine Zusatzfrage (für sich selbst):** »Welche Qualitäten oder persönlichen Eigenschaften sind erforderlich, um in diesem Job oder Beruf erfolgreich zu sein?« Notieren Sie auch diese Antworten.
- Nachdem Sie mit allen drei Menschen gesprochen haben, die bereits in dem Beruf arbeiten, den Sie anstreben, verfügen Sie über **drei Listen:** »benötigte Fähigkeiten« und »erforderliches Fachwissen« sowie Ihre Zusatzliste über »persönliche Qualitäten«, die für den Erfolg in diesem Tätigkeitsfeld nötig sind.
- **Vergleichen Sie diese drei Listen mit den Fähigkeiten und dem Fachwissen, über die Sie bereits verfügen** (und die Sie in diesem und dem vorangegangenen Kapitel zusammengestellt haben). Markieren Sie auf den Listen »benötigte Fähigkeiten« und »erforderliches Fachwissen« diejenigen Punkte, die Sie bereits besitzen.

- **Wenn Sie nun einem möglichen Arbeitgeber gegenüberstehen, können Sie sich selbst als jemanden präsentieren, der bereits über Erfahrungen verfügt.** Natürlich sind sowohl die Funktion als auch das Tätigkeitsfeld für Sie neu, aber Sie haben Erfahrung darin, worauf es wirklich ankommt: Sie verfügen über Fähigkeiten und Fachwissen, die man braucht, um in dem Beruf erfolgreich zu sein. Darüber hinaus können Sie versuchen, diesem Arbeitgeber zu zeigen, dass Ihre Fähigkeiten und Ihr Fachwissen ihm dabei helfen können, mehr Kunden zu bekommen, mehr Profit zu machen oder seine Ziele besser zu erreichen. Lassen Sie an dieser Stelle auch Ihre persönlichen Merkmale einfließen, von denen Sie wissen, dass sie für den Erfolg in diesem Feld nötig sind.

Wenn es der richtige Arbeitgeber ist, haben Sie die Chance, mit einem einzigen Sprung einen Berufswechsel vorzunehmen.

5. Schritt
Unternehmen und Organisationen

Namen von Unternehmen und Organisationen: zu viele oder zu wenige?

Sie haben Ihren Beruf deutlich vor Augen. Nun ist es an der Zeit, nach Unternehmen oder Organisationen zu suchen, in denen Sie in Ihrem Traumjob arbeiten können. Denken Sie daran, dass Sie ebenso wie während der gesamten Jobsuche nicht nach den Namen von Unternehmen suchen, die freie Stellen haben. Sie suchen vielmehr nach Namen von Organisationen, die Sie interessieren, unabhängig davon, ob sie freie Stellen haben oder nicht. Das bringt natürlich mit sich, dass Sie in den *Gelben Seiten* nachschlagen. Es kann auch bedeuten, dass Sie mit all Ihren Kontakten reden müssen. Oder es kann bedeuten, dass Sie eine besonders schöne Straße in Ihrer Stadt, in der Sie gerne arbeiten würden, entlanggehen und an jedem Gebäude nachsehen, welche Organisationen sich dort befinden. (Ich kenne Jobsuchende und Berufsumsteiger, die genau das getan haben – und eine großartige Firma gefunden haben!)

Suchen Sie auf jede beliebige Art und Weise nach Namen von Unternehmen und Organisationen, die Sie interessieren. Während dieser Suche kann Ihnen Folgendes passieren:

- Sie werden entweder zu viele Namen von Unternehmen ausfindig machen, für die zu arbeiten Sie sich vorstellen können.
- Sie werden zu wenige Namen von Unternehmen ausfindig machen, die Menschen mit dem Beruf, der Sie interessiert, beschäftigen.

Folglich müssen Sie Ihr Territorium entweder verkleinern oder vergrößern. Lassen Sie uns als erstes einen Blick auf das erste Szenario werfen.

Das Territorium verkleinern

Was tun Sie, wenn Sie zum Schluss mit zu vielen Namen von Unternehmen oder Organisationen dastehen, die Sie theoretisch in dem Beruf einstellen könnten, der Sie interessiert? Die Antwort lautet: Verkleinern Sie Ihr Territorium, indem Sie Ihre Suchkriterien enger fassen.[10]

Ihr Blumendiagramm

Ihre Suchkriterien werden bestimmt durch die Informationen, die Sie in die Blütenblätter eines Blumendiagramms eintragen, das Sie in Anhang A finden.

Im Anhang A zeige ich Ihnen, wie Sie dieses Diagramm ausfüllen. Dazu führen Sie einige kurze, hilfreiche und interessante Übungen durch, die viele Leser für den interessantesten Teil dieses Buches halten – ob sie ihr Territorium nun verkleinern müssen oder nicht.

Unterbrechen Sie also Ihre Reise durch dieses Buch und machen Sie einen Abstecher zum Anhang A, um sich mit der Blume zu beschäftigen. Sobald Sie die Blume ausgefüllt haben, können Sie hierher zurückkommen und damit fortfahren, Ihr Territorium zu verkleinern.

Lassen Sie uns auf ein Beispiel zurückgreifen, um zu sehen, wie Sie bei der Eingrenzung Ihres Territoriums vorgehen. Nehmen wir an, Sie haben herausgefunden, dass ein Beruf in der Metallverarbeitung Sie am meisten interessieren würde: Sie wollen als Schweißer arbeiten. Das ist doch ein guter Anfang. So können Sie die möglichen Arbeitgeber wie folgt reduzieren:

»Ich möchte in einem Unternehmen arbeiten, das Schweißer einstellt.«

Aber das Territorium ist immer noch viel zu groß. Es gibt womöglich Tausende von Firmen in diesem Land, die Schweißer benötigen. Sie können sie nicht alle aufsuchen. Also müssen Sie Ihr Territorium noch weiter eingrenzen. Nehmen wir an, dass Sie auf dem Blatt der Region der Blume zum Ergebnis kamen, dass Sie gerne in der Nähe von Frankfurt leben möchten. Das ist hilfreich, weil es das Territorium ein wenig mehr verkleinert. Nun lautet unser Ziel:

»Ich möchte in einem Unternehmen arbeiten, das in der Nähe von Frankfurt liegt und Schweißer einstellt.«

Aber noch immer ist das Territorium zu groß. Es könnte immer noch einige hundert Organisationen geben, auf die diese Beschreibung zutrifft. Werfen Sie also erneut einen Blick auf Ihr Blumendiagramm, und Sie werden feststellen, dass Sie am liebsten in einem Unternehmen mit 50 oder weniger Mitarbeitern arbeiten möchten. Also lautet unser Ziel nun:

»Ich möchte in einem Unternehmen arbeiten, das Schweißer einstellt, in der Nähe von Frankfurt liegt und 50 oder weniger Mitarbeiter beschäftigt.«

Doch das Territorium ist vielleicht immer noch zu groß. Deshalb werfen Sie erneut einen Blick auf Ihr Blumendiagramm. Sie haben auf dem Blütenblatt mit der Bezeichnung *Gegenstände* notiert, dass Sie gerne in einem Betrieb arbeiten würden, der mit Fahrrädern handelt oder Fahrräder produziert. So lautet Ihr Suchkriterium nun:

»Ich möchte in einem Unternehmen arbeiten, das Schweißer benötigt, in der Nähe von Frankfurt liegt, 50 oder weniger Mitarbeiter hat und Fahrräder produziert.«

Indem Sie Ihr Blumendiagramm nutzen, können Sie fortfahren, das Suchgebiet weiter einzugrenzen, bis das Zielgebiet Ihrer Jobsuche nicht mehr als 20 Organisationen umfasst.

Das ist eine überschaubare Anzahl von Firmen, mit der Sie beginnen können. Es ist ein Leichtes, diese Liste später wieder zu erweitern, wenn sich herausstellt, dass die Unternehmen Ihnen nicht vielversprechend oder interessant genug erscheinen. Fürs Erste haben Sie einen weiteren wichtigen Schritt bewältigt: Sie haben das Territorium eingegrenzt.

Das Territorium erweitern

Manchmal wird Ihr Problem genau das Gegenteil sein: Sie können nicht genug Namen von Organisationen ausfindig machen, die Sie interessieren. Was tun Sie in diesem Falle? Die Antwort lautet: vergrößern Sie das Territorium, indem Sie Ihre Suchkriterien erweitern.

Nehmen wir zum Beispiel an, Sie wollen in Zukunft als Lehrer arbeiten. Wo arbeiten Lehrer? »In Schulen«, sagen Sie.

Und nachdem Sie festgestellt haben, dass die Schulen in Ihrer Umgebung keine Einstellungen mehr vornehmen, sagen Sie vielleicht: »Na ja, es gibt eben keine Jobs für Menschen mit diesem Beruf.« Aber das ist nicht wahr. Die korrekte Antwort auf die Frage »Wo arbeiten Lehrer?« lautet:

- an staatlichen und privaten Schulen,
- an staatlichen und privaten Hochschulen,

- in betriebsinternen Fortbildungszentren oder Aus- und Weiterbildungsabteilungen,
- in Organisationen, die Workshops, Seminare oder Fortbildungsmaßnahmen anbieten,
- in Lehrbuchverlagen,
- in Stiftungen oder privaten Forschungseinrichtungen,
- in Agenturen, die Berater aus dem pädagogischen Bereich an andere Organisationen und Unternehmen vermitteln,
- in Lehrerverbänden,
- in Gewerkschaften,
- in Bildungsgremien auf Bundes- oder Landesebene.

Und die Liste ließe sich noch beliebig erweitern. Sie können darüber hinaus:

- eine Vollzeitbeschäftigung annehmen;
- sich für eine Teilzeitbeschäftigung entscheiden (vielleicht beschließen Sie, zwei oder sogar drei Teilzeitstellen anzunehmen, die insgesamt einen Vollzeitjob ergeben, Ihnen jedoch mehr Abwechslung bieten);
- in Unternehmen arbeiten, die zeitlich befristet Mitarbeiter einstellen, zum Beispiel für ein einziges Projekt durch Werk- oder Dienstverträge;
- als Berater, ebenfalls auf ein Projekt beschränkt, tätig sein;

- ehrenamtlich arbeiten;
- in gemeinnützigen Organisationen arbeiten;
- sich für gewinnorientierte Organisationen entscheiden;
- und nicht zuletzt – vergessen Sie das nicht – auch Ihr eigenes Unternehmen gründen, wenn Sie sich entschließen, Ihr eigener Chef zu sein.

All diese Möglichkeiten stehen Ihnen offen – und das allein für den Lehrerberuf. Das Gleiche trifft auf fast alle anderen Berufe zu: Es gibt viele Organisationen, bei denen Sie arbeiten könnten. Wenn Sie mit anderen Menschen über Ihre Jobsuche reden, werden sie Ihnen nebenbei auch immer Informationen nicht nur über Organisationen, sondern auch über verschiedene Arten von Organisationen – wie in der oben genannten Liste – geben. Hören Sie genau zu, und machen Sie sich Notizen.

Fahren Sie fort, Ihr Territorium zu erweitern! Und fragen Sie in jeder Kategorie nach Namen von Organisationen. Vielleicht suchen Sie auch in Nachschlagewerken nach Namen.

Wenn es um kleinere Unternehmen geht, nehmen Sie am besten die *Gelben Seiten* zur Hand. Suchen Sie unter allen verwandten Stichworten, die Ihnen einfallen.

Fragen Sie bei der Industrie- und Handelskammer, ob es dort ein Verzeichnis aller Unternehmen gibt. Das sind nicht nur kleinere Firmen, sondern oft auch die Niederlassungen großer Unternehmen oder Konzerne, und oft erfahren Sie so auch die Namen der Abteilungsleiter. Es wird Ihnen nicht an Namen mangeln, glauben Sie mir – sofern Sie nicht in einer sehr kleinen Stadt leben, aber in diesem Fall müssten Sie Ihre Netze ein wenig weiter auswerfen, um auch Städte mit einzubeziehen, die in erreichbarer Entfernung liegen. (Weitere Verzeichnisse und Nachschlagewerke finden Sie ab Seite 184.)

Sobald Sie etwa 20 Namen von Unternehmen oder Organisationen zusammengetragen haben, die Sie vielleicht für die Art von Arbeit einstellen würden, von der Sie träumen, nehmen Sie die drei interessantesten und holen Sie ein paar Informationen darüber ein, *bevor* Sie sich dort um ein Vorstellungsgespräch bemühen.

Jeder einzelne Arbeitnehmer legt seine Messlatte an die Organisation seiner Wahl an und entscheidet, ob er dort gerne arbeiten würde oder nicht. Das Problem ist, dass die meisten Jobsuchenden und Umsteiger das erst tun, nachdem sie die Arbeit schon angetreten haben.

Wie Sie sich vorab über Organisationen informieren

Warum ist es wichtig für Sie, sich im Voraus über ein Unternehmen oder eine Organisation zu informieren? Es gibt drei Gründe:

- **Sie wollen sich von allen anderen Jobsuchenden unterscheiden, die dort erscheinen und sagen: »Hey, Leute, was macht Ihr hier eigentlich genau?«** Indem Sie Kontakte, Bücher und das Internet nutzen, wollen Sie zeigen, dass Sie sich genügend mit der Organisation beschäftigt haben, um etwas über sie zu wissen, bevor Sie hingegangen sind.
- **Sie wollen wissen, ob das Unternehmen jemanden mit Ihren Fähigkeiten und Ihrem Fachwissen benötigt.** Sie wollen wissen, welche Art Arbeit dort getan wird und welche Anforderungen, Probleme oder Herausforderungen es dort gibt. Welche Ziele versuchen sie zu erreichen, auf welche Hindernisse stoßen sie? Sie werden leichter dazu imstande sein, darüber zu reden, wie Ihre Fähigkeiten und Ihr Fachwissen dem Unternehmen helfen können, wenn Sie erst einmal ein Vorstellungsgespräch erreicht haben.
- **Sie wollen wissen, ob Sie dort gerne arbeiten würden.** Sie wollen nicht ahnungslos einen Job annehmen, in dem Sie bald darauf wieder das Handtuch schmeißen, weil Sie erst jetzt etwas über das Unternehmen erfahren haben, das Sie nicht wussten oder das Sie nicht gestört hat, bevor Sie dort angefangen haben.

Indem Sie sich rechtzeitig über die Organisation informieren, wählen Sie die bei weitem bessere Alternative. Im Prinzip sieben Sie Firmen aus, bevor Sie sich bei ihnen festlegen. Sehr geschickt! Sehr umsichtig!

Gut, aber was versuchen Sie herauszufinden? Nun, fragen Sie sich einfach Folgendes: Was von dem, was Sie in dem Moment wussten, als Sie Ihren früheren Job aufgaben oder gefeuert wurden, hätten Sie aus jetziger Sicht gerne gewusst, bevor Sie diese Stelle annahmen? Das sind genau die Themen, über die Sie sich für einen zukünftigen Job genauere Informationen verschaffen sollten. Sie können sich zum Beispiel wünschen, schon im Voraus gewusst zu haben:

- was die wirklichen Ziele dieses Unternehmens waren, anstatt der hehren Sprüche, die in ihrem jährlichen Geschäftsbericht standen;

- wie die »Unternehmenskultur« dort war: kalt und unangenehm oder aber warmherzig und verständnisvoll;
- unter welchen zeitlichen Vorgaben die Arbeit durchgeführt wurde, und ob das flexibel oder unflexibel gehandhabt wurde;
- wie der Job wirklich aussah;
- ob die Fähigkeiten, um die es Ihnen am meisten geht, auch wirklich zum Einsatz kommen würden, oder ob all das Gerede über »Ihre Fähigkeiten« nur Augenwischerei war, um Sie zu ködern – und Sie landen inmitten eines großen Aktenbergs mit all Ihren wertvollen Fähigkeiten im Umgang mit Menschen;
- was für ein Mensch Ihr Chef ist, und wie es ist, für ihn zu arbeiten;
- wie Ihre Kollegen im Umgang waren: unkompliziert oder schwierig;
- wie nah das Unternehmen davor stand, Mitarbeiter entlassen zu müssen, oder wie eng der finanzielle Rahmen gesteckt würde, in dem Ihre Abteilung arbeiten musste.

So, das ist es, was Sie herausfinden wollen, bevor Sie ein Jobangebot von dieser neuen Firma bekommen (falls Sie dort ein Angebot erhalten). Natürlich können Sie nicht all diese Informationen schon vor dem Vorstellungsgespräch herausfinden. Aber wenn Sie Glück haben, entdecken Sie einen Teil davon. Den Rest müssen Sie während des Gesprächs herausfinden. So sind die obigen Themen das Programm für Ihre Recherche, und sie sind auch das Programm für Ihr Vorstellungsgespräch: Es sind die Aspekte, die Sie während Ihres Vorstellungsgesprächs abklären wollen, wenn es Ihnen gelingt, bis dahin vorzudringen.

Es gibt sechs verschiedene Möglichkeiten, diese Informationen schon im Voraus zu erhalten. Ich beginne mit der schnellsten und fahre fort mit denen, die mehr Zeit beanspruchen (in entsprechender Reihenfolge). Die meisten Jobsuchenden und Berufsumsteiger werden mit der einfachsten Methode beginnen und nur dann mit der nächsten fortfahren, wenn sie mit der einfacheren nicht herausgefunden haben, was sie suchten.

Recherche-Methode Nr. 1:
Freunde und Nachbarn

Fragen Sie alle Menschen, die Sie kennen, ob sie wiederum irgendjemanden kennen, der in der Organisation arbeitet, für die Sie sich interessieren.

Wenn das der Fall ist, bitten Sie sie darum, ein Treffen zwischen Ihnen und dieser Person zu arrangieren, beispielsweise ein gemeinsames Mittagessen. Bei dieser Gelegenheit erzählen Sie ihnen, warum Sie Interesse an dem Unternehmen haben und deuten an, dass Sie gerne noch mehr wissen möchten. (Es ist hilfreich, wenn Ihr gemeinsamer Freund oder Nachbar dabei ist, damit kein falscher Eindruck über den Zweck dieser netten Unterhaltung entsteht.)

Recherche-Methode Nr. 2:
Das Internet

Im Internet finden Sie auf einfache und bequeme Art Informationen über Unternehmen und Organisationen. Viele haben mittlerweile selbst Internet-Seiten geschaltet. Das Problem kann aber darin bestehen, dass man die Namen der Firmen erst herausfinden muss, um dann gezielt nach weiteren Informationen zu suchen. Wir haben bereits weiter vorne ab Seite 149 Recherchemöglichkeiten mit Hilfe des Internet und Datenbanken kennen gelernt. Sie können über eine der Suchmaschinen den Namen der Organisation eingeben, über die Sie mehr herausfinden wollen. Schauen Sie, was dann passiert. Sie werden merken, dass das Internet mehr bietet als schriftliche Quellen, wenn es eine kleine Firma ist, nach der Sie suchen.

Recherche-Methode Nr. 3:
Printinformationen

Das Unternehmen selbst kann Ihnen vielleicht schriftliche Informationen zur Verfügung stellen, die Ihnen Auskunft über die Geschäftsbereiche, die Unternehmensziele und so weiter geben. Vielleicht hat der Geschäftsführer oder der Vorstand Reden gehalten, die schriftlich vorliegen. Zusätzlich gibt es vielleicht Broschüren oder Jahresberichte, die die Organisation oder das Unternehmen über sich selbst herausgebracht hat. Und wie kommen Sie daran? In kleineren Unternehmen ist die Person in der Telefonzentrale Ihr Ansprechpartner. In größeren Organisationen können Sie es bei der Abteilung für Öffentlichkeitsarbeit oder der Personalabteilung versuchen.

Auch Ihre Stadtbibliothek kann Informationen über bestimmte Organisationen haben – in Form von Zeitungsartikeln oder Ähnlichem. Zudem gibt es dort vielleicht Bücher und Nachschlagewerke, in denen Sie Informationen über die Organisation finden können. Das ist wahrscheinlicher, wenn es sich um ein großes Unternehmen handelt, über das Sie Informationen suchen. In diesem Fall ist das Internet oft der bessere Weg, wie ich oben dargestellt habe. Geben Sie beiden eine Chance.

Printmedien und CD-ROM

Es kann sein, dass Sie diese schriftlichen Informationsquellen in Ihrer Stadtbücherei finden. Aber vergessen Sie nicht andere Büchereien, die in Ihrer Nähe sind, wie Universitäts- oder Schulbibliotheken, die Bibliotheken der Industrie- und Handelskammer oder des Arbeitsamts.

Viele öffentliche Bibliotheken haben auch sehr effektive Suchmöglichkeiten mit Hilfe von Computern und können für Sie zu relativ bescheidenen Kosten Berichte über lokale Unternehmen ausgraben, kopieren und Ihnen zusenden. Wenn Sie sich also für eine Organisation oder Firma interessieren, die in einer anderen Stadt ist, sollten Sie mit der nächsten großen öffentlichen Bibliothek vor Ort Kontakt aufnehmen und sehen, was die Bibliothekare für Sie herausfinden können (Bitte schreiben Sie ihnen und bedanken sich danach).

Es lohnt sich manchmal herauszufinden, welche speziellen Bibliotheken es über die öffentlich zugänglichen hinaus an weiteren Orten gibt.

Hierzu gibt es ein Buch: *Spezialbibliotheken in Deutschland*, das im Verlag Boch + Herchen in Bad Honnef verlegt und regelmäßig aktualisiert wird. Auch im Internet gibt es eine Adresse, unter der man verschiedene Bibliothekskataloge finden kann: *www.ubka.uni-karlsruhe.de/hylib/kvk-extern.html*.

Manche der jetzt aufgeführten Bücher sind erschwinglich, so dass Sie sich diese auch anschaffen können, wenn Sie möchten. Aber schauen Sie möglichst vorher kurz hinein. Andere Bücher und Branchenverzeichnisse sind sehr teuer, weshalb Sie Ihre Stadtbücherei nutzen sollten.

Informationen über größere Unternehmen und Organisationen

- *Handbuch der Großunternehmen.* Hier nennen wir die erste einer Reihe von Informationsschriften des Verlags Hoppenstedt in Darmstadt *(www.hoppenstedt.com)*, ein Name, den Sie gleich immer wieder sehen werden. Dieses erste

Buch, ein Klassiker, erscheint jährlich aktualisiert im März, zwei Bände, über 4000 Seiten, es ist auch als CD-ROM erhältlich. Unabhängig von der Branche werden dabei alle Firmen mit über 20 Millionen Mark Umsatz oder 150 Beschäftigten vorgestellt, insgesamt 23 000 Firmen. Der Hoppenstedt enthält Fakten wie die Rechtsform, Entwicklung von Umsatz und Mitarbeiterzahl über die letzten Jahre oder die Namen von Führungskräften. In Printform ist er allerdings wegen der alphabetischen Aufteilung nach Firmensitz etwas umständlich.
- *Hoppenstedt Adressbuch Wirtschaft,* Wilhelm Heyne Verlag. Über 6000 reine Adressen, die nach verschiedenen Bereichen geordnet sind, aber ohne die oben genannten näheren Angaben zu den Unternehmen.
- *Die Top 300 – Die 300 wichtigsten Arbeitgeber für Hochschulabsolventen* aus dem Forum Verlag, 415 Seiten, porträtiert die 300 größten und wichtigsten Unternehmen aller Branchen für Berufseinsteiger. Es bietet einen Überblick über Geschäftsbereiche und Größe des Unternehmens, Firmengeschichte und Entwicklungsperspektiven.
- *Der Deutsche Maschinen- und Anlagenbau,* Hoppenstedt Verlag. Erscheint jährlich zweisprachig (englisch/deutsch) im März, 700 Seiten, auch als Buch-CD erhältlich. Die Mitgliedsfirmen des VDMA (Verband Deutscher Maschinen- und Anlagenbau) und seiner Arbeitsgemeinschaften, insgesamt rund 3100 Unternehmen, werden ausführlich vorgestellt.
- *Wer liefert was?,* Wer liefert was? GmbH, Hamburg. Buchausgabe in 6 Bänden mit Informationen zu Produkten und Dienstleistungen von 290 000 internationalen Unternehmen; auch als CD-Rom und im Internet.
- *SEIBT Industriekatalog,* Hoppenstedt Verlag. Erscheint jährlich im Juli, 2 200 Seiten, auch online und auf CD-ROM. Klassiker als Industrie-Nachschlagewerk für Adressen aus dem Investitionsgüterbereich.
- *Verbände, Behörden, Organisationen der Wirtschaft, Deutschland und Europa,* Hoppenstedt Verlag. Erscheint jährlich im Juli, 1 600 Seiten, auch als Buch-CD erhältlich, 30 000 Einträge.
- *Verzeichnis der deutschen Stiftungen,* Hoppenstedt Verlag. Erscheint alle drei Jahre im März, 1 100 Seiten. Fast 6 500 Stiftungsporträts, herausgegeben vom Bundesverband Deutscher Stiftungen e. V.
- Oeckl, Albert, *Taschenbuch des öffentlichen Lebens,* Festland Verlag in Bonn, mit allen wichtigen Adressen, jährlich neue Ausgaben für Deutschland oder Europa.
- *Companies & Sectors* (früher: *Handbuch der deutschen Aktiengesellschaften*), Hoppenstedt Verlag, 5 500 Seiten. Beschreibt die Top-Unternehmen in Deutschland, alle börsennotierten Gesellschaften, alle nicht notierten Aktiengesellschaf-

ten mit mehr als 5 Millionen Mark Umsatz oder Bilanzsumme, alle publizierenden Firmen anderer Rechtsformen aus Handel, Industrie und Dienstleistung mit mehr als 400 Millionen Mark Umsatz oder Bilanzsumme.
- *Versicherungs-Jahrbuch*, Hoppenstedt Verlag. Erscheint jährlich im Dezember, rund 1250 Seiten. Unternehmensbilder von 530 Versicherungen.
- *Banken-Jahrbuch, Hoppenstedt Verlag. Erscheint jährlich im Dezember,* 1600 Seiten. Umfangreiche Berichte über die größten am deutschen Markt tätigen Unternehmen der Kreditwirtschaft mit 1400 Firmenprofilen.
- *Who's Top in (European) Commerce and Industry* von Michael C. Wockel, Buchvertrieb Wockel. Informiert über Unternehmen aus Wirtschaft, Industrie und entsprechende Verbände sowie über deren Entscheidungsträger.
- *Die 100 größten Unternehmen auf Diskette*, FAZ, erscheint jährlich. Informationen über mehr als 400 deutsche Unternehmen und die größten Unternehmen Europas.
- Für Österreich gibt es ebenfalls eine Niederlassung des Verlags Hoppenstedt in Wien. *Große und mittelständische Unternehmen in Österreich* als Nachschlagewerk in zwei Bänden mit über 1800 Seiten, als CD-ROM oder online unter *www.hoppenstedt.co.at*. Es enthält Informationen über die 12 000 größten Unternehmen in Österreich und wird jährlich überarbeitet.
- Weiterhin gibt es den *Herold – der Firmenalmanach*. Erscheint jährlich in Buchform und auf CD-ROM, im Internet unter *www.gelbeseiten.at*. Hier finden Sie alle Firmen Österreichs, übersichtlich unterteilt nach Branchen und Namen.
- Das Pendant zum Hoppenstedt Verlag ist in der Schweiz der Kompass Verlag in Großwiesen (*www.kompass-verlag.ch*). Hier gibt es folgende Nachschlagewerke: *Kompass Schweiz Firmeninformationen*, auch als CD-ROM, mit mehr als 50 000 Unternehmen; *Kompass Produkte/Dienstleistungen* als Lieferantennachweis von über 25 000 Produkten und Dienstleistungen; *Kompass Kader*, auch als CD-ROM, über Führungskräfte; *Kompass Schweiz Branchenauszüge* in acht Bänden mit detaillierten Informationen aus allen Branchen.

Informationen über kleinere Unternehmen und Organisationen

- *Gelbe Seiten*, DeTeMedien, als regionale Buchausgaben oder als Deutschland-Version, einsehbar in bestimmten großen Postämtern; auch als CD-ROM in unterschiedlichen Versionen, erhältlich in Postämtern oder im Handel.

- *Mittelständische Unternehmen*, Hoppenstedt Verlag. Erscheint jährlich aktualisiert im Oktober, drei Bände, über 5 000 Seiten, auch als Buch-CD erhältlich. Enthält Daten zu mehr als 55 000 Unternehmen des deutschen Mittelstands, weist aber weder Freiberufler noch Kleinunternehmen aus.
- *Das alternative Branchenbuch*, ALTROP Verlags- und Vertriebsgesellschaft für umweltfreundliche Produkte in München. Das umfassende Nachschlagewerk für umweltfreundliche Produkte und Dienstleistungen mit 120 000 Adressen unter 120 Rubriken aus Deutschland, Österreich und der Schweiz, auch als CD-ROM.
- Um an Namen von Firmen zu kommen, sind generell auch Messekataloge sowie insbesondere die *Gelben Seiten* oft sehr hilfreich.

Informationen über Personen

- *Leitende Männer und Frauen in der Wirtschaft*, Hoppenstedt Verlag. Erscheint jährlich im Oktober, über 1 600 Seiten. Über 53 000 Namen von Entscheidungsträgern in den Top-Etagen der deutschen Wirtschaft und Politik, namensalphabetisch erfasst.
- *Wer leitet?*, Hoppenstedt Verlag. Erscheint jährlich im November, über 1 100 Seiten. Informationen zu rund 44 000 Entscheidungsträgern aus der zweiten Führungsebene.
- Es gibt eine Vielzahl von *Who's Who*, von denen wir einige exemplarisch aufführen. Da sie recht kostspielig sind, versuchen Sie es in einer öffentlichen Bibliothek: *Wer ist wer? – Das Deutsche Who's Who, Who's who in Germany* oder *Who is Who in der Bundesrepublik Deutschland*.
- *Trainer + Seminaranbieter + Personalentwickler* im Verlag Heinrich Sadler, Düsseldorf. Mit über 1 400 Seiten ist dieses das umfassendste Handbuch im deutschsprachigen Raum mit Adressen von über 5 400 selbstständigen Personalentwicklern, Trainern und Instituten, 960 davon als Porträts.
- *Managementtrainer* von Sabina Bolender aus dem Campus Verlag in Frankfurt. Stellt die Profile von Trainern in Deutschland, Österreich und der Schweiz vor. Im gleichen Verlag ist von derselben Autorin *PR- und Medienberater* erschienen.
- Über Entscheidungsträger in österreichischen Firmen informiert: *Wer leitet – Die Führungskräfte der österreichischen Wirtschaft*, Hoppenstedt Verlag, mit einem Verzeichnis von über 50 000 Managern, ausschließlich als Buch-CD, erscheint jährlich.

Recherche-Methode Nr. 4:
Informationen von Mitarbeitern der Organisationen

Wenn Sie weder aus Printmedien, noch über das Internet, noch mit Hilfe Ihrer Freunde erfahren haben, was Sie interessiert, können Sie sich auch direkt an das Unternehmen Ihrer Wahl wenden. Dies sind die informellen Gespräche, die wir bereits erwähnt haben. In diesem Zusammenhang muss ich Sie vor einigen Dingen warnen.

- **Seien Sie sich in diesem Stadium Ihrer Jobsuche darüber im Klaren, wie Sie über sich selbst denken.** Sie sind noch nicht auf der Suche nach einem Job und versuchen nicht, dort eingestellt zu werden. Sie sind noch immer auf der Suche nach Informationen, um herauszufinden, ob Sie und das Unternehmen zusammenpassen.
- **Sie müssen zuerst an die Personen im Unternehmen herantreten, deren Aufgabe es ist, Informationen herauszugeben** – die Mitarbeiter am Empfang, in der Abteilung für Öffentlichkeitsarbeit oder im Personalbüro –, bevor Sie irgendjemand anderen in diesem Unternehmen ansprechen. Lassen Sie sich alle Informationen aushändigen, die Sie über die Firma bekommen können und gehen Sie. Sie können noch einmal wiederkommen, wenn Sie »verdaut« haben, was Sie dort an Informationen bekommen haben.
- **Sie müssen alles lesen, was in gedruckter Form über dieses Unternehmen erschienen ist.** Sie sollen niemandem im Unternehmen Fragen stellen, bevor Sie nicht wissen, welche Fragen bereits in gedruckter Form (oder auf der Webseite, falls vorhanden) beantwortet wurden. Lesen Sie das gesamte Material, bevor Sie sie behelligen. Sie sollten auch Büchereien in Ihrer Stadt aufgesucht haben, um zu sehen, welche Informationen über die Organisation Sie dort finden.
- **Dann müssen Sie mit Ihren verbleibenden Fragen an die Mitarbeiter des Unternehmens herantreten, nicht an den Chef persönlich** – es sei denn, der Chef ist der einzige, der Ihnen Ihre Fragen beantworten kann. Es handelt sich um ein informelles Gespräch, nicht um ein Vorstellungsgespräch. Wenn Sie den Chef mit einigen einfachen Fragen behelligen, die Ihnen jemand anders ebenso gut hätte beantworten können, kann dies das vorzeitige Ende Ihrer Stellensuche bedeuten. Chefs haben sinnvollere Dinge zu tun, als ihre knapp bemessene Zeit mit dem Beantwor-

> **Keine faulen Tricks bitte!**
>
> Leider muss ich feststellen, dass es keine ehrliche Technik zur Jobsuche gibt, die nicht von listigen, hinterhältigen Menschen für irgendeine Art Trick missbraucht werden kann. Das ist auch mit den informellen Gesprächen geschehen. Einige Jobsuchende haben gedacht: »Okay, ich weiß, dass ich in diesem Stadium meiner Jobsuche nur nach Informationen suche. Aber wäre das nicht eine gute Gelegenheit, um die Person zu treffen, die die Entscheidung über die Einstellung neuer Mitarbeiter trifft? Ich frage diese Person, ob ich ihre Zeit kurz in Anspruch nehmen darf, behaupte, ich bräuchte nur Informationen, und nagle sie dann auf einen Job fest!«
>
> Für den Fall, dass Sie, wenn auch nur für einen kurzen Moment, versucht sind, ebenfalls einen solchen Trick anzuwenden, lassen Sich mich Ihnen kurz schildern, was ein Arbeitgeber einem solchen Schwindler sagte: »Sie sind hergekommen, um mich um Informationen zu bitten. Und ich habe Ihnen bereitwillig meine Zeit zur Verfügung gestellt. Aber jetzt stelle ich fest, dass Sie in Wirklichkeit einen Job in dieser Firma haben wollen und meinen, dies sei ein schlauer Trick, um einen Fuß in unsere Tür zu bekommen. Sie haben eigentlich nur gelogen. Lassen Sie mich Ihnen etwas sagen. Nach allem, was ich über Ihre Arbeitsweise erfahren habe, würde ich Sie auch dann nicht einstellen, wenn Sie der letzte Mensch auf dieser Erde wären.«
>
> In diesen Zeiten der Rücksichtslosigkeit, der Lügen, Manipulation und Ellbogenmentalität sollen Sie während Ihrer Jobsuche oder Ihres Berufswechsels vor allem ein Musterbeispiel für Integrität, Aufrichtigkeit und Freundlichkeit sein – auch während der Zeit, in der Sie Ihre informellen Gespräche führen. Das ist die Art von Arbeitnehmern, um die Arbeitgeber sich reißen.

ten elementarer Fragen eines Jobsuchenden zu verbringen. Detaillierte Informationen zu diesem Thema finden Sie im Kapitel 7.
- **Wenn Sie in dem Unternehmen, für das Sie sich am meisten interessieren, auf unüberwindliche Hindernisse stoßen, gehen Sie zu einem ähnlichen Unternehmen** – und versuchen Sie auf diese Weise herauszufinden, ob es Regeln und Normen in diesem Tätigkeitsfeld gibt, die auch auf das Unternehmen zutreffen, an dem Sie am meisten interessiert sind.

Recherche-Methode Nr. 5:
Zeitarbeitsfirmen

Viele Jobsuchende und Berufsumsteiger fanden es für die Untersuchung von Organisationen nützlich, sich für kurze Zeit oder befristet durch Zeitarbeitsfirmen dort einsetzen zu lassen. Erstaunlich viele Unternehmen nutzen das Angebot solcher Zeitarbeitsfirmen. Mit Hilfe einer Zeitarbeitsfirma haben Sie also Zugang zu einer großen Anzahl von Unternehmen, in denen Sie sofort mit Ihrer Recherche beginnen können.

Diese Strategie sagt jedoch nicht allen Menschen zu. Einige Jobsuchende und Berufsumsteiger schrecken schon allein vor dem Gedanken zurück, sich bei einer Zeitarbeitsfirma zu bewerben, weil sie sich noch an Zeiten erinnern, in denen diese Arbeitsvermittlungen nur für Sekretärinnen und Bürokräfte zuständig waren. Heute dagegen vermitteln Zeitarbeitsfirmen fast alle Berufsgruppen.

Suchen Sie also in den *Gelben Seiten* nach Zeitarbeitsfirmen, rufen Sie einige dieser Personaldienstleister an, und wenn Sie eine Zeitarbeitsfirma entdeckt haben, die Leute mit Ihren speziellen Fähigkeiten und Erfahrungen einstellt – schließen Sie einen Vertrag und lassen sich von ihnen vermitteln. (Falls sie Sie überhaupt nicht vermitteln, suchen Sie sich eine andere Agentur.) Aber mit ein wenig Glück werden Sie schon innerhalb weniger Wochen die Chance haben, einige Unternehmen von innen kennen zu lernen.

Es kann passieren, dass die Zeitarbeitsfirma Sie nicht gerade an das Unternehmen vermittelt, auf das Sie gehofft haben, aber manchmal können Sie von dort aus Kontakte zu dem eigentlich interessanten Unternehmen herstellen.

Recherche-Methode Nr. 6:
Praktika

Wenn Sie kein Interesse daran haben, sich über eine Vielzahl von Unternehmen zu informieren, weil Ihre Recherche ergeben hat, dass Sie sich vor allem für einen Arbeitgeber interessieren, kann es sinnvoll sein, für einige Wochen ein Praktikum in diesem Unternehmen zu absolvieren.

Dem Unternehmen entstehen dadurch keine oder nur geringe Kosten, und es kann Ihre Tätigkeit jederzeit beenden.

Natürlich wird es Unternehmen geben, die Ihre Anfrage schlicht ablehnen. Andere dagegen werden an Ihrem Angebot interessiert sein. Schließlich bieten Sie ihnen drei nennenswerte Vorteile:

- Sie kosten sie nichts.
- Wenn sich herausstellt, dass Sie nicht für sie geeignet sind, werden sie Sie nicht lange ertragen müssen.
- Es ist leicht für sie, Ihnen zu sagen, dass Sie gehen sollen.

Aber auch Sie haben drei Vorteile, wenn Sie ein Praktikum absolvieren – selbst wenn es nur schlecht oder gar nicht bezahlt wird:

- Sie werden den Arbeitsplatz kennen lernen – und vielleicht beschließen, dass Sie dort niemals wirklich arbeiten wollen.
- Sie geben ihnen die Chance, Sie und Ihre Art zu arbeiten kennen zu lernen, und falls sie Sie mögen, sind sie vielleicht bereit, Sie einzustellen. Ich sage *vielleicht*. Seien Sie nicht enttäuscht, wenn sie zum Abschied nur sagen: »Vielen Dank, dass Sie uns ausgeholfen haben.« Das ist normalerweise der Fall.
- Es ist vor allem für Berufsumsteiger eine geeignete Strategie, selbst wenn sie nicht zur Einstellung führt. Wenn Sie versuchen, in einem neuen Tätigkeitsfeld Fuß zu fassen, wird Ihnen ein Praktikum in diesem Bereich oft zu einem Empfehlungsschreiben verhelfen. Wenn Sie Kontakt zu anderen Unternehmen aufnehmen und gefragt werden, ob Sie bereits Erfahrungen in diesem Tätigkeitsfeld verfügen, können Sie auf Ihre Empfehlungsschreiben verweisen und sagen: »Ja, die habe ich.«

Schicken Sie einen Dankesbrief

Wenn irgendjemand Ihnen während dieser Phase der informellen Gespräche einen Gefallen getan hat, müssen Sie auf jeden Fall direkt am nächsten Tag ein kurzes Dankesschreiben schicken. Ein solches Briefchen bekommt jeder, der Ihnen hilft oder mit Ihnen spricht. Das sind Freunde, Menschen in der fraglichen Organisation, Mitarbeiter der Zeitarbeitsfirma, Sekretärinnen, Empfangsdamen, Bibliothekarinnen, Arbeiter, wer auch immer.

Fragen Sie sie nach ihrer Visitenkarte (wenn sie eine haben) oder bitten Sie sie, ihren Namen und ihre Geschäftsadresse für Sie zu notieren, wenn Sie sie persönlich treffen. Vermeiden Sie es, Namen falsch zu schreiben. Es ist schwierig, dem Klang eines Namens zu entnehmen, wie er geschrieben wird. Wird Schmidt mit »tt« oder mit »dt« geschrieben? Meyer mit »i« oder mit »y«? Wenn Sie sich den Namen geben lassen, lassen Sie ihn sich buchstabieren. Und lassen Sie es mich noch einmal wiederholen: Schreiben Sie einen Dankesbrief noch am selben Abend oder spätestens am nächsten Tag. Eine Woche später verfehlt er seinen Zweck.

Im Idealfall sollte ein Dankesbrief handschriftlich sein, aber falls Ihre Schrift schwer zu lesen ist, sollten Sie auf jeden Fall mit der Maschine schreiben. Zwei oder drei Sätze reichen vollkommen aus. Etwa so:

> Vielen Dank, dass Sie sich gestern Zeit für mich genommen haben. Unser Gespräch hat mir wirklich weiter geholfen. Ich weiß, dass Ihre Zeit knapp bemessen ist, und freue mich deshalb besonders, dass Sie mir die Möglichkeit gegeben haben, einige neue Informationen zu erhalten.
>
> Mit freundlichen Grüßen

Vergessen Sie nicht zu unterschreiben – vor allem, wenn der Brief maschinengeschrieben ist. Maschinengeschriebene Briefe ohne Unterschrift wirken wie eine Wurfsendung und vermitteln den Eindruck, wirklich unpersönlich zu sein. Diesen Eindruck wollen Sie nicht hinterlassen.

Wie Sie sich selbstständig machen

Sie haben viel darüber erfahren, wie Sie Informationen über eine Organisation sammeln, bevor Sie diese davon überzeugen, Sie einzustellen. Doch stellt sich vieles völlig anders dar, wenn es keinen Arbeitgeber gibt, zu dem Sie Kontakt aufnehmen oder den Sie überzeugen müssen, weil Sie beschlossen haben, dass Sie Ihr eigener Chef sein wollen.

Wild Life by John Kovalic, © 1989 Shetland Productions.

Sie haben sich mit Ihren Fähigkeiten und Interessen auseinander gesetzt und festgestellt, dass diese es nahe legen, sich selbstständig zu machen. In diesem Falle gibt es niemanden, den Sie überzeugen müssten. Sie müssen es nur in die Tat umsetzen!

Es kostet eine ganze Menge Mut, etwas Neues auszuprobieren. Es ist jedoch einfacher, wenn Sie die folgenden drei Prinzipien beachten:

- Es besteht immer ein gewisses Risiko, wenn Sie mit etwas Neuem beginnen. Ihre Aufgabe ist nicht, diesem Risiko aus dem Weg zu gehen – das können Sie gar nicht –, sondern sicherzustellen, dass das Risiko zu bewältigen ist.
- Sie finden das heraus, bevor Sie loslegen, indem Sie mit Menschen reden, die schon getan haben, worüber Sie im Moment nachdenken; dann können Sie abschätzen, ob Sie immer noch weitermachen und es versuchen wollen oder nicht. *Überspringen Sie diesen Schritt niemals!*
- Bevor Sie anfangen, sollten Sie schon einen Alternativplan vorbereitet haben, falls es nicht funktioniert; das heißt, dass Sie dann wissen, was Sie als nächstes zu tun haben. Warten Sie nicht! Schreiben Sie es jetzt gleich auf: Das werde ich tun, wenn mein Plan nicht funktioniert: _____

Tipps für ungeduldige Existenzgründer

- **Wenn Sie nicht allein leben, sollten Sie mit Ihrem Lebensgefährten oder Ihrem Ehepartner überlegen, was es für *ihn* bedeuten kann, wenn Sie dieses neue Projekt in Angriff nehmen.** Werden Sie dafür Ihre gemeinsamen Ersparnisse benötigen? Wird er etwas aufgeben müssen? Wenn ja, was? Ist er bereit, diese Opfer zu bringen? Und so weiter.

- **Gehen Sie mit Bedacht vor, wenn Sie können.** Experten sagen: Wenn Sie einen Job haben, geben Sie ihn nicht sofort auf. Es ist viel besser, allmählich in die Selbstständigkeit zu wechseln, die neue Tätigkeit erst nur nach Feierabend auszuüben und weiterhin in dem alten Beruf zu arbeiten. Auf diese Weise können Sie Ihr junges Unternehmen testen, so wie Sie einen neu verlegten Fußboden in einem alten Haus auf seine Stabilität testen würden: indem Sie vorsichtig einen Fuß darauf setzen, ohne gleich Ihr ganzes Gewicht darauf zu verlagern, um zu sehen, ob er tragfähig ist.
- **Entscheiden Sie, ob Sie in einer Branche arbeiten wollen, die Sie bereits kennen.** Vielleicht wollen Sie mit Ihrem eigenen Unternehmen in einem Bereich arbeiten, in dem Sie schon seit Jahren tätig sind – nur für einen Arbeitgeber. Nun wollen Sie es selbst versuchen und als Subunternehmer oder Freiberufler oder als freier Mitarbeiter tätig sein.[11] Sie können auch ein bereits bestehendes Geschäft übernehmen: Bei Hunderttausenden mittelständischen Unternehmen steht in den nächsten Jahren ein Generationswechsel an.
- **Stellen Sie fest, ob Sie in einer Branche arbeiten wollen, in der Sie noch keine Erfahrungen haben.** Experten sagen, dass die meisten neu gegründeten Unternehmen Waren oder Dienstleistungen verkaufen, die für andere Menschen eine Zeitersparnis mit sich bringen: Versandunternehmen, Lieferdienste, Serviceleistungen für Unternehmen oder Privatleute.
Nichts davon sagt Ihnen zu? Dann suchen Sie in Ihrer eigenen Stadt oder Gemeinde und fragen Sie sich, welche Dienstleistungen und Produkte dort schon angeboten werden, die noch verbessert werden könnten. Erstellen Sie eine Liste. Vielleicht gibt es auf dieser Liste etwas, das Sie interessiert. Wenn das der Fall ist, machen Sie sich selbstständig.
- **Stellen Sie fest, ob Sie eine Erfindung gemacht haben, die als Grundlage für Ihr eigenes Unternehmens dienen könnte.** Wenn Sie etwas wirklich Wundervolles erfunden haben – ein Modell oder Prototypen gebaut haben, das irgendwo in einer Schublade oder in der Garage vor sich hindümpelt, aber nie versucht haben, dieses zur Serienreife zu bringen, ist vielleicht jetzt der geeignete Zeitpunkt gekommen. Denken Sie sehr sorgfältig darüber nach, wie Sie Ihr Produkt herstellen, vermarkten und vertreiben wollen.
Es gibt Firmen, die sich darauf spezialisiert haben, Erfindungen gegen

ein Honorar zu vermarkten. Beim Deutschen Patent- und Markenamt in München, *www.patent-und-markenamt.de*, gibt es eine Liste von solchen Verwertern. Einige dieser Anbieter sind allerdings überteuert und bieten oft Knebelverträge an; vor einigen wird sogar explizit gewarnt. Nach Informationen von Patentanwälten verlaufen solche Projekte meist im Sand; viele kleine Erfinder geben aus Frustration bald auf.

Natürlich haben Sie viel bessere Chancen, wenn Sie durch eigene Recherchen herausfinden, wie man eine Erfindung vermarktet. Machen Sie mit Hilfe des Patent- und Markenamtes, das eine kostenlose Erfinderberatung und Informationsbroschüren anbietet, mit Hilfe entsprechender Literatur oder des Internets andere Erfinder ausfindig. Fragen Sie diese, wie es ihnen gelungen ist, ihre eigene Erfindung zu vermarkten. Natürlich werden sie Ihnen als erstes empfehlen, Ihre Erfindung durch ein Copyright, ein eingetragenes Warenzeichen oder ein Patent schützen zu lassen, bevor Sie sich jemand anderem anvertrauen. Bereits mit dem Zeitpunkt der Anmeldung tritt der Schutz in Kraft. Allerdings muss man von da an bis zur Erteilung eines Patents mit (jahre)langen Wartezeiten und Kosten in Höhe von 4000 bis 6000 Mark rechnen. Der »Patentserver« des Bundesministeriums für Bildung und Forschung erläutert, wie man eine Idee schützt. Unter *www.patente.bmbf.de* finden sich Adressen von Ansprechpartnern an deutschen Hochschulen, die Wissenschaftlern und Studenten ehrenamtlich Hilfestellung geben. Auch das Europäische Patentamt in München ist im Internet unter *www.european-patent-office.org* vertreten.

- **Stellen Sie fest, ob Sie gerne zu Hause arbeiten möchten.** Vor dreihundert Jahren hat natürlich fast jeder zu Hause oder auf seinem Bauernhof gearbeitet. Erst nach der industriellen Revolution wurde es üblich, außerhalb der eigenen vier Wände zu arbeiten. In der letzten Zeit jedoch wurde die Idee, zu Hause zu arbeiten, mit neuem Leben erfüllt, nicht zuletzt aufgrund der Entwicklung neuer Technologien. Wenn Sie überlegen, in Ihrem eigenen Haus, Ihrer Eigentums- oder Mietwohnung zu arbeiten, würden Sie zu den Millionen Menschen gehören, die bereits heute auf diese Weise ihr Geld verdienen, und zu den noch zahlreichen Menschen, die daran *denken*, dies zu tun. Allein im Bereich Telearbeit gibt es derzeit bereits 900 000 Arbeitnehmer. Die größten Probleme, die bei der Arbeit zu Hause entstehen können, liegen auf der Hand: Kon-

„Ja, das Unternehmen ist größer geworden, aber Fred zieht es immer noch vor, zu Hause zu arbeiten."

© 1988 by Sidney Harris.

flikte zwischen Beruf und Privatleben oder Störungen. Sie benötigen eine gehörige Portion Selbstdisziplin und Ausdauer, wenn Sie sich für diesen Weg entscheiden.

Das Bundesministerium für Wirtschaft hat zwei kostenlose Broschüren herausgebracht: *Telearbeit – Leitfaden für die Praxis* sowie *Telearbeit – Chancen für neue Arbeitsformen*. Im Internet gibt es unter *www.telejobservice.de* eine Jobbörse für Telearbeit.

- **Stellen Sie fest, ob Sie als Franchise-Nehmer arbeiten möchten.** Franchising-Unternehmen existieren, weil sich Menschen in ein bereits etabliertes Unternehmen einkaufen wollen – und ein wenig Geld gespart haben oder einen Kredit von der Bank bekommen. Glücklicherweise gibt es viele solcher Franchise-Unternehmen. In jeder Bibliothek oder Buchhandlung gibt es Bücher, in denen viele davon aufgeführt sind, auch internationale.

Sie werden erfahren, dass einige Typen von Franchise-Unternehmen viel eher zum Scheitern verurteilt sind als andere, dass Sie einige besser meiden sollten, weil die Lizenz viel zu teuer ist oder nicht das notwendige Maß an Werbung und Unterstützung gewährt wird.

Es gibt kaum ein Buch über Franchising, das Ihnen nicht dringend dazu raten würde, mit Leuten zu reden, die bereits einen Vertrag mit demselben Franchise-Geber abgeschlossen haben, bevor Sie sich zu diesem Schritt entschließen. Wenn Ihnen das, was Sie hören, nicht gefällt, Sie aber dennoch etwas in diesem Bereich suchen, reden Sie mit Franchise-Nehmern, die Konkurrenten sind. Vielleicht ergibt Ihre Recherche, dass dort bestimmte Dinge besser sind.

Wenn Sie Ihre Hausaufgaben nicht beizeiten machen, weil es zu viel Aufwand für Sie bedeutet, aber sich trotzdem dafür entscheiden, den Franchise-Vertrag zu unterschreiben, dürfen Sie sich später nicht wundern, wenn Sie in Schwierigkeiten geraten.

- **Stellen Sie fest, ob Sie Ihr Unternehmen aus dem Cyberspace führen wollen.** Es ist möglich, ein Unternehmen so zu konzipieren, dass Sie es weltweit, beispielsweise von Ihrem Urlaubsort aus, führen können – vorausgesetzt, Sie verfügen über einen Telefonanschluss oder ein Mobiltelefon, ein Faxgerät, E-Mail und einen Internetzugang. Wenn Sie Ihr Unternehmen mit diesen Hilfsmitteln führen können, können Sie überall agieren, weil diese Mittel Ihr Geschäft von einem bestimmten Ort unabhängig machen, genauso wie Ihre Fähigkeiten.
- **Stellen Sie fest, ob der Sitz Ihres Unternehmens an einem bestimmten Ort sein soll.** Vielleicht träumen Sie davon, ein Gestüt zu besitzen und Pferde zu züchten und zu verkaufen. Oder ein Hotel zu führen. Irgendetwas in dieser Art.
- **Unabhängig davon, welches Unternehmen Sie gründen wollen, Sie müssen mit Menschen reden, die schon in diesem Geschäft tätig sind.** Wenn nichts ganz genau passt, zerlegen Sie Ihr Konzept in seine Bestandteile, nehmen zwei auf einmal und recherchieren diese.

Nehmen wir zum Beispiel an, Sie träumten davon – dies ist ein lächerliches Beispiel – Computer zur Überwachung des Wachstums von Pflanzen am Südpol zu nutzen. Und nehmen wir weiter an, dass Sie niemanden finden, der jemals so etwas gemacht hat. Es gibt eine Möglichkeit, dieses scheinbar unüberwindliche Problem zu lösen: Sie nehmen die einzelnen Bestandteile dieses Unternehmens, in diesem Falle Computer, Pflanzen und Südpol, und kombinieren dann jeweils zwei dieser Bestandteile miteinander, um vergleichbare Unternehmen zu finden. In diesem Falle hieße das, dass Sie jemanden finden müssen, der Computer im Zusammenhang mit Pflanzen genutzt hat, oder jemanden, der Computer am Südpol eingesetzt hat, oder jemanden, der am Südpol mit Pflanzen gearbeitet hat. Von diesen ähnlich gearteten Unternehmen können Sie mehr über die Fallstricke erfahren, die auf Sie warten, und wie Sie sie überwinden.

- **Das Geheimnis Ihres Erfolges liegt darin zu lernen, was die Formel A − B = C bedeutet.** Es ist verrückt, wie viele Menschen ein neues Unternehmen gründen, zu Hause oder anderswo, ohne jemals mit irgendjemanden sonst im selben Geschäftsfeld gesprochen zu haben.

Eine Jobsuchende erzählte mir, dass sie ein Geschäft mit handgefertigten Kerzen eröffnet habe, ohne jemals zuvor mit jemandem gesprochen zu haben, der eine ähnliche Geschäftsidee hatte. Ihr Unternehmen ging innerhalb von eineinhalb Jahren zugrunde. Sie schloss daraus: Niemand sollte ein solches Geschäft gründen. Ich schloss daraus: Sie hatte ihre Hausaufgaben nicht gemacht, bevor sie begann.

Damit Sie nicht das gleiche Schicksal ereilt, müssen Sie mit Leuten reden, die ein ähnliches Unternehmen gegründet haben wie das, über das Sie nachdenken. Sie müssen herausfinden, welche Fähigkeiten und welches Fachwissen erforderlich sind, um diese Art von Unternehmen zu führen. Erstellen Sie eine Liste. Wir nennen diese Liste A.

Dann müssen Sie überlegen, welche dieser Fähigkeiten und welches Fachwissen Sie bereits haben. Greifen Sie zu diesem Zweck auf die Bestandsaufnahme zurück, die Sie in diesem und dem vorangegangenen Kapitel gemacht haben. Erstellen Sie eine Liste. Wir nennen diese Liste B.

Dann ziehen Sie B von A ab und erhalten C: Die Fähigkeiten und das Fachwissen, das Sie benötigen, aber nicht haben. Sie müssen sie erlernen oder aber entsprechende Leute einstellen.

An diesem Punkt möchten Sie sicher ein Beispiel für diesen Prozess haben: Unser Jobsuchender ist eine Frau, die bisher für einen Arbeitgeber Harfen baute. Nun möchte sie sich selbstständig machen und die

Wo möchten Sie Ihre Fähigkeiten einsetzen? 199

A − B = C

A ▼	B ▼	C ▼
Fähigkeiten und Fachwissen, die zum erfolgreichen Führen eines solchen Unternehmens erforderlich sind	Fähigkeiten und Fachwissen, über die ich bereits verfüge	Fähigkeiten und Fachwissen, über die ich nicht verfüge, und für die ich einen Freiwilligen oder einen Angestellten finden muss
Präzises Arbeiten mit Werkzeugen und Instrumenten	Präzisionsarbeit mit Werkzeugen und Instrumenten	
Planung und Durchführung eines vollständigen Projektes	Planung und Durchführung eines vollständigen Projektes	
Computerprogrammierung, Erstellen von Programmen, mit denen physikalische Probleme gelöst werden		Computerprogrammierung, Erstellen von Programmen, mit denen physikalische Probleme gelöst werden
Problemlösung: einschätzen, warum ein bestimmtes Design oder ein Prozess nicht funktioniert	Problemlösung: einschätzen, warum ein bestimmtes Design oder ein Prozess nicht funktioniert	
Motivation, Einfallsreichtum, Geduld, Ausdauer, sorgfältiges, methodisches und gründliches Arbeiten	Motivation, Einfallsreichtum, Geduld, Ausdauer, sorgfältiges, methodisches und gründliches Arbeiten	
Umfassendes Wissen in folgenden Bereichen: • Grundlagen der Elektronik • Physikalische Eigenschaften der Saiten • Grundlagen der Schwingungslehre • Materialeigenschaften verschiedener Hölzer • Computerprogrammierung • Buchhaltung	Umfassendes Wissen in folgenden Bereichen: • Physikalische Eigenschaften von Saiten • Grundlagen der Schwingungslehre • Materialeigenschaften verschiedener Hölzer	Umfassendes Wissen in folgenden Bereichen: • Grundagen der Elektronik • Computerprogrammierung • Buchhaltung

Harfen nicht nur zu Hause herstellen, sondern auch mit Hilfe eines Computers selbst entwerfen. Nachdem sie mit zahlreichen Harfenbauern und Harfendesignern gesprochen und ihre Selbsteinschätzung abgeschlossen hat, sah ihre Tabelle unter der Formel A – B = C wie oben aus.

Dank dieser Recherche wurde ihr klar, dass sie sich entweder Kenntnisse in Computerprogrammierung, Grundlagen der Elektronik und in Buchhaltung aneignen oder aber jemanden mit diesen Kenntnissen einstellen muss, wenn sie sich als Harfenbauerin oder -designerin selbstständig machen will. Sie hat folgende Möglichkeiten: sich weiterbilden, Freunde zur Mitarbeit bewegen, oder jemanden auf Teilzeitbasis einstellen.

- **Sie müssen Ihre Recherche mindestens 50 Kilometer von dem Ort entfernt durchführen, an dem Sie Ihr Unternehmen gründen möchten.** Warum in 50 Kilometer Entfernung? Nun, das ist eigentlich der Mindestabstand. Sie wollen Gespräche mit Geschäftsleuten führen, die Ihre Konkurrenten wären, wenn sie in derselben Stadt wären wie Sie. Und wenn sie in derselben Stadt wären wie Sie, würden sie Ihnen sicher nicht bereitwillig erzählen, wie Sie anfangen sollten. Schließlich werden sie Ihnen nicht etwas beibringen, damit Sie ihnen anschließend ein Teil des Kuchens streitig machen können.

Wenn jedoch ein Geschäft 50, besser noch 100 Kilometer weit entfernt ist, werden Sie nicht als Rivale betrachtet, und es ist viel wahrscheinlicher, dass Sie all die Informationen über ihre Erfahrungen bei der Gründung ihres Unternehmens und die möglichen Probleme in diesem Bereich bekommen, die Sie gerne hätten.

Und von welchem Problem werden sie Ihnen am ehesten etwas erzählen? Es ist die Jobsuche. Ich weiß: Sie wollen sich selbstständig machen, damit Sie gerade dieses Problem umgehen können. In technischer Hinsicht trifft das auch zu. In anderer Hinsicht jedoch gerade nicht. In vielen Branchen sind Sie ständig auf der Jagd nach Klienten oder Kunden (betrachten Sie sie als vorübergehende Arbeitgeber). Und das müssen Sie ständig tun.

Wenn das der einzige Aspekt ist, der Sie davon abhalten könnte, Ihr eigenes Unternehmen zu gründen, sollten Sie in Erwägung ziehen, mit jemandem zu kooperieren oder jemanden zu finden, der das für Sie tut – jemand, für den das ein Kinderspiel ist. Es gibt Leute, die so etwas können, Sie müssen sie nur finden und Kontakt zu ihnen aufnehmen. Aber indem Sie die Formel A − B = C beherzigen, können Sie in jeder Branche, in der Sie sich selbstständig machen wollen, erfolgreich sein.

Nützliche Adressen und Informationen im Internet zur Existenzgründung

Wenn Sie sich jetzt sicher sind, dass Sie sich selbstständig machen wollen, finden Sie hier eine Liste von Informationen über verschiedene Aspekte der Selbstständigkeit.

- Die erste umfassend kommentierte Link-Sammlung zu Existenzgründung und Unternehmensführung finden Sie unter *www.gruenderlinx.de*. Selbstständige finden Beratungshilfe, Messetermine, Workshops, Kontaktforen und Portraits von erfolgreichen oder außergewöhnlichen Gründern. Das Web-Angebot ist ein Projekt des Bundesarbeitsministeriums.
- Ein weiteres umfangreiches Angebot finden Sie unter *www.gruenderzeit.de* mit einer Liste von Internet-Verknüpfungen zum Thema Selbstständigkeit.
- Eine Adressenliste aller Technologie- und Gründerzentren erhalten Sie beim ADT – Arbeitsgemeinschaft Deutscher Technologie- und Gründerzentren e. V. in Berlin (*www.adt.online.de*).
- Bundesarbeitsgemeinschaft »Alt hilft Jung e. V.«, Bundesarbeitsgemeinschaft der Wirtschaftsexperten, Bonn (*www.alt-hilft-jung.3d.de*). Fachleute, die aus dem Berufsleben ausgeschieden sind, geben Starthilfe durch Beratung in kaufmännischen, finanziellen und organisatorischen Fragen. Die Hilfe ist ehrenamtlich; im Allgemeinen wird nur ein geringer Unkostenbeitrag pro Beratung verlangt.
- Das Bundesministerium für Wirtschaft (*www.bmwi.de*) hat zahlreiche Schriften herausgegeben, die man über Internet bestellen kann. Man findet auch eine »Förderdatenbank« über die aktuellen Förderprogramme des Bundes, der Länder und der EU für die gewerbliche Wirtschaft.
- Der Bundesverband Junger Unternehmer der ASU e. V. (BJU) in Bonn (*www.bju.de*) bietet ein Netzwerk für Gründer mit Beratung, Vermittlung von Paten und anderes mehr. Man kann sich auch für die Teilnahme an einer Gründerwerkstatt bewerben.
- Beim Bundesverband Deutscher Kapitalbeteiligungsgesellschaften *(www.netit.de/dib)* finden Sie die Deutsche Internet-Beteiligungsbörse, den Online-Marktplatz für Unternehmensbeteiligungen, Beteiligungskapital und Unternehmenskäufe.
- Business Angel Netzwerk Deutschland (BAND) in Berlin (*www.business-angels.de*). Ziel dieser Initiative ist es, Gründer mit Know-how und kapitalkräftigen

Unternehmern zusammenzubringen. Informations- und Kontaktbörse ist das Internet. Die Business Angels finden Sie auch in Wien.
- Deutscher Industrie- und Handelstag (DIHT) in Bonn (*www.diht.de*): Hier kann man Existenzgründungsangebote und- nachfragen nach Region und Branche abrufen und die Adressen aller Industrie- und Handelskammern herausfinden.
- Deutscher Franchise-Verband e. V. (DFV) in München (*www.dfv.de*): Gegen eine Schutzgebühr kann man ein umfangreiches Informationspaket für Franchise-Nehmer und -Geber erhalten.
- Weiterhin zu Franchising: *www.franchise.abc.de*, der Schutzverein der Franchise-Nehmer und Lizenzträger e. V. in Frankfurt am Main, und *www.franchisenet.de* mit 750 Franchise-Gebern aus diversen europäischen Ländern mit Kurzportraits, Adressen von Rechtsberatern und Finanziers sowie der Deutsche Franchise-Nehmer-Verband (*www.dfnv.de*).
- Industrie- und Handelskammern (*www.ihk.de*): Die Adresse Ihrer zuständigen IHK erfahren Sie beim DIHT. Hier gibt es Informationen und Beratung, auch diverse schriftliche Existenzgründungsunterlagen, zum Beispiel: »Wie mache ich mich selbstständig?«
- Die Kreditanstalt für Wiederaufbau (KfW) in Frankfurt am Main (*www.kfw.de*) informiert über Fördermittel und Anlaufstellen und bietet Servicetelefone zu verschiedenen Themen.
- Institut der Deutschen Wirtschaft in Köln (*www.dein.de*) informiert über Existenzgründer-Wettbewerbe, -Börsen und -Bücher, liefert speziell Tipps für Gründerinnen und nennt Anlaufstellen.
- Das Rationalisierungskuratorium der Deutschen Wirtschaft e. V. (RKW) in Eschborn (*www.rkw.de*) bietet eine internationale Kooperationsbörse an.
- Die Wirtschaftsjunioren Deutschland (WJD) in Bonn (*www.wjd.de*) bieten Hilfestellung mit einem umfangreichen Netzwerk von erfahrenen Existenzgründern und nennen Ihnen die Adresse des für Ihren Betriebssitz zuständigen Landesverbands.
- Unter *www.woman.de* sind Kontaktadressen für Frauennetzwerke zu finden.
- Zentralverband des Deutschen Handwerks (ZDH) in Bonn (*www.zdh.de*): Hier können Sie auch die Adresse der zuständigen Handwerkskammer erfahren, die weitergehende Beratung anbietet.

Eine Sammlung von Printinformationen über Selbstständigkeit

- Jürgen Arnhold, *Existenzgründung – von der Idee zum Erfolg*, Verlag Moderne Industrie, 2. Auflage 1997. Sehr detailliert und gut verständlich geschrieben. Umfassend schildert der Autor die einzelnen Schritte der Gründungsphase. Das Buch enthält eine genaue Anleitung für die Erstellung eines schlüssigen Gründungskonzeptes. Darüber hinaus bereitet es den Gründer auf die Gespräche mit Beratern, Behörden, Kreditinstituten und Lieferanten vor und behandelt gründlich alle mit der späteren Organisation des Unternehmens zusammenhängenden Fragen wie Personal, Rechnungswesen und Recht.
- Guido Baranowski und Gerhard Gaetz, *Innovationszentren in Deutschland 1998/1999*, Weidler Buchverlag in Berlin. Hier werden die einzelnen Zentren, ihr Leistungsspektrum und ihr regionales Umfeld akribisch beschrieben. Das Buch gibt auch Einblick in die Organisationsform des jeweiligen Innovationszentrums und dessen Gesellschafter und stellt die Unternehmen samt ihrer Produktionslinien vor, die sich dort bereits häuslich niedergelassen haben.
- Friedrich von Collrepp, *Handbuch Existenzgründung. Ein Ratgeber und Nachschlagewerk für die ersten Schritte in die dauerhaft erfolgreiche berufliche Zukunft*, Schäffer-Poeschel, 1998, auch als CD-ROM. Dieses hilfreiche Handbuch zur Existenzgründung ist Planungsgrundlage und Wegbegleiter zugleich. Es führt durch alle Planungsphasen, gibt Tipps für den Umgang mit Behörden, Banken und Versicherungen und hilft bei der Finanzplanung. Außerdem enthält es aktuelle Kontakt- und Beratungsadressen sowie eine Auflistung aller relevanten Förderprogramme.
- Heinz Diekmann, *Existenz- und Unternehmensgründungen*, Bachem, 1998. Das Buch gibt praktische Planungshilfen zur Vorbereitungs- wie auch zur eigentlichen Gründungs- und Aufbauphase eines Unternehmens. Hierzu werden auf der beiliegenden Diskette 55 Arbeitsblätter angeboten, mit deren Hilfe der angehende Existenzgründer schrittweise und systematisch sein Gründungskonzept umsetzen kann. Eine Zusammenstellung von öffentlichen Finanzierungshilfen, ausgewählte Richtlinien zur Existenzgründung, Antragsformulare sowie ein Anschriftenverzeichnis vervollständigen das Angebot an den Leser.
- Regine Hebestreit und Wolfgang Riederer, *Unternehmen kaufen, pachten, erben. Fragen und Antworten zur Unternehmensnachfolge*, Lexika, 1998, 175 Seiten. Der Ratgeber wendet sich an Unternehmensnachfolger und gibt ausführlich Antwort auf alle auftretenden Fragen.
- Rainer Neuhäuser, *Betriebswirtschaft für Existenzgründer. Kostenrechnung, Finanzierung, Buchführung*, Walhalla, 1997. Dieses Handbuch hilft ganz prak-

tisch, die Finanzen im Griff zu behalten. Mit zahlreichen Tipps und Musterplänen, die für Verhandlungen mit Banken und Kreditgebern nützlich sind.
- Carsten Rasner, Karsten Füser und Werner Faix, *Das Existenzgründer-Buch. Von der Geschäftsidee zum Geschäftsplan*, Verlag Moderne Industrie, 3. Auflage 1998. Dieses Buch zeigt die Marschroute in die erfolgreiche Selbstständigkeit. Von der Geschäftsidee bis zum perfekten Geschäftsplan bietet es in allen Phasen konkrete Hilfestellungen. Diese lassen sich mit Hilfe der beiliegenden Diskette sofort in die Tat umsetzen.
- Ernst Schneider, *Erfolgreich sich selbständig machen. Leitfaden für den richtigen Start*, Lexika, 13. Auflage 1998. Dieser Leitfaden bietet wertvolle Hilfe bei der Analyse von Absatzwegen sowie der Kunden-, Lieferanten-, Produkt- und Personalstruktur. Auch die staatlichen Förderungsmöglichkeiten und Richtlinien werden ausführlich beschrieben. Checklisten erinnern an die wichtigsten Behördengänge. Auch wird aufgezeigt, was bei Personal, Steuern und Versicherungen zu beachten ist.
- Die Volks- und Raiffeisenbanken bieten über ihre Datenbanken über 150 Branchenberichte mit Hintergrundinformationen, einer Beschreibung der Zukunftsaussichten und vielen Hinweisen auf weitere Informationsmöglichkeiten.
- Ernst Wilhelm, *plusminus-Ratgeber Existenzgründung*, Schäffer-Poeschel, 1998. Von der Idee bis zur Gründung erläutert der Autor alle Maßnahmen, die zu einer erfolgreichen Existenzgründung führen. Finanzierung, Buchführung, Standortfragen, Marktchancen und Unternehmensform kommen dabei ebenso zur Sprache wie die richtige Einschätzung der individuellen Stärken und Schwächen.
- Susanne Westphal, *Die erfolgreiche Existenzgründung. Insidertips für alle, die sich selbständig machen wollen*, Campus, 2. Auflage 1998. Ein Buch zum Thema Existenzgründung aus der Feder einer Frau, die es geschafft hat. Vor dem Hintergrund ihrer eigenen Erfahrung informiert Susanne Westphal umfassend über die ersten risikoreichen Schritte, die folgenden kleinen Sprünge und schließlich neuen Wege beim Aufbau eines Unternehmens. Realitätserprobte Tipps zur Existenzgründung von der Ideenfindung über die Finanzierung bis hin zum Franchise-System sowie viele weiterführende Adressen.

Wie Sie Ihren Traum verwirklichen

Ob Sie nun zu den 10 Prozent der Jobsuchenden gehören, die ihr eigenes Unternehmen gründen wollen, oder aber zu den 90 Prozent, denen es genügt, für jemand anders zu arbeiten – halten Sie an Ihrem Traum fest.

Die Idee des »Traumjobs« oder der »Bilderbuchkarriere« ist in der Kultur der neunziger Jahre jämmerlich zugrunde gegangen. In vielen Ländern der Erde schätzen sich die Menschen schon glücklich, wenn sie überhaupt Arbeit haben.

Traumjobs gibt es aber immer noch. Man findet sie entweder mit viel Glück oder indem man beständig und ausdauernd sucht, so wie es in diesem Kapitel beschrieben wird. Genau die richtigen Aufgaben an genau dem richtigen Ort – in Übereinstimmung mit Ihren Fähigkeiten und Interessen. Doch das ist nur der Anfang. Ein Traumjob wird langfristig erhalten und bewahrt durch die Einstellung, die Sie ihm entgegenbringen.

Wir, die wir in Konzentrationslagern lebten, haben noch immer die Männer vor Augen, die durch die Baracken gingen, um anderen Menschen Beistand zu leisten. Sie gaben ihr letztes Stück Brot für andere. Es mögen sehr wenige gewesen sein, aber sie waren ein deutlicher Beweis dafür, dass man einem Mann alles nehmen kann, bis auf eines: die letzte der menschlichen Freiheiten – sich für sein eigenes Verhalten in einer gegebenen Situation zu entscheiden. Victor Frankl

Wenn Sie erwarten, dass Ihr Traumjob von unbegrenzter Dauer ist, dass Sie sich auf Ihren Lorbeeren ausruhen können, in einem überschaubaren Umfeld, belohnt mit Gehaltserhöhungen und Beförderungen, ist die Wahrscheinlichkeit, dass Sie in dieser Arbeitswelt glücklich werden, nicht sehr groß.

Es ist alles eine Frage der Einstellung. Ihre Einstellung hat zu tun mit der Art und Weise, wie Sie handeln, aber darüber hinaus – und das ist viel wesentlicher – auch mit der Art und Weise, wie Sie über Dinge denken. Welche Ansichten tragen also dazu bei, dass aus einem Job ein Traumjob wird?

- **Betrachten Sie jeden Job, den Sie bekommen, als vorübergehend.** Ungefähr 90 Prozent aller Arbeitnehmer sind nicht selbstständig; und auch Sie werden mit großer Wahrscheinlichkeit für jemand anders arbeiten. Wie lange das der Fall ist, hängt von Ihren Arbeitgebern ab und nicht nur von Ihnen. Wenn sie es so wollen, kann Ihre Tätigkeit dort jederzeit und ohne Vorwarnung beendet werden. In einem gewissen Rahmen war das schon immer der Fall, aber heute trifft es noch mehr zu als jemals zuvor – aufgrund der Struktur des heutigen Arbeitsmarktes.

Sie müssen also, wenn Sie Arbeit suchen, denken: »Ich bin eigentlich ein Zeit-Arbeiter. Ich suche einen Job, der im Prinzip nur von begrenzter Dauer ist, dessen genaue Länge ich nicht kenne. Ich muss mental darauf vorbereitet sein, jederzeit erneut mit der Jobsuche zu beginnen.«

Wenn Sie in Ihrem Traumjob arbeiten, müssen Sie jeden einzelnen Tag bewusst wahrnehmen und dafür dankbar sein. Vielleicht ist er es nicht für immer, aber solange Sie ihn haben, kosten Sie es aus und genießen Sie ihn.

- **Betrachten Sie jeden Job, als sei er ein Seminar.** Fast jeder Job verändert sich heute so rasant, dass Sie den Job, nach dem Sie suchen, unausweichlich als Lernerfahrung betrachten sollten. Stellen Sie sich vor, Sie nähmen an einem Seminar teil.

  Wenn Sie daraus Ihren Traumjob machen wollen, müssen Sie mit Begeisterung neue Aufgaben und Methoden erlernen und dies vor Ihrer Einstellung auch dem Arbeitgeber zu verstehen geben. Betonen Sie also, dass Sie sehr schnell und sehr gerne lernen (wenn das der Wahrheit entspricht).

- **Betrachten Sie jeden Job, den Sie bekommen, als ein Abenteuer.** Die meisten Menschen lieben Abenteuer. Ein Abenteuer besteht aus einer Reihe nacheinander stattfindender Ereignisse, die unvorhersehbar sind. Das sind die Jobs von heute! Machtspiele! Ehrgeiz! Gerüchte! Schlechte Entscheidungen! Merkwürdige Allianzen! Verrat! Belohnungen! Plötzliche Biegungen und Wendungen, die niemand vorhersehen konnte, werden sich vor Ihren Augen auftun.

  Wenn Sie aus Ihrem Job einen Traumjob machen wollen, dann müssen Sie dieser Unvorhersehbarkeit mit Mut und Elan begegnen und Begeisterung aufbringen, statt Angst zu haben.

- **Sie müssen in jedem Job, den Sie bekommen, die Befriedigung in der Arbeit selbst suchen.** Trotz der besten Recherche während Ihrer Jobsuche landen Sie vielleicht in einem Unternehmen, in dem Ihre Vorgesetzten die hervorragende Arbeit, die Sie verrichten, nicht anerkennen und Ihnen auf diese Weise den Eindruck vermitteln, man möge und schätze Sie nicht.

  Wenn das hier Ihr Traumjob werden soll, müssen Sie dafür sorgen, dass Ihnen die Arbeit selbst Befriedigung verschafft.

Wie Sie Ihren Traum in mehreren Schritten verwirklichen

Mit diesen vier Einstellungen können Sie Ihren Traumjob nicht nur finden, sondern, was noch wichtiger ist, auch pflegen. Denken Sie aber immer daran, dass Sie einen Traumjob manchmal nur in kleinen Schritten finden können, so wie wir es bereits in dem Abschnitt über Berufswechsel gesehen haben.

Ein Rentner in unserem Bekanntenkreis, der lange Jahre als leitende Führungskraft in einem Verlag gearbeitet hatte, stellte nach seinem 65. Geburtstag fest, dass er sich im Ruhestand nunmehr zu Tode langweilte. Er nahm Kontakt zu einem Geschäftsfreund auf, der entschuldigend sagte: »Wir haben einfach keine freien Stellen, die Ihren Fähigkeiten entsprechen würden; im Moment brauchen wir nur jemanden in der Poststelle.« Der ehemalige Manager sagte: »Ich nehme den Job!« Er bekam die Stelle und arbeitete sich in den folgenden Jahren noch einmal bis ganz nach oben vor, bis er schließlich den Job bekam, den er eigentlich wollte: als Führungskraft in diesem Unternehmen, in dem er seine vielgepriesenen Fähigkeiten noch einige Zeit zum Nutzen des Unternehmens einsetzen konnte. Mit 85 Jahren ging er ein zweites Mal in den Ruhestand – wiederum als leitende Führungskraft.

Es ist erstaunlich, wie oft Leute ihre Träume verwirklichen können, sei es in kleinen Schritten oder auf direktem Wege. Je weniger Abstriche Sie von Ihrem Traum machen, nur weil Sie zu wissen meinen, wie es im wirklichen Leben zugeht, desto wahrscheinlicher ist es, dass Sie finden, wonach Sie suchen.

Die meisten Menschen können ihren Herzenswunsch vor allem deshalb nicht wahr machen, weil sie zunächst nur den halben Traum in die Tat umsetzen wollen – und sich deshalb lediglich mit *halbem Herzen* ans Werk machen.

Wenn Sie entschlossen sind, Ihren Traum vollständig zu verwirklichen, Ihren absoluten Traum, für den Sie sterben würden, dann garantiere ich Ihnen, dass Sie das *aus ganzem Herzen* tun werden. Es ist die Begeisterung, die oft die wirklich erfolgreichen Umsteiger von den erfolglosen unterscheidet.

Ein paar Worte an schüchterne Zeitgenossen

John Crystal[12] beriet häufig schüchterne Menschen. Diese hatten schon bei der Vorstellung Angst, mit fremden Menschen zu reden, von einem Vorstellungsgespräch ganz zu schweigen. Deshalb entwickelte Crystal ein System, um schüchternen Menschen zu helfen. Er schlug ihnen vor, sich schon vor den eigentlichen informellen Gesprächen mit Leuten zu treffen, um sich mit ihnen über irgendetwas zu unterhalten, einfach um sich darin zu üben, mit Menschen zu reden. Tausende von Jobsuchenden und Berufsumsteigern haben seinen Rat in den vergangenen 25 Jahren befolgt und herausgefunden, dass es wirklich hilft. Die Menschen, die seinem Rat folgten, haben sogar mit einer Erfolgsquote von 86 Prozent einen Job gefunden – und zwar nicht irgendeinen Job, sondern den, den sie suchten.

Der Franzose Daniel Porot, Bewerbungsexperte aus Genf, hat John Crystals System übernommen und systematisiert.[13] Er hatte festgestellt, dass Crystal in Wirklichkeit drei Gesprächstypen empfahl: Erstens das Gespräch, das wir gerade erwähnt haben, um Praxis in der Gesprächsführung zu bekommen. Dann die informellen Gespräche. Und schließlich, natürlich, das Vorstellungsgespräch, wenn Sie eingestellt werden möchten. Porot beschloss, diese drei Gesprächstypen als PIE-Methode zu bezeichnen, die seither Tausenden von Jobsuchenden und Berufsumsteigern geholfen hat. Auf den folgenden Seiten finden Sie Porots PIE-Übersicht.

Wie nutzen Sie das P, die Praxisphase, um sich damit vertraut zu machen, sich mit Menschen zu verabreden und mit ihnen von Angesicht zu Angesicht zu unterhalten?

Es gelingt Ihnen, indem Sie ein Thema auswählen – irgendein Thema, wie trivial oder dumm es auch sein mag –, über das Sie sich gerne mit Ihren Freunden oder Ihrer Familie unterhalten. Um Ängste zu vermeiden, sollte es kein Thema sein, das mit Ihrem gegenwärtigen oder zukünftigen Beruf zusammenhängt, den Sie in Erwägung ziehen. Themen, die sich für diese Übung eignen, sind vielmehr:

- Ein Hobby, das Sie lieben, zum Beispiel Skifahren, Bridge, Sport, Computer.
- Irgendetwas, was Sie gerne in Ihrer Freizeit tun, zum Beispiel ein Kinofilm, den Sie sich vor kurzem angesehen haben und der Ihnen gut gefallen hat.
- Etwas, was Sie schon lange neugierig macht, zum Beispiel, wie man das Wetter vorhersagt oder was Polizisten eigentlich tun.

- Irgendetwas in der Stadt oder Gemeinde, in der Sie leben, zum Beispiel eine neue Passage, die dort gerade eröffnet hat.
- Ein soziales Thema, das Ihnen sehr am Herzen liegt, zum Beispiel Obdachlose, Aids-Kranke, Ökologie, Frieden, Gesundheit.

Eine Bedingung sollte jedoch erfüllt sein, wenn Sie das Gesprächsthema auswählen: Es sollte etwas sein, über das Sie gerne mit anderen Menschen reden. Ein Thema, über das Sie nichts wissen, das Sie aber begeistert, ist wesentlich besser als etwas, über das Sie viel wissen, das Sie jedoch zum Gähnen bringt.

Sobald Sie ein Gebiet herausgefunden haben, für das Sie sich begeistern, müssen Sie sich mit jemandem verabreden und unterhalten, der von diesem Thema ebenso angetan ist wie Sie. Damit es ein wirklich gutes Training für Ihre bevorstehende Jobsuche ist, sollte es jemand sein, den

---

Begeisterung

Im Verlauf der Jobsuche oder des Berufswechsels liegt der Schlüssel zum Erfolg bei den Gesprächen nicht darin, ein Dutzend Regeln zu beherzigen, die Ihnen vorschreiben, was Sie sagen sollten.

Nein, das Geheimnis Ihres Erfolges lautet einzig und allein: Vergewissern Sie sich immer, dass Sie über etwas reden, für das Sie sich wirklich begeistern können.

Begeisterung ist der Schlüssel, um Gespräche gern und effektiv zu führen, in jedem Stadium. Die P-Übung lehrt, dass die Schüchternheit ihre Macht und ihre schmerzhafte Befangenheit dann verliert, wenn Sie nur über ein Thema reden, das Sie wirklich lieben.

Wenn Sie zum Beispiel Gärten lieben, werden Sie all Ihre Schüchternheit vergessen, wenn Sie mit jemandem über Gärten und Blumen reden. »Waren Sie schon einmal im botanischen Garten?«

Wenn Sie Filme lieben, werden Sie Ihre Schüchternheit überwinden, sobald Sie über Filme reden: »Ich hasse die Szene, in der sie ...«

Wenn Sie Computer lieben, werden Sie all Ihre Schüchternheit vergessen, wenn Sie mit jemandem über Computer reden: »Arbeiten Sie an einem Mac oder an einem IBM-kompatiblen Rechner?«

Deshalb ist es sehr wichtig, dass es Dinge sind, für die Sie sich begeistern können – zunächst Ihre Hobbys, später, bei den informellen Gesprächen, Ihre Lieblingsfähigkeiten und -themen –, die Sie in diesen Unterhaltungen mit anderen Menschen weiter untersuchen und verfolgen können.

	Abkürzung	Praxisphase **P**	Information **I**	Einstellung **E**
Art des Gesprächs:		Praktisches Einüben von Gesprächen	Informelle Gespräche	Vorstellungsgespräch
Absicht:		Sie gewöhnen sich daran, mit Menschen zu reden bis Sie es gerne tun, und in Netzwerke einzudringen.	Sie finden heraus, ob Sie einen Job mögen, bevor Sie versuchen, ihn zu bekommen.	Sie bemühen sich, eine Anstellung für die Art Arbeit zu finden, für die Sie sich entschieden haben.
Wie Sie zum Gespräch gehen:		Sie können jemanden mitnehmen.	Allein oder zusammen mit jemanden	Allein
Mit wem Sie sprechen:		Mit irgendjemandem, der Ihre Begeisterung für ein Thema teilt, das (für Sie) nichts mit dem Beruf zu tun hat.	Jemand, der genau die Arbeit macht, die Sie für sich in Erwägung ziehen.	Ein Arbeitgeber, der die Macht hat, Sie für den Job einzustellen, den Sie am liebsten hätten.
Um wie viel Zeit Sie bitten:		Zehn Minuten (und überziehen Sie nicht – hilfreich kann ein Termin um 11.50 Uhr sein, weil die meisten Arbeitgeber mittags Arbeitsessen haben).	Zehn Minuten	
Wonach Sie fragen:		Irgendetwas, das Sie über Ihr gemeinsames Hobby oder Interessengebiet erfahren möchten.	Alle Fragen, die Sie zu diesem Job oder dieser Art Arbeit haben.	Sie erzählen ihnen, was Sie an der Organisation mögen und nach welcher Art Arbeit Sie suchen.

Abkürzung	Praxisphase **P**	Information **I**	Einstellung **E**
Wonach Sie fragen (Fortsetzung):	Wenn Ihnen nichts einfällt, fragen Sie: • »Wie sind Sie dazu gekommen?« • »Was begeistert oder interessiert Sie am meisten daran?« • »Was ist das, was Sie am wenigsten daran mögen?« • »Wer interessiert sich Ihres Wissens noch dafür oder könnte mir mehr darüber erzählen?« Wenn Ihnen eine Person genannt wird, fragen Sie: • »Kann ich mich mit ihr treffen?« • »Darf ich erwähnen, dass ich ihren Namen von Ihnen habe?« • »Darf ich mich ausdrücklich auf Sie berufen?« Fragen Sie nach ihrem Namen und ihrer Adresse.	Wenn Ihnen nichts einfällt, fragen Sie: • »Wie sind Sie auf diese Art Arbeit aufmerksam geworden und wie haben Sie Ihren Job bekommen?« • »Was begeistert oder interessiert Sie am meisten daran?« • »Was ist das, was Sie am wenigsten daran mögen?« • »Wen kennen Sie sonst noch, der diese Art Arbeit ausübt, oder eine ähnliche Tätigkeit mit folgendem Unterschied: ...?« • »Mit welcher Art von Herausforderung oder Problemstellungen haben Sie es bei diesem Job zu tun?« • »Welche Fähigkeiten benötigen Sie, um diese Herausforderungen oder Probleme zu bewältigen?« Lassen Sie sich ihren Namen und ihre Adresse geben.	Sie erzählen ihnen: • welchen Herausforderungen Sie sich gerne stellen würden, • welche Fähigkeiten Sie besitzen, um mit diesen Herausforderungen umgehen zu können • welche Erfahrungen Sie im Umgang mit derartigen Herausforderungen in der Vergangenheit gesammelt haben.
Anschließend am Abend desselben Tags	Schicken Sie ein kurzes Dankschreiben	Schicken Sie ein kurzes Dankschreiben	Schicken Sie ein kurzes Dankschreiben

© 1986 Daniel Porot.

Sie noch nicht kennen. Schlagen Sie in den *Gelben Seiten* nach, fragen Sie in Ihrer Familie und im Freundeskreis nach, wer sich gerne über dieses Thema unterhält. Es ist relativ leicht, einen solchen Menschen zu finden.

Unterhalten Sie sich gerne über Wintersport? Versuchen Sie es in einem Sport- oder Skisportfachgeschäft oder fragen Sie einen Skilehrer. Reden Sie gerne über Literatur? Sprechen Sie einen Deutschlehrer an einer nahe gelegenen Schule an.

Sobald Sie jemanden gefunden haben, der vermutlich Ihre Begeisterung teilt, unterhalten Sie sich mit ihm. Wenn Sie Ihrem Gesprächspartner gegenübersitzen, müssen Sie ihm als erstes seine verständliche Angst nehmen. Jeder hat es schon einmal erlebt, dass Besuch zu lange bei ihm war und seine Gastfreundschaft missbraucht hat. Wenn Ihr Gesprächspartner Angst hat, dass Sie zu lange bleiben könnten, wird er so sehr mit seiner Angst beschäftigt sein, dass er Ihnen nicht im Geringsten zuhören wird.

Wenn Sie Ihren Gesprächspartnern zum ersten Mal begegnen, bitten Sie sie um nicht mehr als zehn Minuten ihrer Zeit. Punktum. Und bleiben Sie keinesfalls länger – es sei denn, Ihr Gesprächspartner bittet Sie darum.[14]

Sobald ihr Gesprächspartner zugestimmt und Ihnen die zehn Minuten zugestanden hat, erzählen Sie ihm, warum Sie da sind – dass Sie sich daran gewöhnen wollen mit fremden Menschen zu reden, um Informationen zu erhalten, und dass Sie gemeinsame Interessen haben, nämlich . . .

Und was dann? Nun, ein Thema kann manchmal nur durch bestimmte Fragen vertieft werden. Wenn ich beispielsweise Kinofilme liebe, wäre meine erste Frage: »Welche Filme haben Sie in der letzten Zeit gesehen?« Und so weiter. Wenn es sich um ein Thema handelt, das Sie lieben und über das Sie sich sehr häufig unterhalten, dann wissen Sie, mit welchen Fragen Sie beginnen. Falls Ihnen dennoch keine Fragen einfallen, wie intensiv Sie auch nachdenken, dann finden Sie bei der Praxisphase der PIE-Methode vielleicht einige hilfreiche Sätze, die schon Tausenden von Jobsuchenden und Berufsumsteigern vor Ihnen geholfen haben, egal um welches Thema oder welches Hobby es ging.

Übrigens ist es völlig in Ordnung, wenn Sie sich zu diesen Übungsgesprächen von jemandem begleiten lassen – am besten natürlich von jemandem, der mehr aus sich herausgeht als Sie. Überlassen Sie es während Ihrer ersten Gespräche Ihrer Begleitperson, die Unterhaltung zu führen und beobachten Sie genau, wie sie das tut.

Wenn Sie schließlich an der Reihe sind, das Gespräch zu führen, dann wird es für Sie ein Leichtes sein festzustellen, worüber Sie reden wollen.

Ob allein oder in Begleitung, fahren Sie mit diesen Übungsgesprächen fort, bis Sie sich daran gewöhnt haben, sich mit anderen Menschen zu unterhalten und ihnen Fragen zu Themen zu stellen, die Sie neugierig machen.

Bei all dem ist Spaß der Schlüssel. Wenn Sie Spaß daran haben, machen Sie alles richtig. Wenn Sie keinen Spaß daran haben, müssen Sie weitermachen, bis es Ihnen leichter fällt. Vielleicht müssen Sie sich nur mit vier Leuten unterhalten. Vielleicht mit zehn. Vielleicht aber auch mit zwanzig. Sie werden es herausfinden.

Zusammenfassung

Es gibt keinerlei Beschränkungen bei der Suche nach Informationen darüber, wo Sie gern arbeiten würden (Berufe beziehungsweise Unternehmen, in denen Sie diese Berufe ausüben können), wenn Sie sich mit anderen Menschen unterhalten. Wenn Sie Organisationen finden, die Sie interessieren, ist es egal, ob sie eine freie Stelle haben oder nicht. Es ist in erster Linie wichtig herauszufinden, ob Sie *sie* wollen. Erst wenn Sie sich dafür entschieden haben, ist es angebracht zu fragen, ob sie auch an Ihnen Interesse haben. Darum geht es im nächsten Kapitel.

KAPITEL 7

Wie finden Sie Ihren Traumjob?

Sie sind Idioten. Sie reißen sich Ihren Arsch für nichts und wieder nichts auf und niemand interessiert sich dafür. Sie sind nicht dazu bereit, Zeit zu opfern, um sich über ein Unternehmen zu informieren, für das Sie gerne arbeiten würden. Warum entscheiden Sie nicht endlich, für wen Sie gerne arbeiten würden, und versuchen, dort einen Job zu bekommen?

Albert Shapiro

„Ich sage Ihnen, warum ich diesen Job haben will. Ich löse gern Probleme. Ich suche Herausforderungen. Ich will gefordert werden. Außerdem will ich mein Auto wieder auslösen."

© 1979 by Playboy.

Die drei Schritte zur erfolgreichen Jobsuche oder zum Berufsumstieg: Was, Wo und Wie

Sie haben also entschieden, *welche* Fähigkeiten Sie am liebsten mögen. Und Sie haben sich entschieden, *wo* Sie diese am liebsten einsetzen würden. Nun haben Sie die entscheidende Phase erreicht: *Wie* finden Sie eine solche Stelle? Wie wir in Kapitel 3 gesehen haben, gibt es immer Jobs, aber sie zu finden kann ein langwieriges Unterfangen sein, das viel Aufwand und Mühe erfordert.

Sie müssen mental (und finanziell) darauf vorbereitet sein, dass Ihre Jobsuche um einiges länger dauert, als Sie glauben. Die durchschnittliche Jobsuche dauert in Deutschland etwa 30 Wochen mit starken regionalen Schwankungen. Wie lange Sie letztendlich suchen, ist von einer Vielzahl von Faktoren abhängig – nach welcher Art von Job Sie suchen, wo Sie leben, wie alt Sie sind, auf welche Ebene Sie zielen und wie der wirtschaftliche Status der Region beschaffen ist, in der Sie leben.

Mental sollten Sie sich auf eine Suche von achtzehn Wochen oder mehr einstellen. Erfahrene Outplacement-Berater gehen schon lange davon aus, dass die Suche nach einer freien Stelle einen Monat pro 20000 Mark Jahresgehalt dauert.

Sie – als ungeduldiger Jobsuchender – wollen natürlich wissen, wie Sie Ihren neuen Job *schneller* finden können. Okay, hier sind einige Tipps.

Wie
Sie Ihre Suche beschleunigen können

Betrachten Sie Ihre Jobsuche als ganz normalen Vollzeitjob

Arbeiten Sie von 9 bis 17 Uhr. Geben Sie sich nicht der Allerweltsvorstellung hin, Sie seien »arbeitslos«. Sie *haben* eine Vollzeitbeschäftigung (nur ohne Gehalt): Sie sind Jobsuchender oder Berufsumsteiger.

Die Geschwindigkeit, mit der Sie Ihre Jobsuche erfolgreich beenden, verhält sich normalerweise direkt proportional zu der Zeit, die Sie dafür aufwenden. Studien haben den Beweis dafür geliefert, dass zwei Drittel aller Arbeitssuchenden nur fünf Stunden pro Woche (oder weniger) mit der Suche nach einer neuen Stelle zubringen.[15]

Wenn Sie diesen Prozess beschleunigen wollen, müssen Sie 35 Stunden pro Woche aufwenden und an Werktagen von 9 bis 17 Uhr daran arbeiten. Gönnen Sie sich eine Stunde Mittagspause oder Erholung. Damit sollte die Anzahl der Wochen erheblich reduziert werden, die Sie benötigen, um Arbeit zu finden.

Um dies zu verdeutlichen, stellen Sie sich eine Frau vor, die nur 5 Stunden pro Woche mit der Arbeitssuche zubringt und letztendlich 30 Wochen benötigt, bis sie schließlich einen Job findet. Das bedeutet, dass sie für die Suche insgesamt 150 Stunden aufwenden muss.

Nehmen wir an, dass dieselbe Frau noch einmal in die Zeit vor Ihrer Jobsuche zurückversetzt wird, diesmal jedoch in dem Wissen, dass sie für die Suche 150 Stunden benötigen wird. Sie beschließt, sich ihrer Aufgabe 35 Stunden pro Woche zu widmen, um diese 150 Stunden in kürzerer Zeit zu bewältigen. Sie können sich selbst ausrechnen, dass die 150-Stunden-Suche bei ansonsten gleichen Randbedingungen nur wenig mehr als vier Wochen in Anspruch nehmen wird, bevor sie Arbeit findet.[16]

Finden Sie eine Art Unterstützungsteam

Damit Sie während Ihrer Jobsuche nicht ganz auf sich allein gestellt sind, müssen Sie sich ein Unterstützungsteam suchen. Sie werden überrascht sein, wie sehr die Unterstützung anderer Sie motivieren kann, Ihre Jobsuche voranzutreiben. Hier sind mehrere Möglichkeiten, wie ein solches Unterstützungsteam aussehen könnte:

- Ihr Lebensgefährte oder Ehepartner, die Großeltern, Bruder, Schwester oder Ihr bester Freund. Ein wohlmeinender »Vorgesetzter« ist genau das, was Sie brauchen. Jemand, der bereit ist, sich regelmäßig einmal pro Woche mit Ihnen zu treffen, um herauszufinden, was Sie in dieser Woche erledigt haben und der ein ernstes Wörtchen mit Ihnen redet, wenn Sie wenig oder gar nichts getan haben, seit Sie sich das letzte Mal getroffen haben. Sie wünschen sich Verständnis, Sympathie und Disziplin. Wenn Ihr Lebensgefährte, Ihre Großeltern, Bruder, Schwester oder bester Freund Ihnen all das bieten kann, nehmen Sie sie schleunigst in die Pflicht.
- Gruppen, die gemeinsam nach Jobs suchen und die in Ihrer Stadt bereits existieren, zum Beispiel Selbsthilfegruppen in Arbeitslosenzentren oder Seminare, die von den Arbeitsämtern, den Volkshochschulen, einer Universität oder Fachhochschule, der Arbeiterwohlfahrt, den Familienbildungsstätten oder ähnlichen Veranstaltern angeboten werden. Die Wahrscheinlichkeit, dass in Ihrer Stadt oder Gemeinde derartige Hilfestellungen angeboten werden, ist erheblich höher, wenn Sie zu einer Gruppe gehören, die aus irgendeinem Grunde benachteiligt ist, zum Beispiel aufgrund eines besonders niedrigen Einkommens, als Sozialhilfeempfänger, als Jugendlicher oder als Arbeitnehmer, der aufgrund von Restrukturierungsmaßnahmen oder Ähnlichem entlassen worden ist. Erkundigen Sie sich danach.
- Ein Karriereberater in Ihrer Stadt. Ich gebe zu, dass die Idee, einen Karriereberater als Unterstützungsteam zu bezeichnen, nicht gerade na-

he liegt. Aber manche bieten Gruppensitzungen an. Möglicherweise können sie Ihnen auch etwas zu den örtlichen Selbsthilfegruppen sagen. Und auch sie selbst können von unschätzbarem Wert sein. Wenn Sie es sich leisten können, ihre Dienste in Anspruch zu nehmen und keiner der oben ausgeführten Vorschläge Ihnen bisher geholfen hat, dann ist dies eine gute Strategie für den Notfall. Bevor Sie sich für einen Berater entscheiden, sollten Sie jedoch den Anhang B in diesem Buch sehr genau lesen. In diesem Abschnitt erfahren Sie, wie Sie solche Berater finden und wie Sie sie bewerten können.

- Eine Selbsthilfegruppe zur Jobsuche, die noch nicht existiert, aber an deren Aufbau Sie mitwirken können. Einige engagierte Jobsuchende, die keine Gruppe ausfindig machen konnten, haben eine eigene ins Leben gerufen, indem sie eine Anzeige im Stellenteil der Tagespresse geschaltet haben. »Bin auf Jobsuche und möchte Stammtisch mit weiteren Betroffenen zur gegenseitigen Unterstützung und Motivation gründen. Schlage *Durchstarten zum Traumjob* als Arbeitsgrundlage vor.« Um Räumlichkeiten für Ihre regelmäßigen Treffen zu finden, wenden Sie sich an die Kirchengemeinden Ihrer Stadt, an die Arbeiterwohlfahrt, die Familienbildungsstätten oder Volkshochschulen, an die Arbeitsämter oder an Vereine.

Nutzen Sie Ihre Kontakte

Erzählen Sie allen, nach welcher Art von Arbeit Sie suchen, und bitten Sie um Hinweise. Sie brauchen etwa achtzig Augen- und Ohrenpaare, um Ihre Jobsuche zu beschleunigen. Ihre »Kontakte« *sind* Ihre Augen und Ohren.

Die Begriffe »Kontakte« und »Beziehungen« werden häufig missverstanden und lediglich mit »Geschäftskontakten« in Verbindung gebracht. Deshalb behaupten viele Jobsuchende: »Ich habe keine Kontakte.« Oh doch, die haben Sie.

- Sie haben Kontakte zu jedem Menschen, den Sie kennen.
- Alle Familienmitglieder gehören dazu.
- All Ihre Freunde.
- Alle Personen, die in Ihrem Adressbuch stehen.

- Alle Personen, deren E-Mail-Adressen Sie haben.
- Alle Bekannten, denen Sie Weihnachtskarten schicken.
- Alle Mitglieder Ihrer Gemeinde, Ihres Fußballvereins oder Ihres Fitnessclubs.
- Alle Arbeitskollegen, die Sie jemals hatten.
- Jeder Arzt oder im medizinischen Bereich Tätige, zu dem Sie jemals Kontakt hatten.
- Alle, die beruflich mit Ihnen zu tun haben: Mitarbeiter Ihres Friseursalons, Ihres Nagelstudios, Ihres Sonnenstudios und so weiter.
- Alle Menschen, die Sie kennen, weil Sie mit ihnen Sport treiben; Lauf- und Tennispartner, Golfpartner, Mitarbeiter Ihres Fitnessstudios.
- Die Kellner und Kellnerinnen Ihres Lieblingsrestaurants oder Ihrer Stammkneipe.
- Die Mitarbeiter der Supermärkte, in denen Sie regelmäßig einkaufen, der Tankstellenpächter.
- Die Kassierer, Kundenberater und der Direktor Ihrer Bank.
- Alle Menschen, die vor und hinter Ihnen in der Schlange vor der Supermarktkasse oder vor dem Bankschalter stehen.
- Alle Lehrer, Professoren und so weiter, die Sie jemals unterrichtet haben oder die Sie noch erreichen können.
- Alle Leute, die in Ihrem Haushalt oder in Ihrem Mietshaus Reparaturen oder Wartungsarbeiten durchführen.
- Alle Menschen, die Sie von Gruppen, denen Sie angehören, kennen.
- Alle Menschen, die Sie auf Partys kennen gelernt haben.
- Alle Menschen, die Sie während Ihrer Jobsuche kennenlernen und um deren Namen, Adressen und Telefonnummern Sie charmant bitten. (Haben Sie immer so viel Charme, danach zu fragen.)

Erweitern Sie Ihre Kontakte

Es gibt mehrere Möglichkeiten, die Liste Ihrer Ansprechpartner zu erweitern:

- **Besuchen Sie Vorträge.** Einige Jobsuchende haben es sich zur Gewohnheit gemacht, sich am Ende eines Vortrages zu der Menge zu gesellen, die sich um den Redner schart, und – bewaffnet mit einem Notizblock – Fragen zu stellen wie: »Gibt es irgendetwas Besonderes, das Leute mit meinem Fachwissen tun können?« Und hierbei erwähnen Sie Ihre allgemeine Berufsbezeichnung, zum Beispiel: Softwareingenieur, Krankenpfleger, Chemiker, Journalist oder was auch immer. Auf diese Weise können sie sehr hilfreiche Informationen gewinnen. Sie können den Redner danach auch nochmals ansprechen und ihn fragen, ob Sie sich wegen weiterer Informationen noch einmal an ihn wenden dürften – »und unter welcher Adresse (oder Telefonnummer oder E-Mail-Adresse)?«

- **Nehmen Sie an Veranstaltungen in Ihrem gewünschten Tätigkeitsfeld teil.** Diese bieten ebenfalls zahlreiche Gelegenheiten, um Kontakte zu knüpfen. So erzählte mir ein Hochschulabsolvent: »Ich bin in einen Kongress für Werbeagenturen im Privatfernsehen im Frankfurter Hof hineingeraten. Auf diese Weise bin ich zu meinem Job gekommen.«
- **Hinterlassen Sie eine Nachricht auf Ihrem Anrufbeantworter, falls Sie einen haben.** Eine Jobsuchende dachte sich den folgenden Text aus: »Hallo, dies ist der Anschluss von Sandra Meier. Ich habe im Moment keine Arbeit und bin gerade damit beschäftigt, einen Job in der Abrechnungsstelle eines Krankenhauses zu finden. Bitte hinterlassen Sie nach dem Signalton eine Nachricht, und falls Sie mir zufällig Hinweise oder einen Ansprechpartner für die Jobsuche nennen können, sprechen Sie diese zusammen mit Ihrer Telefonnummer auf mein Band. Vielen Dank.«
- **Überlegen Sie, mit welchen Gegenständen oder Geräten Sie gerne arbeiten würden, und schreiben Sie an den Hersteller dieser Geräte oder Gegenstände, um zu erfahren, in welchen Unternehmen in Ihrer Region damit gearbeitet wird.** Wenn Sie beispielsweise gerne an einer bestimmten Maschine arbeiten würden, schreiben Sie an den Hersteller dieser Maschine und fragen Sie nach den Namen der Unternehmen in Ihrer Region, die diese Maschine einsetzen. Oder wenn Sie in einer bestimmten Umgebung arbeiten möchten, überlegen Sie, welches Zubehör in dieser Umgebung benötigt wird. Sagen wir, Sie mögen Dunkelkammern. Überlegen Sie, welche Geräte oder Zubehörteile bestimmter Firmen in Dunkelkammern eingesetzt werden, und nehmen Sie dann Kontakt zu der Vertriebsabteilung einer solchen Firma auf, um zu fragen, wer ihre Kunden sind. Einige Mitarbeiter werden von so einer Anfrage gar nicht begeistert sein, andere werden Ihnen großmütig weiterhelfen und Ihnen auf diese Weise womöglich wertvolle Hinweise geben.

Vielleicht finden Sie es hilfreich, Karteikarten anzulegen, um die Liste Ihrer Ansprechpartner zu erweitern. Schreiben Sie auf jede Karte den Namen, die Adresse und Telefonnummer Ihrer Ansprechpartner und notieren Sie alles, was Sie über ihre Arbeit oder Kontakte in Erfahrung gebracht haben, das Ihnen zu einem späteren Zeitpunkt einmal nützlich sein könnte.

Bringen Sie Ihre Kartei regelmäßig auf den neuesten Stand. Auf diese Weise bleiben Sie mit den achtzig Augen- und Ohrenpaaren in Kontakt, die Sie benötigen, um Ihre Jobsuche zu beschleunigen.

Nehmen Sie Kontakt zu allen Organisationen auf, die Sie interessieren

Kümmern Sie sich nicht darum, ob es dort Ihres Wissens nach eine offene Stelle gibt oder nicht. Wenn Sie bei Ihrer Jobsuche nur auf die Unternehmen setzen, von denen Sie wissen, dass es dort freie Stellen gibt – durch Zeitungsanzeigen oder Stellenausschreibungen im Internet –, dann werden Sie Ihre Suche ins Unendliche verlängern. Freie Positionen entstehen oft in Firmen, lange bevor davon Notiz genommen wird, dass diese freie Position überhaupt existiert.

Besonders wenn Chefs oder Manager daran denken, eine neue Stelle zu schaffen, vergeht meistens viel Zeit, bevor sie diese Absicht in die Tat umsetzen. Wenn Sie ihnen zufällig in dieser Phase über den Weg laufen, bekommen Sie unter Umständen ein »Sie schickt der Himmel« zu hören. Seien Sie immer darauf vorbereitet, ihnen erzählen zu können, was Sie von neunzehn weiteren Menschen unterscheidet, die das Gleiche tun wie Sie. Und lassen Sie sich nicht beirren, wenn Sie zurückgewiesen werden. Wenn sie Ihnen nichts anbieten können, fragen Sie, ob sie sonst jemanden kennen, der möglicherweise Einstellungen vornimmt. Bedanken Sie sich freundlich für jeden Hinweis, den Sie erhalten.

Machen Sie weiter, bis Sie jemanden finden, der Mitarbeiter bei der Firma einstellt, die Ihnen gefällt.

Suchen Sie auch nach kleineren Unternehmen

Suchen Sie besonders nach Unternehmen mit 20 oder weniger Angestellten. Jobsuchende neigen dazu, ihre Suche auf große, bekannte Unternehmen zu beschränken, und wenn sie dort keinen Job finden, davon ausgehen, dass niemand Mitarbeiter einstelle. Einige Jobsuchende lesen tatsächlich nur die Zeitung, und wenn sie lesen, dass große Unternehmen nach Fusionen oder Restrukturierungsmaßnahmen Mitarbeiter entlassen, dann nehmen sie an, dass es um alle Unternehmen so schlecht steht. Das ist ein sehr verbreiteter und sehr kostspieliger Fehler.

Es gibt 3 900 Großunternehmen mit mindestens 500 Beschäftigten in Westdeutschland, was dort nur einem Anteil von 0,3 Prozent aller Unternehmen entspricht. Der Mittelstand mit über einer halben Million aktiven Unternehmen (davon haben nur 57 000 mehr als 50 Mitarbeiter) gilt laut Institut der deutschen Wirtschaft als die »einzige deutsche Jobmaschine«. Während die großen Unternehmen von März 1996 bis März 1998 rund 422 000 Stellen abbauten, schufen mittelständische Betriebe mehr Jobs; allein im Dienstleistungsbereich waren es 416 000. Großbetriebe beschäftigten in Deutschland 1997 nur etwa 18 Prozent mehr Akademiker als zehn Jahre zuvor; bei mittelständischen Betrieben lag im gleichen Zeitraum der Anstieg der Akademiker-Beschäftigung bei 85 Prozent. Trotzdem beabsichtigen noch immer 56 Prozent der Hochschulabsolventen, ihre Karriere in einem Großunternehmen zu starten, nur 21 Prozent möchten ihren Berufsweg in einem Betrieb des Mittelstandes beginnen.

Sie können also Ihre Jobsuche dadurch beschleunigen, dass Sie sich auf kleinere Firmen in Ihrem Tätigkeitsbereich konzentrieren, die in erreichbarer Nähe liegen und 100 oder weniger Mitarbeiter haben. (Ich persönlich würde mit Unternehmen beginnen, die weniger als 20 Mitarbeiter haben.) Sie finden sie, indem Sie in den *Gelben Seiten* nachschlagen.

Suchen Sie insbesondere nach kleineren Unternehmen, die auf dem Weg nach oben zu sein scheinen – und wachsen und expandieren. Sie finden sie, indem Sie den Wirtschaftsteil in Ihrer Tageszeitung lesen und mit möglichst vielen Menschen reden. Sie sollten auch bei der Industrie- und Handelskammer oder im Amt für Wirtschaftsförderung bei der Stadtverwaltung anfragen, um herauszufinden, welche kleinen Unternehmen wachsen und expandieren. Nehmen Sie jedes Unternehmen ins Visier, für das Sie sich interessieren.

Suchen Sie das Unternehmen auf

Schicken Sie nicht einfach nur eine Bewerbung an das Unternehmen, für das Sie sich interessieren; gehen Sie hin. Wenn Sie Ihre Jobsuche beschleunigen wollen, sollten Sie persönlich zu jedem Unternehmen hingehen, für das Sie sich interessieren und das vielleicht jemanden mit Ihrer Qualifikation einstellt. Amerikanische Studien haben hierzu interessante Ergebnisse erbracht. 48 Prozent der Jobsuchenden, die direkt zu Arbeitgebern hingingen, fanden hierdurch einen Job, wohingegen dies nur 0,06 Prozent aller Bewerber gelingt, die auf traditionelle Art schriftliche Unterlagen schicken.[17]

Ein Jobsuchender erzählte mir: »Ich bekam meinen ersten wirklichen Job, weil ich zu den Firmen fuhr und fragte, ob sie einen Bauzeichner benötigten. Bei der fünften (und bei weitem nicht letzten) Firma, die ich aufsuchte, bekam ich eine positive Reaktion, konnte schon einige Tage später zum Vorstellungsgespräch kommen und arbeitete dort bereits nach weniger als einer Woche. Ich war überglücklich, genau wie sie, denn ihr bisheriger Bauzeichner hatte an dem Tag gekündigt, als ich dort erschien. Ich arbeitete zwei Jahre dort und erhielt dann über Freunde, die ich an diesem ersten Arbeitsplatz gewonnen hatte, eine weitaus bessere Position.«

Vor allem für Arbeiter stellte sich der direkte Kontakt als die effektivste Methode bei der Jobsuche heraus, selbst wenn sie keinerlei Kontakte oder konkreten Hinweise auf freie Stellen hatten. Auch wenn die Vorgehensweise im deutschsprachigen Raum (noch) eher unüblich ist, ist sie vielleicht doch einen Versuch wert – es gibt auch hierzulande erfolgreiche Beispiele für diese Methode. Natürlich erfordert sie ein wenig Mut, denn oft bedeutet sie, das Ablehnungstrauma unter Umständen sehr direkt und nicht so anonym wie bei schriftlichen Absagen zu erleiden. Dennoch: Sie haben nichts zu verlieren – aber viel zu gewinnen!

Suchen Sie pro Werktag mindestens zwei Unternehmen persönlich auf

Die bereits genannten amerikanischen Untersuchungen haben gezeigt, dass Jobsuchende mit durchschnittlich sechs Arbeitgebern pro Monat Kontakt aufnehmen. Das sind etwas mehr als einer pro Woche. Sie haben auch herausgefunden, dass die Jobsuche bis zu einem Jahr andauerte, wenn der Jobsuchende zwei Arbeitgeber pro Woche aufsuchte. Wenn es zehn Arbeitgeber pro Woche waren, wurde die Suche innerhalb von sechs Monaten oder weniger erfolgreich beendet. Und bei zwanzig Arbeitgebern pro Woche schrumpfte die Suchphase auf 90 Tage oder weniger. Je mehr Aktivitäten gestartet wurden, desto kürzer dauerte die Arbeitslosigkeit an. So konnte Daniel Porot in seinen Kursen für Arbeitslose in der französischsprachigen Schweiz die Effektivität der Jobsuche deutlich erhöhen und so eine durchschnittliche Verkürzung der Dauer von Arbeitslosigkeit um ein Drittel erreichen.

Ringen Sie sich also dazu durch, zwei Arbeitgeber pro Tag aufzusuchen, einen morgens, einen am Nachmittag (mindestens). Tun Sie das, so lange Ihre Arbeitssuche dauert (ob Wochen oder Monate). Auf diese Weise werden Sie die Länge Ihrer Jobsuche erheblich verkürzen können.

Wenn alle anderen Bemühungen fehlschlagen, greifen Sie zum Telefon

Wenn Sie alle anderen Möglichkeiten zur Beschleunigung Ihrer Jobsuche ausgeschöpft haben und damit keinen Erfolg hatten, greifen Sie zum Telefonhörer.[18]

Der Vorschlag der Strategieexperten lautet: Rufen Sie nacheinander jedes Unternehmen, jede Organisation an, die Sie in den *Gelben Seiten* finden und die Ihnen interessant erscheinen, und fragen Sie, ob sie Mitarbeiter mit Ihrer Qualifikation einstellen. Rufen Sie 100 bis 200 Unternehmen pro Tag an! Die Chance, dass Sie auf diese Weise etwas finden, beträgt beinahe 100 Prozent, schon allein aufgrund der hohen Anzahl der Telefongespräche.

Ich selbst ziehe eine persönliche Kontaktaufnahme Anrufen bei weitem vor. Aber wenn keine andere Methode greift und Sie die Sache mit letzter Verzweiflung beschleunigen wollen, dann kann sich das Telefonieren auszahlen. Natürlich müssen Sie zuvor Ihre Abneigung gegen die Vorstellung, per Telefon um etwas zu bitten, überwinden – die meisten Leute hassen es, am Telefon als Bittsteller aufzutreten (erst recht, solche Anrufe zu erhalten). Aber dies ist im Interesse Ihrer eigenen Jobsuche, hier geht es nicht darum, etwas zu verkaufen.

Sie machen es folgendermaßen, wie mir erfahrene Jobsuchende verraten haben:

- Planen Sie, wie viele Anrufe pro Tag Sie tätigen wollen und halten Sie an diesem Ziel fest. Einige Experten raten, bis zu 200 Anrufe pro Tag zu absolvieren. Andere empfehlen eine geringere Anzahl, dafür aber nur bei Unternehmen, für die Sie sich wirklich interessieren, und nur nach vorheriger sorgfältiger Recherche.
- Stehen Sie auf, wenn Sie telefonieren. Ihre Stimme ist dann kräftiger.

- Stellen Sie einen Spiegel in Augenhöhe vor sich, so dass Sie sich beim Telefonieren beobachten und sehen können, ob Sie beim Reden lächeln.
- Wenn Sie nur wenige Anrufe tätigen wollen, rufen Sie vor 8 Uhr morgens, kurz vor 12 Uhr mittags oder nach 17 Uhr an. Wenn Sie mit Führungskräften sprechen wollen und wenn diese sehr beschäftigt sind, sind sie mit großer Wahrscheinlichkeit zu diesen Zeiten anzutreffen, ohne dass eine Sekretärin Sie abfangen könnte. Wenn Sie natürlich 100 oder 200 Telefonanrufe pro Tag durchzuführen versuchen, können Sie diese Regel vergessen.
- Wenn jemand am anderen Ende der Leitung abhebt, fragen Sie nach dem Geschäftsführer. In kleineren Firmen ist das der geeignete Ansprechpartner, weil er über geplante Stellenbesetzungen Bescheid weiß.
- Wenn Ihnen jemand empfohlen hat, diese Person anzurufen, dann nennen Sie den Namen als Referenz. Etwa so: »Guten Tag, Ihr Name wurde mir von … genannt.« Sie können das Gespräch auch beginnen, indem Sie auf eine Gemeinsamkeit zwischen Ihnen und dem Angerufenen hinweisen: »Ich habe gerade gelesen, dass Sie … und ich zufällig … auch.« (Zum Beispiel: »Ich habe gehört, Sie sind aus Bayern, und zufällig bin ich auch dort aufgewachsen.«) Wenn Sie keine Parallele finden, erfinden Sie keine!
- Versuchen Sie, Ihre kleine Rede auf fünfzehn Sekunden oder weniger zu beschränken. Wenn sich Ihr Ansprechpartner meldet, sprechen Sie ihn mit Namen an, stellen Sie sich namentlich vor und erwähnen Sie kurz (in einem Satz) Ihre größte persönliche Stärke oder Ihre wichtigste Fähigkeit, geben Sie eine Kurzfassung Ihrer Berufserfahrung und fragen Sie dann, ob es eine *freie Stelle* für jemanden mit Ihren Fähigkeiten und Ihrer Erfahrung gibt. Zum Beispiel: »Ich bin ein erfahrener Schriftsteller, ich habe drei Bücher veröffentlicht und möchte wissen, ob Sie eine *freie Stelle* für jemanden mit meiner Erfahrung haben.« Wenn die Antwort »ja« lautet, vereinbaren Sie einen Vorstellungstermin, wiederholen Sie diesen und wiederholen Sie auch Ihren Namen noch einmal. Lautet die Antwort »nein«, fragen Sie, ob Ihr Gesprächspartner jemanden kennt, der Mitarbeiter mit Ihrem beruflichen Hintergrund einstellt.[19]
- Schreiben Sie all dies vorher auf. Bevor Sie Ihren Anruf tätigen, notieren Sie sich das Ziel Ihres Anrufes und die wichtigsten Punkte, die Sie während Ihrer Unterhaltung erwähnen wollen. Schreiben Sie den ganzen Satz Wort für Wort auf. Das ist Ihr Skript, versuchen Sie nicht zu im-

provisieren. Wenn Sie mit dem Geschäftsführer reden, lesen Sie ganz unverfroren ab, was Sie geschrieben haben – aber versuchen Sie nicht, den Eindruck zu erwecken, als würden Sie ablesen. Üben Sie einige Male, bis Sie das Gefühl haben, dass es natürlich klingt.
- Wenn die Unterhaltung länger als eine Minute dauert, geben Sie weitere Highlights über sich preis: Wenn Sie beispielsweise Artikel für die Tageszeitung verfasst haben oder sich ehrenamtlich betätigen, lassen Sie das in Ihre Unterhaltung einfließen.
- Gehen Sie angemessen auf Ablehnung oder Einwände des Gesprächspartners ein. Versuchen Sie folgendermaßen zu antworten: »Ich verstehe ...« – »Ich kann Ihren Standpunkt nachvollziehen ...« – »Ich sehe ein, dass ...« – »Natürlich! Jedoch ...«
- Bedanken Sie sich, bevor Sie auflegen, unabhängig vom Erfolg dieses Gesprächs.

Überlegen Sie sich Alternativen zu Ihrem Traumjob

Um Ihre Jobsuche zu beschleunigen, sollten Sie auch dazu bereit sein, andere Arten von Jobs ins Auge zu fassen: Vollzeitjobs, Teilzeitjobs, unbefristete Jobs, zeitlich befristete Jobs, selbstständige ebenso wie nichtselbstständige Arbeit usw. Aus befristeten Jobs werden oft unbefristete, wenn man mit der Qualität Ihrer Arbeit zufrieden ist.

Legen Sie sich nicht nur auf eine Organisation fest

Versuchen Sie es bei mehreren Unternehmen und Organisationen. Eine Firma mag sich von allen anderen abheben, ein Chef so wunderbar sein, dass Sie Ihr Leben dafür geben würden, für ihn zu arbeiten. Dort einen Job zu bekommen, wäre der Traum Ihres Lebens.

Nun, vielleicht wird Ihr Traum wahr. Aber was tun Sie, wenn Ihnen das nicht gelingt? Wenn Sie Ihre Jobsuche beschleunigen wollen, müssen Sie sofort Alternativen haben – nicht erst, wenn Ihr großes Ziel sich in drei Monaten als Sackgasse erweist. Sie müssen mit mehr als einem Unternehmen Kontakt aufnehmen (ich schlage mindestens fünf vor).

Ich habe ein Vierteljahrhundert lang erfolgreiche und erfolglose Arbeitssuchende untersucht, und die bedeutendste Erfahrung, die ich gemacht habe, lautet, dass erfolgreiche Jobsuchende *immer Alternativen haben*. Alternative Beschreibungen dessen, was sie tun möchten. Alternative Wege bei der Jobsuche (nicht nur über Bewerbungen auf Stellenangebote und Jobvermittlung). Alternative Jobaussichten. Alternative Organisationen. Alternative Wege, um an Arbeitgeber heranzutreten. Und so weiter, und so fort.

Wenn Sie Ihre Jobsuche also beschleunigen wollen, stellen Sie sicher, dass Sie sich um mehr als einen Arbeitgeber gleichzeitig bemühen.

Geben Sie nicht auf

Selbst wenn all Ihre Bemühungen, Ihre Jobsuche zu beschleunigen, sich nicht auszuzahlen scheinen: Geben Sie nicht auf! Ein Drittel aller Jobsuchenden ist deshalb erfolglos, weil sie ihre Suche vorzeitig aufgeben. Und wenn man sie fragt, warum sie aufgegeben haben, sagen sie: »Ich habe nicht geglaubt, dass es so schwierig sein würde; ich habe nicht geglaubt, dass es so lange dauern würde.«

Mit anderen Worten: Was so viele Jobsuchende fertig macht, ist irgendeine unausgesprochene mentale Formel in unserem Kopf, die etwa folgendermaßen lautet: »Ich erwarte, dass ich nach etwa 30 Anrufen, 15 persönlichen Gesprächen und drei Vorstellungsgesprächen einen Job finden werde.« Wir beginnen mit unserer Jobsuche, erfüllen oder überschreiten dieses Soll und geben dann auf. Lassen Sie nicht zu, dass Ihnen so etwas passiert.

Machen Sie weiter, bis Sie einen Job gefunden haben. Beharrlichkeit ist der Schlüssel zum Erfolg. Beharrlichkeit heißt, dass Sie dazu bereit sind, die Unternehmen mehrmals aufzusuchen, die Sie besonders interessieren, zumindest einige Male in den folgenden Monaten, um zu sehen, ob sich die Einstellungssituation dort verbessert hat.

Eine Sache, die jeder Mensch im Leben vor allem braucht, ist Hoffnung, und Hoffnung lebt von Beharrlichkeit.

Wie
gelangen Sie in die Unternehmen, deren Türen für Normalsterbliche verschlossen sind?

Hindernisse überwinden

Gut, Sie haben also alles versucht, um Ihre Jobsuche zu beschleunigen, und Sie sind frustriert, weil Sie ein Unternehmen gefunden haben, in dem Sie wirklich gerne arbeiten würden. Aber die Person, mit der Sie einen Termin vereinbaren müssten, um dort eingestellt zu werden, sitzt in einem Büroturm, umgeben von zwanzig Meter hohen Mauern und einem Feuerwall, bewacht von drei Rittern, die bis an die Zähne bewaffnet sind. Und um dorthin vorzudringen, müssten Sie erst ein Sumpfgebiet durchqueren, in dem es von hungrigen Alligatoren nur so wimmelt.

Und nun wollen Sie wissen, wie Sie bei diesem Menschen ein Vorstellungsgespräch erhalten, nicht wahr? Nun, so schwierig, wie es auf den ersten Blick scheint, ist es gar nicht ... wenn Sie wirklich fest dazu entschlossen sind. Hier sind die Regeln:

Finden Sie heraus, wie groß das Unternehmen ist

Die meisten Diskussionen über Vorstellungsgespräche gehen von einer falschen Voraussetzung aus: Sie unterstellen nämlich, dass Sie versuchen, für ein großes Unternehmen zu arbeiten – Sie wissen schon, eines, für das Sie einen Grundriss des Gebäudes brauchen und eine alphabetische Liste der Angestellten – mit einer großen Homepage im Internet. Aber viele Jobsuchende wollen gar nicht für eine solche Krake arbeiten. Ihnen ist ein kleines Unternehmen viel lieber.

Diese Unterscheidung ist sehr wichtig, weil Sie unterschiedliche Techniken einsetzen müssen, je nachdem, ob Sie sich für große oder für kleine Unternehmen interessieren.

Ein kleines Unternehmen bietet viele Vorteile

Wir haben bereits an anderer Stelle gesagt, dass Jobsuchende gut beraten sind, sich auf kleinere Unternehmen zu konzentrieren. Zu diesem Thema gibt es aber noch mehr zu sagen.

Aus der Perspektive eines Jobsuchenden haben kleinere Unternehmen gegenüber großen fünf entscheidende Vorteile:

- In einer kleinen Firma **müssen Sie nicht warten, bis es dort eine bekanntermaßen freie Position gibt, weil sie freie Stellen oft gar nicht in die Zeitung setzen, selbst dann, wenn es sie gibt.** Sie gehen einfach hin und fragen, ob dort jemand mit Ihren Fähigkeiten und Ihrem Fachwissen gebraucht wird.
- In einer kleinen Firma gibt es **keine Personalabteilung, die Ihre Bewerbung aussortiert.** Nur relativ wenige Unternehmen haben solche Abteilungen, kleinere Firmen gehören üblicherweise zu den zahlreichen, die keine haben.
- Bei kleinen Unternehmen haben Sie **keine Schwierigkeiten, herauszufinden, wer über Ihre Einstellung entscheiden kann.** Es ist der Chef. Alle Mitarbeiter wissen, wer das ist. Sie weisen einfach auf die Tür, die zum Büro des Chefs führt. Wir können das als das »Eine-Minute-Recherche-Projekt« bezeichnen.
- Zu einer kleineren Firma **müssen Sie Ihren ersten Kontakt nicht auf postalischem Weg herstellen.** Der Chef ist für Sie wesentlich besser erreichbar. Selbst wenn er von seinen Mitarbeitern besonders gut abgeschirmt wird, ist es immer noch relativ leicht, herauszufinden, wie Sie das umgehen. Sie brauchen nur die entsprechenden Beziehungen, wie wir noch sehen werden.
- In einem kleinen Unternehmen ist die **Wahrscheinlichkeit größer, dass man dazu bereit ist, eine neue Position zu schaffen,** sofern Sie sie in aller Bescheidenheit davon überzeugen können, dass Sie zu gut sind, um Sie einfach wieder gehen zu lassen.

Über diese fünf Vorteile hinaus sollten Sie wissen, dass kleine Unternehmen oft wahre Jobmaschinen sind: Sie stellen 80 Prozent aller privaten Unternehmen dar, beschäftigen ein Viertel aller Arbeitnehmer in der Privatwirtschaft und schaffen zwei Drittel aller neuen Arbeitsplätze. Sie werden verstehen, warum viele Jobsuchexperten sagen: Versuchen Sie es bei mittelständischen und kleinen Unternehmen – vor allem, wenn Sie sich vorher um große Unternehmen bemüht haben und erfolglos waren. Sie können auf diese Weise mit einem Schlag zahlreiche Hindernisse überwinden.

In ein großes Unternehmen hineinzukommen, erfordert einen Plan

Es sind die großen Unternehmen, bei denen es sich als schwierig erweist, einen Fuß in die Tür zu bekommen. Die Probleme fangen bei solchen Giganten damit an, Termine für Vorstellungsgespräche zu vereinbaren, nicht zuletzt, weil viele der großen Konzerne keine neuen Arbeitsplätze schaffen – sie sind viel zu sehr mit Restrukturierungsmaßnahmen, Fusionen und Übernahmen beschäftigt, wodurch Tausende von Mitarbeitern freigesetzt werden.

Wenn Sie sich schriftlich an ein solches Unternehmen wenden, dann wird man Ihnen mit großer Wahrscheinlichkeit eine freundliche, aber bestimmte Absage erteilen, sofern Sie überhaupt eine Antwort erhalten. Und wenn Sie persönlich dort erscheinen, wird man Sie mit großer Wahrscheinlichkeit an die Personalabteilung verweisen, deren Aufgabe es nur allzu oft ist, Sie abzuweisen. Auweia!

Und dennoch gibt es Möglichkeiten, wie Sie es schaffen können. Fangen wir mit den drei grundlegenden Wahrheiten an:

Frank and Ernest by Bob Thaves © 1980 NEA, Inc.

- Sie wollen mehr als nur das Gebäude betreten. **Sie wollen eine ganz bestimmte Person in diesem Gebäude treffen, und zwar die Person, die die Macht hat, Sie einzustellen und Ihnen den Job zu geben, für den Sie sich interessieren.** Die meisten Jobsuchenden *versuchen* noch nicht einmal, herauszufinden, wer diese Person ist, bevor sie Kontakt zu einem großen Unternehmen aufnehmen.

  Stattdessen verhalten sie sich plan- und ziellos und schicken ihre Bewerbungsunterlagen mit einem Begleitschreiben versehen (oder gleichzeitig mit einer Bewerbung per Internet) an das Unternehmen, in der Hoffnung, dass es zufällig auf dem »richtigen« Schreibtisch landen wird.

  In den meisten Fällen funktioniert das nicht. Die Bewerbung fällt dem »Auswahlkomitee« in die Hände, und es dauert nur acht Sekunden (nach einer wissenschaftlichen Untersuchung), bis man sich einen Überblick über Ihre Bewerbung verschafft und Sie abgelehnt hat.

  Wenn Sie erfolgreich sein wollen, müssen Sie vorher herausfinden, wer über Ihre Einstellung entscheidet.

- **Sie wollen einen Gesprächstermin mit der Person, die die Macht hat, Sie einzustellen, über persönliche Kontakte, und nicht durch eine Bewerbung.** Sobald Sie herausgefunden haben, wer in dem Unternehmen über Ihre Einstellung entscheiden kann, müssen Sie herausfinden, ob Sie gemeinsame Bekannte haben, die Ihnen zu einem Termin dort verhelfen könnten. Genau diese Vermittler sind es, die ich an früherer Stelle als »Kontakte« bezeichnet habe. Auf diese Weise wird die Person, die die Macht hat, Sie einzustellen, einen Termin mit Ihnen vereinbaren, weil Ihr gemeinsamer Bekannter die Verabredung arrangiert und Sie empfohlen hat. Es ist erstaunlich, wie oft dieser Ansatz funktioniert – die Erfolgsquote für ein Vorstellungsgespräch und in der Folge für einen Job liegt bei 86 Prozent, selbst bei Unternehmen, deren Türen für Normalsterbliche verschlossen sind.

  Doch lassen Sie uns über die 14 Prozent aller Fälle reden, bei denen dieser Ansatz nicht funktioniert. Sie werden sicher wütend sein, wenn Sie trotz der Empfehlungen in diesem Kapitel keinen Termin haben vereinbaren können.

  Aber – wenn ich Ihnen eine Frage stellen dürfte: Warum wollen Sie für einen solchen Menschen arbeiten? Ich meine, abgesehen davon, dass Sie es sehr persönlich nehmen, dass die Alarmglocke in Ihrem Kopf ständig schrillt: »*Abgelehnt! Abgelehnt! Abgelehnt!*« Aber halten Sie einen Au-

genblick lang inne und denken Sie nach: Hat man Ihnen (mit diesem Verhalten) nicht vor Augen geführt, auf welche Art man dort mit gewissen Dingen verfährt? Und ist es nicht an der Zeit, nach dieser Erfahrung noch einmal zu überlegen, ob Sie wirklich in einem Unternehmen arbeiten wollen, das so gut bewacht, so uneinnehmbar, so wenig kundenfreundlich ist?
- **Allerdings kann nach dem Vorstellungsgespräch bei dem Menschen, der die Macht hat, Sie einzustellen, Ihre schriftliche Bewerbung nützlich sein.** Es gibt ein altes Sprichwort bei der kreativen Minderheit: »Eine Bewerbung ist etwas, das man hinterlässt, nicht etwas, das einem vorauseilt.«

Das heißt, es kann sinnvoll sein, Ihrem Gesprächspartner spätestens einen Tag nach dem Vorstellungsgespräch Ihre Bewerbung zukommen zu lassen. Der Grund? Sie hilft dem Arbeitgeber, sich zu erinnern. Vielleicht war sein Terminkalender am Tage Ihres Besuches besonders voll und er kann sich am Morgen darauf nur noch dunkel an Sie erinnern. Wenn er dann Ihre Bewerbung zusammen mit einem kurzen Dankesschreiben erhält, wird das seiner Erinnerung auf die Sprünge helfen. Es hilft Ihrem Gesprächspartner auch, weiteren Personen aus der Organisation zu erklären, warum man Sie in Betracht ziehen sollte.

Warum senden Sie Ihre Bewerbung erst am nächsten Tag per Post? Warum geben Sie sie Ihrem Gesprächspartner nicht einfach, wenn Sie gehen? Ganz einfach: Wenn Sie Ihrem Gesprächspartner ehrlich beim Aufbruch sagen: »Ich habe meine Bewerbung nicht bei mir, aber ich werde sie Ihnen bestimmt noch heute abend zusenden«, haben Sie die Möglichkeit, sie zu Hause noch einmal zu überarbeiten (und neu auszudrucken). Sie können dann Ihre Fähigkeiten und Ihr Fachwissen nochmals speziell hervorheben, an denen das Unternehmen, wie Sie nach dem Vorstellungsgespräch wissen, besonders interessiert ist, damit die Bewerbung ganz genau auf diese Firma zugeschnitten ist.

Schicken Sie Ihre Unterlagen per Post (oder per Fax), jedoch in jedem Falle noch am selben Abend oder spätestens am nächsten Morgen ab. (Und weil Faxe häufig verwischt oder unleserlich sind, reichen Sie vorsichtshalber noch am selben Tag ein Originalexemplar per Post nach.) Natürlich gibt es auch eine Ausnahme von der Regel: »Eine Bewerbung ist etwas, das man hinterlässt, nicht etwas, das einem vorauseilt.« Unter Umständen müssen Sie Ihre Bewerbung vorher einreichen, wenn Sie

Kontakt mit einem Arbeitgeber aufnehmen wollen, der ein paar hundert Kilometer weit entfernt ist. Normalerweise ist das jedoch nicht der geeignete Weg, um bei großen Unternehmen zu landen.

Wie Sie den Namen der Person herausfinden, die über Ihre Einstellung entscheiden kann?

Beharrlichkeit und Ausdauer

Gut, nehmen wir an, Sie interessieren sich für ein großes Unternehmen namens *Traumfabrik*. Und nehmen wir weiter an, dass Sie wissen, welche Art von Position Sie dort gerne bekommen würden. Wie finden Sie den Namen der Person heraus, die die Macht hat, Sie für diese Position einzustellen? Über entsprechende Recherchemöglichkeiten haben Sie bereits im Kapitel 6 ausführliche Informationen erhalten.

Es gibt nur ein kleines Problem. Sie müssen Zeit, Beharrlichkeit und jede Menge Ausdauer mitbringen. Diese Methode ist auf keinen Fall für jedermann geeignet. Allerdings will jeder wissen, wie man die Informationen findet, die zu finden unmöglich erscheinen. Deshalb ist das hier weniger ein Schlachtplan als vielmehr eine Antwort auf Ihre Neugierde. Sie machen es folgendermaßen:

Finden Sie einen Insider in Ihrem Ziel-Unternehmen

Sie wollen als Erstes einen Insider in der *Traumfabrik* finden – nicht unbedingt die Person, die über Ihre Einstellung entscheidet. Einfach irgendjemanden, der dort arbeitet.

Sie versuchen, diesen Insider aufzutreiben, indem Sie alle Leute, die Sie kennen, um Hilfe bitten: »Kennen Sie jemanden, der in der *Traumfabrik* arbeitet oder dort früher einmal gearbeitet hat?« Sie stellen diese Frage immer und immer wieder, Sie fragen jeden, den Sie kennen oder treffen, bis Sie jemanden finden, der Ja sagt. Bingo! Sie haben den Insider gefunden!

Finden Sie heraus, wie Sie mit diesem Insider Kontakt aufnehmen können

Wenn jemand geantwortet hat: »Ja, ich kenne dort jemanden«, stellen Sie die folgenden Fragen:

- »Wie lautet der Name Ihres Bekannten, der in der *Traumfabrik* arbeitet oder gearbeitet hat?«
- »Wären Sie bereit, mir seine Telefonnummer und/oder Adresse zu geben?«
- »Wären Sie dazu bereit, vorher anzurufen und ihm zu sagen, wer ich bin?«

Sobald diese Verbindung hergestellt ist, rufen Sie Ihren Insider an oder vereinbaren einen Termin, um ihn persönlich aufzusuchen. (»Ich werde nicht mehr als zehn Minuten Ihrer Zeit in Anspruch nehmen.«) Wenn Sie mit ihm reden, stellen Sie nach dem üblichen Smalltalk zu Beginn des Gespräches die Frage, die Ihnen auf der Seele brennt:

Fragen Sie den Insider, wer in seinem Unternehmen die Macht hat, Sie einzustellen – also jemandem mit Ihren Fähigkeiten und Ihren Interessen

Weil er Insider ist, kann er Ihnen normalerweise die richtige Antwort auf die Frage geben, die Sie so sehr beschäftigt: »Wie heißt die Person in der *Traumfabrik*, die in der Lage wäre, mich für eine solche Position einzustellen?« Wenn er antwortet, er wisse es nicht, fragen sie ihn, wer es wissen könnte.

Fahren Sie fort, bis Sie außer dem Namen, der Adresse, der Telefonnummer und E-Mail-Adresse erfahren haben, welchen Job und welche weiteren Interessen diese Person hat und wie sie die Vorstellungsgespräche führt.

Versuchen Sie Unterstützung durch den Insider zu bekommen, um einen Termin mit der Person, die über Ihre Einstellung entscheiden kann, zu vereinbaren

Sobald Sie den Namen Ihres Ansprechpartners kennen, versuchen Sie herauszufinden, ob der Insider Ihnen helfen könnte, einen Termin mit dieser Person zu vereinbaren. Das finden Sie mit folgenden Fragen heraus, die aufeinander aufbauen:

- »Würden Sie mir nun, bei meinem beruflichen Hintergrund und der Position, die ich suche (und die Sie jetzt beschreiben), empfehlen, dass ich diese Person persönlich kennenlernen sollte?«
- »Kennen Sie die Person persönlich? Wenn nicht, können Sie mir sagen, wer diese Person persönlich kennt?«
- »Wenn Sie diese Person persönlich kennen, was können Sie mir über sie erzählen?«
- »Würden Sie mir ihre Telefonnummer und Adresse geben?«
- »Darf ich erwähnen, dass Sie es waren, der mir empfohlen hat, mit dieser Person zu reden?«
- »Wären Sie bereit, vorher anzurufen, um zu erklären, wer ich bin, und mir dabei behilflich zu sein, einen Termin zu vereinbaren?«
- Bevor Sie gehen, können Sie auch weitere Fragen über das Unternehmen im Allgemeinen stellen.

Aber nehmen wir an, Ihr Insider kennt zwar den Namen der Person, die die Macht hat, Sie einzustellen, kennt sie aber nicht gut genug, um Ihnen zu einem Gesprächstermin zu verhelfen – was dann?

Nun, dann wenden Sie sich wieder an Ihre Kontakte außerhalb dieser Organisation – diesmal bewaffnet mit dem Namen der Person, die Sie treffen möchten – und versuchen, einen weiteren Insider zu finden. Fragen Sie so viele Bekannte und Freunde wie nötig: »Kennen Sie/kennst du die Person in der *Traumfabrik*, die über Einstellungen entscheidet oder jemanden, der sie kennen könnte?« Sie fahren fort, bis Sie jemanden treffen, der Ja sagt.

Dann stellen Sie diesem neuen Insider telefonisch oder – besser – persönlich die gleichen vertrauten Fragen wie oben.

Denken Sie immer daran, sich zu bedanken. Schicken Sie anschließend – noch am selben Abend – immer ein kurzes Dankschreiben.

All dies erfordert Zeit und Mühe, aber wenn Sie auf diese Weise einen Termin vereinbaren können, den Sie einem »gemeinsamen Bekannten« verdanken, dann werden Sie feststellen, dass es durchaus möglich ist, Zugang zu Unternehmen zu bekommen, deren Türen für Normalsterbliche sonst verschlossen sind.

Die Methode funktioniert natürlich auch bei kleinen Unternehmen. Sie basiert auf einem simplen menschlichen Prinzip: Jeder Mensch hat Freunde, auch die Person, die über Ihre Einstellung entscheidet. Sie nehmen lediglich über ihre Freunde Kontakt mit ihm auf.

Eine meiner Lieblingsgeschichten über einen Jobsuchenden, der diese Methode anwandte, spielte sich in Berlin ab. Er beschloss, dass er für ein bestimmtes Unternehmen im Gesundheitswesen in Berlin arbeiten wolle, und weil er nicht wusste, wie er es sonst anstellen könnte, wandte er sich an die Personalabteilung. Er hinterließ seine Bewerbungsmappe, doch als er mit einem Sachbearbeiter in der Abteilung sprach, sagte man ihm, es gäbe keine freien Stellen. Punkt. Aus. Ende der Geschichte.

Ungefähr drei Monate später erfuhr er von der Technik, den Kontakt zu einem auserwählten Unternehmen mit Hilfe von Insidern und Beziehungen herzustellen. Er forschte in seinem Bekanntenkreis nach, bis er einen Insider fand, und dieser verschaffte ihm einen Termin bei der Person, die über seine Einstellung entscheiden konnte. Die beiden waren sich auf Anhieb sympathisch, und das Vorstellungsgespräch verlief glänzend. »Sie haben den Job«, sagte die Person, die über seine Einstellung entscheiden konnte. »Ich werde in der Personalabteilung anrufen und Bescheid sagen, dass ich Sie gerade eingestellt habe und dass Sie herunterkommen werden, um den nötigen Schriftkram zu erledigen.«

Unser Jobsuchender erwähnte niemals, dass er es zuvor schon einmal versucht hatte und von ebendieser Personalabteilung schlichtweg abgelehnt worden war.

Wie
Sie sich auf das Gespräch vorbereiten

Fassen Sie sich kurz

Wenn Sie mit dem Chef einen Termin für ein Gespräch vereinbaren wollen, sagen Sie, dass Sie nur zwanzig Minuten benötigen und seien Sie darauf vorbereitet, Ihr Wort halten zu können. Bleiben Sie nicht eine Minute länger! Das wird Ihren Arbeitgeber enorm beeindrucken! (Es sei denn, der Arbeitgeber bittet Sie nach Ablauf dieser zwanzig Minuten, länger zu bleiben. Damit meine ich wirklich *bitten*.)

Informieren Sie sich über das Unternehmen, bevor Sie Ihren Termin dort wahrnehmen. Aus der Sicht des Arbeitgebers werden Sie damit den

Wild Life by John Kovalic, © 1989 Shetland Productions.

anderen Leuten, die sich dort vielleicht ebenfalls vorstellen, um Längen voraus sein.

Ein Arbeitgeber erzählte mir: »Ich kann die Bewerber nicht mehr ertragen, die hereinkommen und fragen: Was machen Sie hier eigentlich? Wenn demnächst jemand kommt, der schon etwas über unser Unternehmen weiß, werde ich ihn vom Fleck weg engagieren.« Und er hielt Wort, innerhalb einer Woche.

Schon wenn Sie Ihren Termin vereinbaren, fragen Sie, ob es schriftliche Informationen über das Unternehmen gibt. Wenn das der Fall ist, bitten Sie darum, dass man Ihnen diese Informationen zuschickt. So haben Sie Zeit genug, sie vor Ihrem Gespräch zu studieren. Sollte das Vorstellungsgespräch bereits am nächsten Tag stattfinden, bieten Sie an, noch heute vorbeizufahren und die Unterlagen selbst abzuholen.

Gehen Sie auch in die Bibliothek und bitten Sie die Mitarbeiter um Hilfe, um Zeitungsartikel oder andere Informationen über das Unternehmen zu finden.

Fragen Sie schließlich Ihre Freunde und Bekannten, ob sie jemanden kennen, der in dem betreffenden Unternehmen arbeitet oder gearbeitet hat. Wenn das der Fall ist, bitten Sie sie, einen Kontakt zu Ihnen herzustellen. Erzählen Sie, dass Sie einen Termin für ein Vorstellungsgespräch vereinbart haben und dass Sie gerne alles über das Unternehmen wissen möchten.

Jede Organisation, jedes Unternehmen, ob groß oder klein, ob privatwirtschaftlich oder gemeinnützig, liebt es, geliebt zu werden. Wenn Sie all diese Mühen auf sich genommen haben, um etwas über sie in Erfahrung zu bringen – bevor Sie jemals einen Fuß über ihre Schwelle gesetzt haben –, werden sie beeindruckt sein, weil die meisten Jobsuchenden diese Mühe niemals auf sich nehmen – glauben Sie mir. *Sie* wissen nur wenig oder gar nichts über die Organisation. Das macht die Arbeitgeber *wahnsinnig*.

Ein Mitarbeiter von IBM, der für Nachwuchsrekrutierung verantwortlich war, hatte die Angewohnheit, Examenskandidaten zu fragen: »Wofür stehen die Initialen IBM?« Wenn der Bewerber passen musste, war das Gespräch beendet.

Stellen Sie sich vor, wie Sie das Gespräch führen werden

Die wichtigsten Regeln, die Sie beachten müssen, sind die 50/50- und die 2-Minuten-Regel.

Die 50/50-Regel besagt, dass Sie während des Gespräches die Hälfte der Zeit zuhören, die andere Hälfte sprechen sollen. Welchen Grund das hat? Es wurde einmal eine Studie durchgeführt, um zu sehen, warum Bewerber eingestellt wurden. Die Studie ergab, dass die Jobsuchenden, die die Hälfte der Zeit selbst redeten und während der anderen Hälfte den Arbeitgeber reden ließen, eingestellt wurden. Bewerber, die diese Regel nicht befolgten, wurden nicht eingestellt. Ich nehme an, der Grund ist der, dass Menschen, die zu viel über sich selbst reden, den Eindruck erwecken, selbstverliebt und blind gegenüber den Bedürfnissen des Unternehmens zu sein, während Bewerber, die zu wenig reden, in den Verdacht geraten, irgendeinen Aspekt aus ihrem Leben verbergen zu wollen.

Die 2-Minuten-Regel besagt, dass Sie versuchen sollten, Ihre Antworten auf höchstens zwei Minuten zu beschränken, wenn Ihnen eine Frage gestellt wird. Auch zwanzig Sekunden können schon ausreichend sein. Der Grund? Studien haben ergeben, dass dies einen sehr guten Eindruck auf einen Gesprächspartner macht.[20] Bewerber, die reden und reden, werden nicht eingestellt.

Machen Sie sich rechtzeitig klar, welchen Dingen Ihr Gesprächspartner Beachtung schenken wird

Ihr Gesprächspartner interessiert sich für jeden Hinweis darauf, dass Sie ein guter Mitarbeiter wären, wenn er Sie einstellen würde. Denn er hat natürlich Angst, dass er einen schlechten Mitarbeiter einstellen könnte. Denken Sie also vor dem Gespräch darüber nach, wie sich ein schlechter Mitarbeiter in der Position, die Sie anstreben, verhalten würde: Er würde sich beispielsweise verspäten, zu häufig fehlen, sich nur nach seinem eigenen Zeitplan richten und nicht nach dem des Arbeitgebers und so weiter. Betonen Sie im Gespräch mit dem Arbeitgeber, dass er von Ihnen genau das Gegenteil erwarten kann.

Lassen Sie mich an dieser Stelle hervorheben, was einen guten Arbeitnehmer in fast jedem Beruf ausmacht (das sind die Dinge, denen der Arbeitgeber Beachtung schenken wird). Sie wollen mehr als nur ein Gehalt, sind zuverlässig, motiviert, verfügen über Tatendrang, Energie und Enthusiasmus, sind diszipliniert, können eigenverantwortlich mit ihrer Zeit umgehen, zeigen 150 Prozent Einsatz, erscheinen rechtzeitig oder früh zur Arbeit und bleiben bis zum Ende der Arbeitszeit oder länger, sind aufgeschlossen gegenüber Neuerungen, sind lernfähig, flexibel, können angemessen auf veränderte Situationen reagieren oder sich anpassen, wenn sich die Arbeitsbedingungen ändern.

Die meisten Arbeitgeber werden versuchen, Hinweise zu erhalten, ob Sie gut mit anderen Menschen umgehen können, ob Sie Sprache effektiv einsetzen können, mit einem Computer arbeiten können, teamfähig sind, projektorientiert und zielorientiert arbeiten können, kreativ sind und Probleme zufrieden stellend lösen, ob Sie Chancen, Märkte, Trends erkennen können. Und vor allem versuchen sie herauszufinden, ob Sie eine gesunde Einstellung zum Unternehmen haben, integer und loyal sind. Planen Sie also, so viel davon wie angemessen während des Vorstellungsgespräches zu demonstrieren oder zu erwähnen.

Stellen Sie sicher, dass alles, was Sie für sich in Anspruch nehmen, durch Ihre Jobsuche belegt wird. Wenn Sie beispielsweise behaupten, Sie würden Ihre Arbeit sehr gründlich erledigen, sollten Sie sicherstellen, dass auch Ihre Jobsuche den Eindruck einer sehr gründlichen Vorgehensweise erweckt. (Tipp: Informieren Sie sich intensiv über das Unternehmen, bevor Sie zu Ihrem Vorstellungsgespräch gehen).

Arbeitgeber kennen diese simple Wahrheit: Die meisten Menschen verhalten sich während ihrer Jobsuche so wie im Leben.

Nehmen Sie zum Gespräch jeden Nachweis früherer Erfolge mit

Eine Mappe, Fotos, Dokumente und so weiter. Wenn Sie Künstler oder Handwerker sind oder irgendein Produkt herstellen, dann versuchen Sie, ein Muster dessen mitzubringen, was Sie entworfen oder produziert haben – entweder in »natura« oder als Modell, auf Fotos oder Videobändern.

Nehmen Sie sich vor, nicht schlecht über frühere Arbeitgeber oder Arbeitsplätze zu reden. Arbeitgeber fühlen sich häufig anderen Arbeitgebern eng verbunden, fast wie in einer Bruderschaft. Sie sollten während des Gesprächs den Eindruck vermitteln, dieser Bruderschaft mit Höflichkeit und Respekt zu begegnen. Wenn Sie schlecht über einen früheren Arbeitgeber reden, wird Ihr Gesprächspartner sich fragen, ob Sie irgendwann auch über ihn schlecht reden würden, sofern er Sie einstellen würde.

Wenn Sie wissen, dass Ihr früherer Arbeitgeber Ihnen ein schlechtes Zeugnis ausstellen oder sich bei Nachfragen negativ äußern wird, sagen Sie einfach: »Normalerweise komme ich mit anderen Menschen sehr gut aus, aber aus irgendeinem Grunde habe ich mich mit meinem früheren Arbeitgeber gar nicht verstanden. Ich weiß nicht, warum. So etwas ist mir nie zuvor passiert, und ich hoffe, dass es auch nie wieder vorkommen wird.«

Wenn Sie befürchten, dass Ihr früherer Arbeitgeber nicht nur schlecht über Sie reden wird, sondern Ihnen darüber hinaus Dinge unterstellen könnte, die Sie gar nicht getan haben, können Sie hinzufügen: »Als ich das Unternehmen verließ, wurden falsche Behauptungen aufgestellt, die nicht zutreffen. Ich möchte Ihnen das sagen, bevor Sie es auf anderem Wege erfahren und sich fragen, warum ich das Ihnen gegenüber nicht erwähnt habe.« (Weisen Sie erst am Ende eines Gesprächs – oder der Gespräche – darauf hin, nachdem Ihnen Ihr Gesprächspartner zu verstehen gegeben hat, dass er Sie wirklich haben will.)

Nehmen Sie sich fest vor, nicht die gesamte schmutzige Wäsche der Vergangenheit waschen zu wollen, nicht alle Ungerechtigkeiten, die Ihnen widerfahren sind, und die falsche Behandlung, unter der Sie gelitten haben, zu erwähnen.

Entscheiden Sie sich, welches Bild Sie vermitteln möchten: das eines Bittstellers oder das eines Problemlösers?

Die Einstellung, mit der Sie den Raum betreten, in dem das Gespräch stattfindet, ist sehr wichtig. Gehen Sie nicht gebeugt wie ein Bettler, der Almosen will. Gehen Sie aufrecht wie ein Problemlöser.

Ich kann Ihnen nicht sagen, wie viele Arbeitgeber ich im Laufe der Jahre kennen gelernt habe, die nicht wissen, wie sie die richtigen Mitarbeiter finden sollen. Darunter sogar Arbeitgeber, die sich als »Personalexperten« verstehen! Es ist absolut verrückt. Aber das liegt in der Natur unseres vorsintflutlichen Jobsuchsystems.

Sie haben Schwierigkeiten, einen Arbeitgeber zu finden. Der Arbeitgeber hat Probleme, Sie zu finden. Sie würden in der Dunkelheit aneinander vorbeilaufen. Ein großartiges Land!

Wenn Sie auftauchen, lösen Sie dieses Problem. Nicht nur Ihr eigenes, sondern auch das des Arbeitgebers – wenn dieser Arbeitgeber nach Ihnen gesucht hat, Sie braucht, Ihre Fähigkeiten, Ihr Wissen, aber nicht wusste, wie er Sie finden sollte – und plötzlich sind Sie da!

Natürlich wissen Sie nicht mit Sicherheit, ob man Sie braucht. Das erfahren Sie erst während des Vorstellungsgesprächs. Aber zumindest ist die Chance recht groß, dass Sie am richtigen Ort sind, nachdem Sie all Ihre Hausaufgaben gemacht haben – ob sie eine freie Stelle offen ausgeschrieben haben oder nicht.

Entscheiden Sie sich, ob Sie nur ein mündliches oder auch ein schriftliches Angebot machen wollen

Nehmen Sie sich vor, während des Gesprächs hervorzuheben, dass Sie sich mit der Frage beschäftigen, was Sie tun können, um das Unternehmen bei seinen Problemen zu unterstützen. Sie werden augenblicklich feststellen, welch ein Unterschied das im Vergleich zu der Art ist, mit der die meisten Jobsuchenden zu einem Arbeitgeber gehen (»Wie hoch ist das Gehalt, und wie viel Urlaub gibt es?«).

Wird er froh sein, dass Sie Ihren Schwerpunkt auf andere Dinge legen? In den meisten Fällen können Sie darauf wetten. Er will Menschen, die Ressourcen anbieten und Problemlöser sind. Nehmen Sie sich vor, am Ende des Gespräches mündlich zusammenzufassen, was Sie ihm anzubieten haben, und schicken Sie am nächsten Tag nochmals eine schriftliche Zusammenfassung.

Wie
Sie ein Vorstellungsgespräch führen

Keine Sorgen!

Gut, Sie sind drin. Kurz vor dem Vorstellungsgespräch beginnen Sie, Blut und Wasser zu schwitzen. Endlich sitzen Sie der Person, die über Ihre Einstellung entscheiden kann, von Angesicht zu Angesicht gegenüber. Hören Sie auf zu schwitzen! Es gibt sechs beruhigende Gedanken, mit denen Sie sich sofort trösten können.

Beruhigender Gedanke Nr. 1

Das Vorstellungsgespräch dient immer noch Ihrer eigenen Recherche. Selbstverständlich fragen Sie sich, wenn Sie ein Vorstellungsgespräch vor sich haben, vor allem: »Wie überzeuge ich den Arbeitgeber davon, mich zu nehmen?« Falsche Frage. Denn sie bedeutet, dass Sie sich schon entschieden haben, dass diese Firma ein toller Arbeitsplatz und dieser Chef ein toller Vorgesetzter wäre, so dass alles darum geht, sich gut zu verkaufen. Das ist selten der Fall.

Normalerweise wissen Sie trotz Ihrer Bemühungen, sich über das Unternehmen zu informieren, immer noch zu wenig, um das zu sagen. Sie sollten das Vorstellungsgespräch als weitere Chance nutzen, um Informationen über das Unternehmen und den Chef zu sammeln.

Wenn Ihnen das klar ist, haben Sie den 98 Prozent aller Jobsuchenden etwas voraus, die nur allzu oft zum Vorstellungsgespräch gehen wie das Lamm zur Schlachtbank. Oder wie ein Verbrecher zu einem Verhör, wenn Sie dieses Bild vorziehen.

Natürlich ist es aus Sicht des Arbeitgebers eine Art »Verhör«. Aber genau dasselbe geschieht auch mit dem Arbeitgeber und der Organisation – aus Ihrer Sicht. Sie erforschen alles an diesem Arbeitgeber, und er erforscht alles an Ihnen.

Zwei Menschen, die einander abschätzen. Kommt Ihnen das irgendwie bekannt vor? Natürlich – Sie denken an ein Rendezvous.

Nun, ein Vorstellungsgespräch ähnelt in vielerlei Hinsicht einem Rendezvous. Beide Beteiligten müssen einander sympathisch finden, bevor sie überhaupt daran denken können, es auf Dauer miteinander zu versuchen, zum Beispiel mit einem Job. So sitzen sie also dort und schätzen einander ab.

Die Bedeutung Ihrer Einschätzung dieses Gesprächspartners, dieses Unternehmens, dieses Jobs während des Gesprächs kann gar nicht hoch genug bewertet werden. Überall ist es Tradition, dass man zuerst einen Job findet, ihn dann annimmt und erst in den folgenden drei Monaten herauszufinden versucht, ob man ihn mag oder nicht – und wieder zu gehen, wenn man ihn nicht mag. Indem Sie das Vorstellungsgespräch dazu nutzen, das Unternehmen zu bewerten, *bevor* Sie dort mit der Arbeit anfangen, können Sie sich viel Zeit, Geld, Kummer und Schuldgefühle ersparen.

Wenn Sie während des Vorstellungsgesprächs genug herausgefunden haben, um den Job bereits zu kündigen, bevor Sie ihn angeboten bekommen, statt erst drei Monate, nachdem Sie ihn angetreten haben, wird es Ihnen der Arbeitgeber, Ihre Mutter, Ihr Lebensgefährte oder Ehepartner danken, dass Sie so clever reagieren. Und natürlich werden auch Sie selbst es sich danken.

Zusammengefasst rate ich Ihnen: Sehen Sie also ein Vorstellungsgespräch nicht als Vorstellungsgespräch an, sondern als »weitere Recherche«!

Beruhigender Gedanke Nr. 2

Vorstellungsgespräche sind keine Wissenschaft für sich. Bedenken Sie, dass Ihr Gesprächspartner genauso schwitzt wie Sie, wenn Sie zu Ihrem Vorstellungsgespräch gehen. Warum? Weil ein Vorstellungsgespräch kein sehr verlässlicher Weg ist, um einen Mitarbeiter auszuwählen.

Es gibt ernüchternde Forschungsergebnisse über die Aussagekraft der üblichen Auswahlverfahren für den späteren Erfolg im Beruf. Besonders schlecht schnitten dabei Vorstellungsgespräche ab, vergleichsweise gut jedoch aufwendige Verfahren wie Assessment Center. Im Gegensatz zur Überzeugung der Anwender bestätigten diese Ergebnisse vor allem, dass ein extrem geringer Zusammenhang zwischen dem Eindruck im Vorstellungsgespräch und der späteren Effizienz des Mitarbeiters besteht. Dieser

Zusammenhang ist kaum höher (manchmal sogar schlechter), als ob man willkürlich irgendeinen Bewerber per Zufallsprinzip einstellt.

Ich habe miterlebt, dass sogenannte Personalexperten erbärmlich schlechte Entscheidungen getroffen haben, wenn sie Mitarbeiter für ihr eigenes Unternehmen gesucht haben. Wenn sie mir ihre Fehlentscheidungen einige Monate später kleinlaut beichteten, neckte ich sie und fragte: »Wenn Sie schon für sich selbst keine guten Mitarbeiter finden können, wie können Sie dann ohne schlechtes Gewissen andere Unternehmen bei der Einstellung ihrer Mitarbeiter beraten?« Ihre reumütige Antwort lautete: »Wir tun so, als ob es eine Wissenschaft sei.« Lassen Sie mich Ihnen sagen: Das Vorstellungsgespräch ist keine Wissenschaft. Es ist eine Kunst, die von den meisten Arbeitgebern nicht beherrscht wird, selbst wenn sie ein gutes Herz und Wagenladungen voller guter Absichten haben.

Beruhigender Gedanke Nr. 3

Oftmals hat der Arbeitgeber genauso viel Angst wie Sie. Sie sitzen dort mit verschwitzten Handflächen und nehmen vermutlich an, Ihr Gesprächspartner würde den gesamten Prozess mit einer gewissen Befriedigung genießen. Natürlich stimmt das manchmal. Oft aber auch nicht, und noch häufiger ist der Arbeitgeber genauso ängstlich wie Sie.

Da sitzen also nicht nur eine Person, sondern zwei (Sie und der Arbeitgeber), die sich zu Tode fürchten. Nur mit dem Unterschied, dass der Arbeitgeber gelernt hat, seine Ängste besser zu verbergen, weil er mehr Übung darin hat. Aber letztendlich ist er auch nur ein Mensch, genau wie Sie. Vielleicht ist Ihr Gesprächspartner gar nicht für diese Aufgabe eingestellt worden, die er nun neben allen anderen Pflichten auch noch bewältigen muss. Sie hat sich nur aus seinen anderen Pflichten ergeben. Und vielleicht weiß er, dass er das nicht besonders gut kann.

Was also geht im Kopf Ihres Gesprächspartners vor, während er Sie befragt? Vielleicht folgendes:

- Dass Sie vielleicht nicht in der Lage sind, den Job auszufüllen. Dass es Ihnen an den dafür erforderlichen Fähigkeiten oder Erfahrungen mangelt, dies aber beim Vorstellungsgespräch verborgen bleibt.

- Dass Sie nicht das übliche Pensum eines normalen Arbeitstages schaffen werden, wenn man Sie einstellt.
- Dass Sie ständig krank sind oder aus anderen Gründen fehlen, wenn man Sie einstellt.
- Dass Sie nur einige Wochen oder bestenfalls einige Monate bleiben und die Firma dann ohne Vorwarnung wieder verlassen, nachdem man Sie eingestellt hat.
- Dass es zu lange dauern wird, bis Sie sich eingearbeitet haben und gewinnbringend für das Unternehmen arbeiten werden.
- Dass Sie mit den anderen Mitarbeitern dort nicht auskommen werden oder dass es zu persönlichen Konflikten mit dem Chef kommen wird.
- Dass Sie nur das Minimum dessen leisten werden, was gerade notwendig ist, und nicht das Maximum, für das Sie eingestellt wurden.
- Dass man Ihnen immer sagen muss, was Sie als nächstes zu tun haben, statt selbst Initiative zu zeigen – dass Sie nur reagieren, statt selbst etwas anzupacken.
- Dass Sie schlechte Angewohnheiten haben, sich als unehrlich, völlig verantwortungslos, Querulant oder faul herausstellen, dass Sie Dinge unterschlagen, klatschen, andere sexuell belästigen, Drogen oder Medikamente einnehmen, ein Trinker, Lügner oder inkompetent sind oder – um es kurz zu sagen – eine schlechte Wahl.
- (Wenn es sich um eine große Organisation handelt und Ihr zukünftiger Vorgesetzter nicht der oberste Chef ist): Dass Sie ihn, die Abteilung, die Niederlassung oder die ganze Firma in Misskredit bringen werden, weil er Sie eingestellt hat – dass sie Ihretwegen das Gesicht verlieren werden und dass dies Ihren zukünftigen Chef eine Beförderung oder Gehaltserhöhung kosten wird.
- Dass Sie sie eine Menge Geld kosten werden, wenn das Unternehmen den Fehler begeht, Sie einzustellen. Heute verursacht die Einstellung eines schlechten Mitarbeiters dem Arbeitgeber Kosten in Höhe eines Jahresgehalts, wenn man Umzugskosten, Ausfallkosten und Abfindungen einrechnet – wenn sie es sind, die sich von Ihnen trennen.

Kein Wunder, dass der Arbeitgeber Angst hat, sich unwohl fühlt, sich Sorgen macht – welchen Ausdruck auch immer Sie vorziehen.

Hinzu kommt, dass das Vorstellungsgespräch mittlerweile eine entscheidende Bedeutung gewonnen hat. Direkte Informationen bei früheren

Arbeitgebern einzuholen, ist – zumindest offiziell – nicht die Regel (kommt aber dennoch in der Praxis vor). Durch das deutsche Arbeitsrecht sind Arbeitgeber ausdrücklich dazu aufgefordert, wohlwollende Beurteilungen in Arbeitszeugnissen zu schreiben. Da mittlerweile fast jedem Arbeitnehmer bekannt ist, was unter der »Geheimsprache in Arbeitszeugnissen« zu verstehen ist, haben auch Zeugnisse eine immer geringere Aussagekraft. Es gibt sogar Mitarbeiter, die regelrecht »weggelobt« wurden. Es ist auch in Deutschland mittlerweile verbreitet, dass potentielle Arbeitgeber es sich zur Gewohnheit machen, Arbeitszeugnisse grundsätzlich zu ignorieren und stattdessen nur noch kurze Telefoninterviews zu führen, um sich einen persönlichen Eindruck vom Bewerber zu verschaffen. Arbeitszeugnisse sind nur ein sehr eingeschränktes Auswahlinstrument.

Ihr Gesprächspartner ist also völlig auf sich gestellt. Er muss herausfinden, ob Sie es wert sind, eingestellt zu werden, oder nicht. Er ist genauso nervös wie Sie.

Beruhigender Gedanke Nr. 4

Sie müssen sich nicht eine Vielzahl von Antworten auf schwierige Fragen beim Vorstellungsgespräch merken. Bücher über Vorstellungsgespräche (und davon gibt es viele!) enthalten häufig Listen mit der Art von Fragen, von denen sie glauben, dass Arbeitgeber sie stellen, zum Beispiel:

- »Erzählen Sie mir etwas über sich.«
- »Warum bewerben Sie sich um diese Position?«
- »Was wissen Sie über die Position oder über unser Unternehmen?«
- »Wie würden Sie sich selbst beschreiben?«
- »Worin bestehen Ihre größten Stärken?«
- »Was halten Sie für Ihre größten Schwächen?«
- »Welche Art von Arbeit mögen Sie am liebsten?«
- »Wofür interessieren Sie sich in Ihrer Freizeit?«
- »Welche Erfolge haben Ihnen in der Vergangenheit die größte Befriedigung verschafft?«
- »Was war Ihr größter Fehler bei Ihren früheren Jobs?«
- »Warum haben Sie Ihren letzten Job gekündigt?«
- »Warum wurden Sie entlassen (falls das der Fall war)?«

- »Welche Verbindung gibt es zwischen Ihrer Ausbildung und Berufserfahrung und dieser Position?«
- »Wo sehen Sie sich in fünf Jahren?«
- »Welche Ziele haben Sie in Ihrem Leben?«
- »Wie viel haben Sie bei Ihrem letzten Job verdient?«

Das ist bei weitem noch nicht alles. Manchmal gibt es an die hundert Fragen – oder sogar noch mehr. Dann wird Ihnen gesagt, Sie sollten sich auf Ihr Vorstellungsgespräch vorbereiten, indem Sie schlaue Antworten auf all diese Fragen formulieren, niederschreiben und auswendig lernen. Sie sind manchmal wirklich schlau, aber glauben Sie mir, Ihre Vorbereitung auf das Vorstellungsgespräch muss gar nicht so kompliziert sein.

Den möglichen Fragen, für die oben Beispiele stehen, liegen eigentlich nur fünf Fragen zugrunde. Ob sie überhaupt in Worte gefasst werden oder nicht, die Person, die die Macht hat, Sie einzustellen, möchte wissen:

- »Warum sind Sie hier?« Damit meint sie: »Warum wollen Sie hier arbeiten und nicht in einem anderen Unternehmen?«
- »Was können Sie für uns tun?« Damit meint sie: »Wenn ich Sie einstellen würde, wären Sie dann Teil der Probleme, die ich ohnehin schon habe, oder wären Sie Teil der Lösung für diese Probleme? Was sind Ihre Fähigkeiten, und wie viel wissen Sie über die Themen oder den Bereich, der für uns von Interesse ist?«
- »Was für ein Mensch sind Sie?« Damit meint sie: »Haben Sie die Art Persönlichkeit, die es Menschen leicht macht, mit Ihnen zusammenzuarbeiten, und teilen Sie die Werte, die wir in diesem Unternehmen haben?«
- »Was unterscheidet Sie von 19 anderen Menschen, die über die gleichen Fähigkeiten verfügen wie Sie?« Damit meint sie: »Haben Sie eine bessere Arbeitseinstellung als die 19 anderen, sind Sie früher da, bleiben Sie länger, arbeiten Sie gründlicher, schneller, qualitativ besser, strengen sich an oder ... was?«
- »Kann ich es mir leisten, Sie einzustellen?« Damit meint sie: »Wenn wir uns für Sie entscheiden, wie viel wird es uns kosten, Sie zu bekommen, und wollen oder können wir diesen Betrag zahlen? Unser Budget ist beschränkt, und wir können Ihnen nicht genauso viel wie Ihrem Vorgesetzten zahlen.«

Weil es wirklich nur fünf grundlegende Fragen gibt, die der Arbeitgeber auf dem Herzen hat, und nicht 100 oder mehr, müssen Sie auch nur fünf Antworten auf diese Fragen wissen. Aber es ist besser, diese fünf zu wissen. Wenn Sie Ihre Hausaufgaben gemacht haben, können Sie das. Wenn nicht, dann nicht. Punkt. Aus.

Natürlich haben auch Sie das Recht – nein, die Pflicht –, sich die gleichen fünf Fragen zu stellen, wenn auch in einer leicht abgeänderten Form:

- »Worin besteht dieser Job?«
- »Entsprechen meine Fähigkeiten den Anforderungen dieser Stelle?«
- »Sind das die Menschen, mit denen ich gerne zusammenarbeiten würde?« Ignorieren Sie nicht Ihre Intuition, wenn diese Ihnen sagt, dass Sie sich bei dem Gedanken, mit diesen Menschen zu arbeiten, nicht wohlfühlen.
- »Wenn wir einander sympathisch sind und gerne zusammenarbeiten würden, kann ich sie davon überzeugen, dass ich mich durch etwas Einzigartiges auszeichne, das mich von 19 anderen Menschen unterscheidet, die die gleichen Aufgaben erfüllen können?«
- »Kann ich sie davon überzeugen, mir das Gehalt zu zahlen, das ich benötige oder haben möchte?«

Und das ist alles! Sie müssen diese Fragen nicht laut stellen, mit Ausnahme der ersten vielleicht. Aber es sollte Ihr Ziel sein, während des Gesprächs Antworten auf diese Fragen zu finden.

Um das zu erreichen, können Sie Ihren Teil des Gesprächs damit eröffnen, genau zu erzählen, wie Sie Ihre Jobsuche durchgeführt haben und was Sie an diesem Unternehmen während Ihrer Recherche so sehr beeindruckt hat, dass Sie sich dazu entschieden haben, herzukommen und über diesen Job zu reden. Dann können Sie Ihre Aufmerksamkeit darauf konzentrieren, auf Ihre Art und Weise mehr über die obigen fünf Fragen zu erfahren.[21]

Wenn die Position, die Sie gerne hätten, in diesem Unternehmen gar nicht existiert, Sie jedoch hoffen, dass man eine solche für Sie schafft, können Ihre fünf Fragen die Form von fünf Aussagen annehmen. Sie erzählen:

- Was Ihnen an dieser Organisation gefällt.
- Welche Art von Anforderungen Sie in diesem Tätigkeitsfeld und in die-

© UFS, Inc.

sem Unternehmen interessant finden. (Benutzen Sie niemals das Wort »Probleme«, weil die meisten Arbeitgeber Synonyme wie »Anforderungen« bevorzugen – es sei denn, Sie hören das Wort »Probleme« aus ihrem Munde.)
- Welche Fähigkeiten Ihrer Meinung nach erforderlich sind, um diesen Anforderungen gerecht zu werden.
- Konkrete Belege aus Ihrer früheren Erfahrung, die zeigen, dass Sie genau die fragliche Fähigkeit besitzen und dass Sie sie genau auf die Art einsetzen, wie Sie das angegeben haben.
- Was an der Art und Weise, mit der Sie Ihre Fähigkeiten einsetzen, so einzigartig ist.

Wie ich schon an anderer Stelle gesagt habe, möchte jeder zukünftige Arbeitgeber von Ihnen wissen, was Sie von 19 anderen Menschen unterscheidet, die die gleiche Art der Arbeit tun können wie Sie. Sie müssen wissen, was das ist. Und reden Sie nicht nur darüber, demonstrieren Sie es durch die Art und Weise, wie Sie Ihr Vorstellungsgespräch führen. Zum Beispiel: »Ich wäre in meiner Arbeit sehr sorgfältig, wenn ich für Sie arbeiten würde« bedeutet: Seien Sie sorgfältig in Ihrer Art, wie Sie die Firma untersucht haben, bevor Sie zum Vorstellungsgespräch gegangen sind.

Versuchen Sie, auf den Stil hinzuweisen, mit dem Sie Ihrer Arbeit zur allseitigen Zufriedenheit nachgehen, der Sie einzigartig macht und der Sie von anderen Menschen unterscheidet, die sich bei diesem Arbeitgeber bewerben könnten.

Beruhigender Gedanke Nr. 5

Der Arbeitgeber interessiert sich nicht wirklich für Ihre Vergangenheit. Wie ich schon betont habe, richten sich die Befürchtungen der Person, die die Macht hat, Sie einzustellen, in den meisten Fällen nicht auf Ihre Vergangenheit, sondern auf die Zukunft. Arbeitgeber dürfen nach geltendem Recht im Vorstellungsgespräch nur Fragen stellen, die einen Bezug zu der Position haben, womit bestimmte Fragen ausgeschlossen sind (wie nach der Zugehörigkeit zu einer Partei oder dem Stand der Familienplanung). Im Fall sogenannter »unzulässiger« Fragen haben Sie das Recht, mit einer (Not-)Lüge zu antworten, für die Sie später nicht juristisch belangt werden können.

Der Arbeitgeber sorgt sich nur um Ihre Zukunft – bei ihm. Aber diese Zukunft ist schwer vorherzusagen, und so versucht er normalerweise, Ihr zukünftiges Verhalten abzuschätzen, indem er Fragen zu Ihrem früheren Verhalten im Job stellt. Viele geschulte Personalexperten setzen eine spezielle Form dieser verhaltensorientierten Interviewtechnik ein. Der Hintergrund dieser weit verbreiteten Technik ist, dass Verhaltensweisen aus der Vergangenheit die beste Prognose für zukünftige Verhaltensweisen und damit den Erfolg im Beruf sind.

Man sucht daher nach konkreten Beispielen aus der Vergangenheit des Bewerbers, durch die bestimmte Faktoren aus dem Anforderungsprofil erkennbar werden sollen. Dann befragt man den Bewerber, wie die Situation war, wie er im Einzelnen vorgegangen ist und was genau das Ergebnis der Aktion war. Daraus bildet der Personalexperte sich ein Bild vom Verhalten des Bewerbers unter Berücksichtigung der Randbedingungen und schließt daraus wiederum auf das Merkmal, das er im Anforderungsprofil beurteilen möchte.

Lassen Sie sich von den Fragen über Ihre Vergangenheit nicht verwirren. Hinter den Fragen des Arbeitgebers liegt Angst. Lassen Sie mich Beispiele geben:

Frage des Arbeitgebers	Die Befürchtung, die hinter der Frage steckt	Der Aspekt, den Sie vermitteln wollen	Mögliche Redewendungen
»Erzählen Sie mir etwas über sich!«	Ihr Gesprächspartner befürchtet, er würde vielleicht kein gutes Gespräch führen, weil er es versäumt, die richtigen Fragen zu stellen. Oder er hat Angst, dass mit Ihnen etwas nicht stimmen könnte, und hofft, dass Ihnen das rausrutschen könnte.	Sie sind ein guter Mitarbeiter, wie Sie in der Vergangenheit in Ihren früheren Jobs unter Beweis gestellt haben. (Geben Sie einen wirklich kurzen Überblick darüber, wer Sie sind, wo Sie geboren wurden und aufgewachsen sind, was Ihre Interessen und Hobbys sind und welche Art von Arbeit Sie bislang am liebsten getan haben.) Beschränken Sie sich auf maximal zwei Minuten.	Wenn Sie über Ihre berufliche Vergangenheit reden, nutzen Sie jede Redewendung, die Sie ins rechte Licht rückt: »kann hart arbeiten«, »habe früh angefangen, ging spät nach Hause«, »habe immer mehr getan, als man von mir erwartete« ...
»Nach welcher Art von Arbeit suchen Sie?«	Der Arbeitgeber befürchtet, dass Sie vielleicht nach einem anderen Job suchen könnten als dem, den er besetzen will. Beispiel: Er sucht einen Sekretär, Sie dagegen wollen Büroleiter werden.	Sie suchen genau nach der Art von Arbeit, die der Arbeitgeber anbietet. (Sagen Sie das jedoch nicht, wenn es nicht wahr ist.) Wiederholen Sie in Ihren eigenen Worten, was Ihr Gesprächspartner über den Job gesagt hat, und heben Sie die Fähigkeiten hervor, über die Sie genau dafür verfügen.	Wenn der Arbeitgeber die Stelle gar nicht beschrieben hat, sagen Sie: »Ich würde Ihnen die Frage gerne beantworten, aber ich muss erst genau wissen, worin dieser Job besteht.« Dann antworten Sie wie links beschrieben.
»Haben Sie diese Art von Arbeit schon einmal getan?«	Der Arbeitgeber befürchtet, dass Sie nicht die notwendigen Fähigkeiten und Erfahrungen besitzen, um diesen Job zu machen.	Sie haben Fähigkeiten, die übertragbar sind, aus früheren Jobs (was immer das war) und Sie haben gute Arbeit geleistet.	»Ich nehme neuen Stoff sehr schnell auf«, »Ich habe mich sehr schnell in jeden Job eingearbeitet, in dem ich bisher tätig war.«

Frage des Arbeitgebers	Die Befürchtung, die hinter der Frage steckt	Der Aspekt, den Sie vermitteln wollen	Mögliche Redewendungen
»Warum haben Sie Ihre letzte Stelle gekündigt?« »Wie sind Sie mit Ihrem früheren Chef und Ihren Mitarbeitern ausgekommen?«	Der Arbeitgeber befürchtet, dass Sie nicht mit anderen Menschen, vor allem Vorgesetzten, auskommen und wartet darauf, dass Sie schlecht über Ihren früheren Chef oder Ihre früheren Kollegen reden, um einen Beweis dafür zu finden.	Erwähnen Sie so viele positive Dinge wie eben möglich über Ihren früheren Chef und Ihre früheren Kollegen. Erzählen Sie jedoch keine Lügen. Heben Sie hervor, dass Sie normalerweise gut mit anderen Menschen auskommen – und stellen Sie das unter Beweis, indem Sie nett über Ihre früheren Kollegen und Vorgesetzten reden.	Wenn Sie von sich aus gegangen sind: »Mein Chef und ich hatten beide das Gefühl, dass ich in einem Job glücklicher und effektiver wäre, in dem ich (hier beschreiben Sie Ihre größten Stärken, zum Beispiel:) mehr Möglichkeiten hätte, meine Kreativität und Eigeninitiative unter Beweis zu stellen.« Wenn Sie entlassen wurden: »Normalerweise komme ich mit anderen Menschen gut aus, aber in diesem Fall haben mein Chef und ich uns einfach nicht verstanden. Schwer zu sagen, warum.« Mehr müssen Sie dazu nicht sagen. Wenn Sie entlassen wurden und Ihre Stelle danach nicht mehr besetzt wurde: »Meine Stelle wurde wegrationalisiert.«
»Wie ist Ihre gesundheitliche Verfassung?« »Wie oft haben Sie in Ihrer früheren Position gefehlt?«	Der Arbeitgeber befürchtet, dass Sie häufig krank feiern oder fehlen werden, wenn Sie eingestellt werden.	Sie werden nicht fehlen. Wenn Sie gesundheitliche Probleme haben sollten, betonen Sie, dass Sie das nicht von der täglichen Arbeit abhalten wird. Ihre Produktivität ist ausgezeichnet, im Vergleich mit der von anderen Arbeitnehmern.	Wenn Sie in Ihrem früheren Job nicht häufig gefehlt haben: »Ich denke, es ist die Aufgabe eines Arbeitnehmers, an jedem Arbeitstag zur Arbeit zu erscheinen.« Wenn Sie häufig gefehlt haben, sagen Sie, warum, und betonen Sie, dass dies durch Schwierigkeiten bedingt war, die der Vergangenheit angehören.

Frage des Arbeitgebers	Die Befürchtung, die hinter der Frage steckt	Der Aspekt, den Sie vermitteln wollen	Mögliche Redewendungen
»Können Sie mir erklären, warum Sie so lange nicht gearbeitet haben?« »Können Sie mir die Lücken in Ihrem Lebenslauf erklären?«	Der Arbeitgeber befürchtet, dass Sie zu den Menschen gehören, die ihren Job in dem Augenblick aufgeben, in dem sie feststellen, dass ihnen irgendetwas daran nicht gefällt; mit anderen Worten, dass Sie kein Durchhaltevermögen haben.	Sie lieben es zu arbeiten, und Sie betrachten Zeiten, in denen es nicht so läuft, wie Sie es gerne hätten, als Herausforderung, der Sie sich mit Freude stellen.	»Während der Lücken in meinem Lebenslauf habe ich studiert/war ich ehrenamtlich tätig/habe ich mich intensiv damit auseinander gesetzt, was ich in meinem Leben erreichen will/habe ich mich neu orientiert.«
»Würde diese Stelle für Sie nicht einen Abstieg bedeuten?« »Ich glaube, dieser Job läge weit unter Ihren Fähigkeiten und Ihrer Erfahrung.« »Meinen Sie nicht, dass Sie für diese Stelle überqualifiziert wären?«	Der Arbeitgeber befürchtet, dass Sie woanders ein höheres Gehalt erwarten könnten und ihn deshalb verlassen werden, sobald Sie etwas Besseres in Aussicht haben.	Sie werden bei diesem Job bleiben, so lange Sie und der Arbeitgeber darin übereinstimmen, dass dies der Ort ist, an dem Sie arbeiten sollten.	»Diese Stelle bedeutet für mich keinen Abstieg. Es ist ein Schritt nach vorn – aus der Arbeitslosigkeit heraus.« »Wir haben gemeinsame Befürchtungen: Jeder Arbeitgeber hat Angst, dass ein guter Mitarbeiter zu schnell wieder gehen könnte, und jeder Arbeitnehmer fürchtet sich davor, aus geringfügigem Anlass gefeuert zu werden.« »Ich arbeite gern, und ich gebe in jedem Job mein Bestes.«
»Erzählen Sie mir, was Ihre größte Schwäche ist.«	Der Arbeitgeber befürchtet, Sie könnten irgendeine Charakterschwäche haben, und hofft nun, dass Sie diese offenbaren werden.	Sie haben Ihre Grenzen, wie jeder andere Mensch auch, aber Sie arbeiten ständig an sich, um sich zu verbessern und ein immer effektiverer Mitarbeiter zu werden.	Erwähnen Sie eine Schwäche und betonen Sie einen positiven Aspekt daran: »Ich mag es nicht, zu sehr kontrolliert zu werden, weil ich ein hohes Maß an Eigeninitiative habe und weil ich Probleme gerne vorwegnehme, bevor sie überhaupt entstehen.«

Im Laufe des Gespräches können Sie im Stillen feststellen (ohne es jedoch zu erwähnen), dass sich der Zeitrahmen verändert, in dem die Fragen des Arbeitgebers sich bewegen.

Denn wenn das Gespräch in Ihrem Sinne verläuft, bewegt sich normalerweise der zeitliche Bezug in den Fragen Ihres Gesprächspartners – wenn auch langsam – durch die folgenden Stadien:

- Weit zurückliegende Vergangenheit, zum Beispiel: »Wo haben Sie Ihre Ausbildung gemacht beziehungsweise studiert?«
- Jüngere Vergangenheit, zum Beispiel: »Erzählen Sie mir etwas über Ihre letzte Stelle.«
- Gegenwart, zum Beispiel: »Nach welcher Art von Arbeit suchen Sie?«
- Kurzfristige Zukunft, zum Beispiel: »Könnten Sie in einer Woche zu einem weiteren Gespräch zu uns kommen?«
- Eventuell langfristige Zukunft, zum Beispiel: »Wo möchten Sie heute in fünf Jahren stehen?«

Je weiter sich die Fragen des Arbeitgebers von der Vergangenheit in Richtung Zukunft bewegen, desto günstiger verläuft das Gespräch für Sie. Wenn die Fragen sich allerdings hartnäckig mit der Vergangenheit beschäftigen, sind Ihre Aussichten nicht so gut. Nun ja, man kann nicht alles haben!

Wenn sich der zeitliche Rahmen der Fragen Ihres Gegenübers konstant auf die Zukunft zu bewegt hat, empfehlen Ihnen die Experten, einige wesentliche Fragen über das Unternehmen zu stellen.

- »Wie sieht die Position im Einzelnen aus, für die ich in Frage komme?«
- »Falls Sie mich einstellen, mit welchen Pflichten wäre das verbunden?«
- »Wofür wäre ich verantwortlich?«
- »Für welche Aufgaben würden Sie mich einstellen?«
- »Würde ich in einem Team oder in einer Gruppe arbeiten?«
- »Wer wäre mein Vorgesetzter?«
- »An wen würde ich berichten?«
- »Wer sorgt dafür, dass ich das notwendige Training erhalte, damit ich mich rasch einarbeite?«
- »Gibt es Beurteilungen, wie häufig und durch wen?«
- »Was waren die Stärken und Schwächen der Vorgänger in diesem Job?«
- »Warum haben Sie selbst entschieden, hier zu arbeiten?«

- »Was hätten Sie gerne über dieses Unternehmen gewusst, bevor Sie angefangen haben?«
- »Welche besonderen Eigenschaften haben es Ihnen Ihrer Meinung nach ermöglicht, in Ihrem Job erfolgreich zu sein?«
- »Würden Sie mich demjenigen vorstellen, für den ich arbeiten soll (falls nicht Sie es sind)?«

Die Recherche, die Sie hier durchführen, soll Ihnen zu Informationen darüber verhelfen, was Sie für die Firma tun können, nicht darüber, was die Firma für Sie tun kann. Fragen Sie an dieser Stelle nicht nach betrieblicher Altersversorgung, Überstundenausgleich, Urlaubsanspruch, Sonderleistungen und dem Gehalt. Weiter hinten lesen Sie, wann Sie darüber reden können.

Bedenken Sie, dass der Einstellungsprozess eher dem Bemühen ähnelt, einen Partner fürs Leben zu finden, als der Entscheidung, ein neues Auto zu kaufen oder nicht. »Den Partner fürs Leben zu finden« bedeutet, dass die Mechanismen, mit denen Menschen naturgemäß entscheiden, jemanden einzustellen, denen ähneln, mit denen Sie entscheiden, ob sie jemanden heiraten wollen oder nicht. In beiden Fällen haben die Menschen Angst davor, einen Fehler zu machen.

Beruhigender Gedanke Nr. 6

Egal, welches Handicap Sie haben, es wird Sie nicht davon abhalten, eingestellt zu werden. Es wird höchstens dazu führen, dass einige Unternehmen Sie nicht einstellen.

Die meisten von uns glauben, bei der Suche nach einem Job irgendein besonderes verborgenes oder sichtbares Handicap zu haben, das eine Einstellung verhindern könnte – und zwar für immer. Die Handicaps, die uns stören, sind Dinge wie:

- Ich habe eine körperliche Behinderung.
- Ich habe eine geistige Behinderung.
- Ich habe keinen akademischen Abschluss.
- Ich habe kein Abitur.
- Ich mache gerade erst mein Examen.
- Ich habe erst vor einem Jahr mein Examen gemacht.
- Ich habe vor viel zu langer Zeit mein Examen gemacht.
- Ich bin Autodidakt.
- Ich sehe zu gut aus.
- Ich bin zu hässlich.
- Ich bin zu dünn.
- Ich bin zu dick.
- Ich bin zu jung.
- Ich bin zu alt.
- Ich bin noch zu neu auf dem Arbeitsmarkt.
- Ich nähere mich schon fast dem Rentenalter.
- Ich bin vorbestraft.
- Ich war schon einmal in psychiatrischer Behandlung.
- Ich hatte noch niemals einen Job.
- Ich hatte zu viele verschiedene Jobs.
- Ich hatte nur einen einzigen Arbeitgeber.
- Ich habe eine dunkle Hautfarbe.
- Ich bin Ausländer.
- Ich bin nicht gebildet genug.
- Ich bin zu intellektuell.
- Ich bin zu sehr Generalist.
- Ich bin zu sehr Spezialist.

- Ich habe Wehrdienst geleistet.
- Ich habe Zivildienst geleistet.
- Ich habe bisher nur für gemeinnützige Organisationen gearbeitet.
- Ich habe nur für große Unternehmen gearbeitet.
- Ich habe nur für kleine Unternehmen gearbeitet.
- Ich bin zu schüchtern.
- Ich bin zu bestimmend.
- Ich habe einen völlig anderen beruflichen Hintergrund.
- Ich komme aus einer anderen Branche.
- Ich komme von einem anderen Planeten.

Ich würde sagen, die wahre Bedeutung der obigen umfangreichen Liste liegt darin, dass es nur drei Wochen in Ihrem Leben gibt, in denen Sie vermittelbar sind.

Viele von uns glauben, dass wir ein bestimmtes Buch brauchen, aus dem wir lernen, wie wir trotz unseres Handicaps erfolgreich einen Job suchen können. Aber eigentlich müssen wir nur die folgende, einzige, einfache Wahrheit im Kopf behalten:

> Es gibt *zwei* Arten von Arbeitgebern auf dem Arbeitsmarkt: Diejenigen, die sich durch Ihr Handicap abschrecken lassen und Sie deshalb nicht einstellen werden, und diejenigen, die sich durch Ihr Handicap nicht abschrecken lassen und die Sie einstellen werden, sofern Sie für den Job qualifiziert sind.

An den Arbeitgebern, die an erster Stelle genannt werden, sind Sie nicht interessiert, egal wie viele es davon gibt – es sei denn, als Quelle für weitere Kontakte. Sie suchen also nur nach der zweiten Art von Arbeitgebern.

Also: Wenn der Arbeitgeber, mit dem Sie reden, sich offensichtlich an Ihrem (vermeintlichen) Handicap stört, dann bringen Sie das Gespräch in aller Ruhe zum Abschluss und fragen Sie ihn, ob er jemanden kennt, der an Ihren Fähigkeiten interessiert sein könnte. Fahren Sie fort, bis Sie einen Arbeitgeber finden, der der zweiten Kategorie angehört.

Es kommt nicht darauf an, welche Fähigkeiten Sie nicht besitzen, solange die Fähigkeiten, die Sie besitzen, genau denen entsprechen, die zu einem bestimmten Job passen.

Literaturempfehlung

Ein praxisnahes Buch hat Martin John Yate verfasst, *Das erfolgreiche Bewerbungsgespräch. Überzeugende Antworten auf alle Fragen*, Campus Verlag, 1998.

Wie Sie das Gespräch beenden

Letzte Fragen

An einem gewissen Punkt sollte das Gespräch beendet werden. Nicht, dass Sie nicht zu weiteren Gesprächen wiederkommen könnten. Aber dieses Gespräch sollte damit enden, dass Sie sechs oder vielleicht sieben Fragen stellen. In den meisten Fällen wird der Arbeitgeber Ihnen diese Informationen nicht von sich aus geben, wenn Sie nicht danach fragen.

- **»Gibt es in diesem Unternehmen Arbeit, für die Sie mich bei meinen Fähigkeiten und meiner Erfahrung in Betracht ziehen könnten?«** Diese Frage stellen Sie, wenn Sie nicht von Anfang an auf eine bestimmte Position hingearbeitet haben. Sonst fangen Sie mit Frage Nr. 2 an.
- **»Können Sie mir diesen Job anbieten?«** Es ist erstaunlich, wie viele Jobsuchende sich eine Stelle gesichert haben, weil sie mutig genug waren, am Ende des Gespräches danach zu fragen, entweder mit der gleichen Formulierung wie oben oder mit anderen Worten. Ich weiß nicht, warum das so ist. Ich weiß nur, *dass* es so ist.
Wenn Sie sich also sicher sind, dass Sie diesen Job wirklich haben wollen, nachdem Sie alles über den Job bei dieser Firma erfahren haben, dann fragen Sie danach. Das Schlimmste, was Ihnen passieren kann, ist ein Nein oder die Antwort »Wir benötigen ein wenig Zeit, um uns ein Bild über alle Gespräche machen zu können, die wir mit verschiedenen Bewerbern führen«. In diesem Fall gehen Sie weiter zur nächsten Frage. (Oder zur letzten Frage, wenn man Ihnen eine sofortige Absage erteilt.)
- **»Möchten Sie, dass ich zu einem weiteren Gespräch zu Ihnen komme?«** Wenn der Arbeitgeber Sie ernsthaft als neuen Mitarbeiter in Betracht zieht, wird dieses Vorstellungsgespräch mit großer Wahrscheinlichkeit

nur das erste einer Reihe von Gesprächen sein. Normalerweise gibt es eine zweite, oft sogar eine dritte und vierte Runde. Sie wollen natürlich an den weiteren Runden teilnehmen. Viele Experten sagen sogar, Sie sollten während Ihres ersten Vorstellungsgespräches nur das Ziel haben, zu einem weiteren Gespräch eingeladen zu werden. Wenn Sie das erreicht haben, können Sie das erste Gespräch als durchschlagenden Erfolg bezeichnen.

- **»Wann darf ich erwarten, von Ihnen zu hören?«** Sie wollen vermeiden, dass die Kontrolle über die folgenden Schritte allein beim Arbeitgeber liegt. Sie wollen sie selbst behalten. Sogar wenn Ihr Gesprächspartner sagt: »Wir müssen darüber nachdenken« oder »Wir werden Sie telefonisch über ein zweites Gespräch informieren«, wollen Sie vermeiden, dass sich das im Nachhinein nur als Absichtserklärung des Arbeitgebers entpuppt. Sie wollen ihn festnageln.
- **»Wann werde ich spätestens wieder von Ihnen hören?«** Ihr Gesprächspartner hat Ihnen auf Ihre letzte Frage vermutlich die günstigste Variante in Aussicht gestellt. Nun wollen Sie wissen, wie es schlimmstenfalls aussehen könnte. Ein Arbeitgeber gab mir auf die Frage nach dem schlimmsten Fall zur Antwort: »Niemals!« Ich dachte damals, er habe sehr viel Humor. Leider stellte sich heraus, dass es kein Scherz war.
- **»Darf ich nach diesem Termin noch einmal Kontakt zu Ihnen aufnehmen, nur für den Fall, dass Sie mich aus irgendeinem Grunde nicht erreichen konnten?«** Einige Arbeitgeber werden diese Frage nicht sehr schätzen; Sie werden es daran merken, dass die Antwort lautet: »Trauen Sie mir etwa nicht?« Die meisten Arbeitgeber reagieren jedoch positiv auf ein solches Angebot, weil es sich unter Umständen als Sicherheitsnetz erweisen könnte. Sie wissen, dass sie vielleicht sehr beschäftigt sein werden, dass andere Dinge sie zu sehr in Anspruch nehmen könnten, dass sie vergessen, wie viel Zeit schon verstrichen ist. In einem solchen Fall ist es hilfreich, wenn Sie ihnen ein solches Vorgehen vorschlagen – besonders, wenn sie wirklich an Ihnen interessiert sind. (Wenn sie Ihnen zu verstehen geben, dass ihnen die Frage missfällt, dann ist das unter Umständen ein Hinweis darauf, dass sie gar nicht so sehr an Ihnen interessiert sind und dass sie Sie loswerden wollen.)
- **»Kennen Sie jemanden, der ein Interesse daran haben könnte, mich einzustellen?«** Diese Frage stellen Sie nur, wenn Sie auf Ihre erste Frage eine negative Antwort bekommen haben.

Wenn Sie Antworten auf Ihre sechs ersten Fragen hier bekommen und alle Antworten notiert haben, die Sie vielleicht noch brauchen, stehen Sie auf, danken ihnen aufrichtig für ihre Zeit, verabschieden sich mit einem festen Händedruck und gehen.

Halten Sie sich in den folgenden Tagen an Ihre Abmachung und rufen Sie nicht an (denken Sie allerdings an Ihr Dankschreiben), bevor nicht der letzte Termin, auf den Sie sich geeinigt haben (in der Antwort auf die sechste Frage), verstrichen ist.

Wenn Sie sich nach diesem Termin bei dem Unternehmen melden und man Ihnen sagt, dass immer noch keine Entscheidung getroffen wurde, stellen Sie die letzten drei Fragen noch einmal. Und so weiter und so fort.

Übrigens ist es angemessen, nach jedem Gespräch oder telefonischen Kontakt ein Dankschreiben zu versenden. Das wird dazu beitragen, sich an Sie zu erinnern, ohne dass Sie jemandem auf die Nerven fallen.

Wieder zu Hause: Die Bedeutung von Dankesbriefen

Es ist abends, und Sie sind wieder zu Hause. Sie legen die Beine hoch und entspannen sich. Für heute ist es mit der Jobsuche vorbei. O nein – noch nicht! Sie haben noch etwas zu erledigen: Die Dankschreiben warten auf Sie. Jeder Bewerbungs-Experte wird Ihnen drei Dinge sagen:

- **Dankesbriefe müssen nach jedem Gespräch,** noch am selben Abend oder spätestens am nächsten Morgen abgeschickt werden.
- **Die meisten Jobsuchenden ignorieren diesen Hinweis** – es ist sogar der am häufigsten übersehene Schritt während des gesamten Jobsuchprozesses.

© 1989.

- **Sie werden sich also von allen anderen Bewerbern positiv abheben,** wenn Sie nur daran denken, ein Dankschreiben an die Person zu verschicken, mit der Sie Ihr Gespräch geführt haben (und an die Sekretärin oder die Leute, mit denen Sie Kontakt hatten, während Sie dort waren).

Wenn Sie eine zusätzliche Ermutigung benötigen, so finden Sie hier einige Gründe, um ein Dankschreiben an den Arbeitgeber zu schicken, bei dem Sie ein Vorstellungsgespräch hatten:

- **Sie stellen unter Beweis, dass Sie gut mit Menschen umgehen können.** Indem Sie ein Dankschreiben abschicken, untermauern Sie jede Behauptung, die Sie während des Gesprächs in dieser Richtung gemacht haben. Daran können sie sehen: Sie können tatsächlich gut mit Menschen umgehen, schließlich denken Sie daran, sich bei ihnen zu bedanken.
- **Es hilft dem Arbeitgeber, sich an Sie zu erinnern.** Wenn Ihre Gesprächspartner einen sehr arbeitsreichen Tag hatten, haben sie am nächsten Morgen vielleicht nur noch eine schemenhafte Vorstellung von Ihnen. Das Dankschreiben hilft, diesen Eindruck aufzufrischen.
- **Es gibt Ihrem Gesprächspartner etwas an die Hand, was er anderen Entscheidern zeigen kann,** falls mehr als eine Person in den Auswahlprozess involviert ist. Es gibt Ihnen die Chance, Ihr Interesse an weiteren Gesprächen zu unterstreichen, wenn das erste gut gelaufen ist. »Ich würde mich gerne mit Ihnen weiter unterhalten, wenn es Ihnen recht ist.«
- **Es gibt Ihnen die Möglichkeit, einen falschen Eindruck zu korrigieren.** Sie können auch noch etwas anfügen, was Sie zu erzählen vergessen haben, oder die zwei oder drei Aspekte betonen, an die sie sich Ihrer Meinung nach unbedingt erinnern sollten, wenn sie die Argumente für und gegen Ihre Einstellung abwägen.
- **Es kann dazu führen, dass Sie den Job bekommen.** Ein Unternehmen entschied sich für eine von 35 Bewerberinnen für einen Public-Relations-Job nur deshalb, weil sie die Einzige von 35 Bewerberinnen mit Vorstellungsgesprächen war, die ihnen ein Dankschreiben geschickt hatte.
- **Wenn Sie den Job nicht bekommen, haben Sie so die Möglichkeit, um weitere Hinweise zu bitten,** falls sie zufällig erfahren sollten, dass andere Unternehmen an jemandem mit Ihren Fähigkeiten interessiert sein könnten.

Ein Personalmanager erzählte mir: »Ein kurzer Geschäftsbrief, den ich unverzüglich und per Fax bekomme, in dem sich jemand für meine Zeit bedankt und (kurz!) zusammenfasst, welche einzigartigen Fähigkeiten er oder sie besitzt, zeigt mir, dass diese Person ein sicherer, motivierter und kundenorientierter Verkäufer ist, der moderne Technologien zu nutzen weiß und die Spielregeln kennt. Das sind die Eigenschaften, nach denen ich suche ... Im Moment schickt mir von 15 Bewerbern, mit denen ich gesprochen habe, im Normalfall einer einen Brief.«

Wie
und wann Sie Ihr Gehalt verhandeln

Die Gehaltsfrage

Wenn die Gesprächsphase des Vorstellungsgespräches fast vorüber und gut gelaufen ist, ist es Zeit, sich mit der Frage auseinander zu setzen, die den Arbeitgeber unausweichlich beschäftigt: »Wie viel wird mich dieser Mitarbeiter kosten?« und die auch Ihnen auf der Zunge brennt: »Wie viel verdiene ich mit diesem Job?« Die Regeln sind ganz einfach:

Wie viel Geld brauchen Sie?

Bevor Sie zu Ihrem Vorstellungsgespräch gehen, überlegen Sie, wie viel Geld Sie in diesem Job mindestens verdienen müssen, wenn er Ihnen angeboten wird. Das ist der Alptraum eines jeden Jobsuchenden: Ihnen gefällt die Aussicht, hier zu arbeiten, aber – was dann, wenn das höchste Angebot des Arbeitgebers noch nicht einmal Ihren geringsten Anforderungen entspricht, so dass Sie am Hungertuch nagen müssten, wenn Sie die Stelle annähmen?

Nehmen wir an, Sie benötigen ein Jahresgehalt von 60 000 Mark, nur um zu überleben, aber das Höchste, was man Ihnen bezahlen will, sind 48 000 Mark. Sie sehen, wo das Problem liegt. Sie müssen schon vorher wissen, wie viel Sie mindestens verdienen müssen.

Sie können dem Problem auf zweierlei Art begegnen: Sie stellen wilde Vermutungen an – und finden, nachdem Sie den Job angetreten haben, heraus, dass es für Sie schlicht und ergreifend unmöglich ist, von Ihrem Gehalt zu leben (die beliebteste Strategie in diesem und in vielen anderen Ländern). Oder Sie stellen Ihre eigenen Berechnungen an, so dass Sie wissen, wovon Sie reden. Übungen zu diesem Thema finden Sie im Anhang A.

Diskutieren Sie erst am Schluss über Ihr Gehalt

Diskutieren Sie niemals über Ihr Gehalt, bevor das Gespräch zum Ende kommt und man Ihnen definitiv zu verstehen gegeben hat, dass man Sie haben will. Zuerst müssen die folgenden Bedingungen erfüllt sein:

- Sie haben die letzte Gesprächsrunde in diesem Unternehmen und für diese Position erreicht.
- Man hat Sie von Ihrer besten Seite kennen gelernt, und es ist deutlich geworden, wodurch Sie sich von den Mitbewerbern positiv abheben.
- Sie haben das Unternehmen so umfassend wie möglich kennen gelernt, so dass Sie wissen, wann es unnachgiebig und wann es flexibel ist.
- Sie wissen ganz genau, was alles zu den Aufgaben gehört.
- Das Unternehmen hatte die Gelegenheit zu erkennen, wie gut Sie zu dem Anforderungsprofil passen.
- Sie haben beschlossen: »Ich will wirklich gern hier arbeiten.«
- Man hat Ihnen gesagt: »Wir wollen Sie haben.«
- Man hat Ihnen gesagt oder zu verstehen gegeben: »Wir müssen Sie haben.«

Warum ist es zu Ihrem Vorteil, die Gehaltsverhandlung aufzuschieben? Wenn Sie während des Vorstellungsgespräches einen wirklich brillanten Eindruck gemacht haben, kann es sein, dass Ihnen am Ende ein höheres Gehalt angeboten wird, als man zu Beginn des Gesprächs im Hinterkopf hatte.

Sprechen Sie das Thema also nicht früher an. Und wenn der Arbeitgeber die Frage nach dem Gehalt zu früh anspricht, sollten Sie freundlich,

Wann verhandeln Sie über Ihr Gehalt?

aber bestimmt antworten: »Ich möchte mich gerne mit Ihnen über dieses Thema unterhalten, aber können Sie mir erst genauer erklären, was diese Position beinhaltet?« oder »Bevor Sie nicht endgültig entschieden haben, dass Sie mich einstellen wollen und bevor ich nicht endgültig beschlossen habe, dass ich Ihnen bei Ihrer Aufgabe helfen kann, habe ich den Eindruck, dass der Zeitpunkt verfrüht ist, über dieses Thema zu reden.« Das wird in den meisten Fällen helfen.

© 1980 Universal Press Syndicate.

Wenn man Sie aber deshalb so früh fragt, weil man entschlossen ist, den Bewerber zu nehmen, der für das geringste Gehalt zu arbeiten bereit ist, dann müssen Sie entscheiden, wie gern Sie den Job wirklich haben wollen, und wenn die Antwort »sehr gerne« lautet, müssen Sie sich dazu äußern – möglichst in Form einer Spanne – und Daumen drücken.

Verhandeln Sie

Sie werden um das Gehalt verhandeln müssen, weil der Arbeitgeber kaum sofort den Betrag nennen wird, den er maximal zu zahlen bereit ist. Gehaltsverhandlungen würden niemals stattfinden, wenn jeder Arbeitgeber in jedem Vorstellungsgespräch von vornherein alle Karten offen legen würde.

Manche Arbeitgeber eröffnen das Vorstellungsgespräch mit ihrer Gehaltsvorstellung. Und das ist das Ende jeder weiteren Gehaltsverhandlung. Aber die meisten Arbeitgeber verfahren nicht so. In der Hoffnung, dass sie Sie für weniger bekommen, nennen sie eine Summe, die unter dem liegt, was sie höchstens zu zahlen bereit wären. Damit schaffen sie eine Spanne. Und um diese Spanne geht es in jeder Gehaltsverhandlung.

Wenn der Arbeitgeber zum Beispiel jemanden für höchstens 60 000 Mark Jahresgehalt einstellen will, dann bietet er vielleicht erst nur 50 000 Mark. In diesem Fall beträgt die Spanne 50 000 bis 60 000 Mark. Oder wenn er nicht mehr als 120 000 Mark zahlen will, bietet er anfangs nur 100 000 Mark. Die Spanne beträgt also 100 000 bis 120 000 Mark. Wenn es eine solche Spanne gibt, dann haben Sie selbstverständlich ein volles Recht darauf, das höchste Gehalt auszuhandeln, das noch innerhalb dieses Rahmens liegt.

Der Arbeitgeber versucht, Geld zu sparen. Sie versuchen, so viel Geld zu bekommen wie möglich, schließlich sind Sie und Ihre Liebsten sich am nächsten. An beiden Zielen ist nichts auszusetzen. Aber wenn das Angebot des Arbeitgebers niedrig ist, ist eine Gehaltsverhandlung angemessen und wird sogar in gewissem Maße erwartet.

Lassen Sie dem Arbeitgeber den Vortritt

Um eine Gehaltsverhandlung zu gewinnen, sollten Sie es vermeiden, als erster einen Betrag zu nennen. Wenn Ihr Gesprächspartner erfahren ist, wird er Sie immer dazu bringen wollen, einen Betrag zu nennen, bevor er es tut, indem er irgendeine unschuldig klingende Frage stellt, zum Beispiel: »Welches Gehalt versuchen Sie zu bekommen?« Nun, wie nett von ihm, dass er mich fragt, was ich möchte, mögen Sie denken. Nein, mit Freundlichkeit hat das nichts zu tun.

Er hofft einfach, dass Sie als Erster einen Betrag nennen, weil ihm aus seiner jahrelangen Erfahrung eine traurige Wahrheit über Gehaltsverhandlungen klar ist: Wer auch immer als Erster konkrete Zahlen nennt, verliert die Gehaltsverhandlung letztendlich.

Und so werden Sie auf diese unschuldige Frage immer mit einer Antwort wie dieser reagieren: »Nun, Sie haben diese Position geschaffen, also müssen Sie auch eine Zahl im Kopf haben, und ich würde wirklich gerne erfahren, wie hoch sie liegt.«

Kennen Sie das Topgehalt?

Um eine Gehaltsverhandlung für sich zu entscheiden, sollten Sie wissen, was ein Topgehalt in diesem Tätigkeitsfeld ist. Gut, der Arbeitgeber nennt einen Betrag. Aber woran erkennen Sie, ob dieser das Einstiegsgebot für die weitere Verhandlung oder bereits der maximale Betrag ist?

Sie können es natürlich nicht genau wissen. Aber Sie können Vermutungen anstellen, wenn Sie ungefähr wissen, wie viel für Jobs in diesem Feld oder dieser Branche in etwa gezahlt wird, um es allgemein zu sagen. Und das bedeutet Recherche.

O nein, sagen Sie. Ist der Aufwand nicht größer als der Nutzen, den ich hätte? Natürlich, wenn Sie meinen. Aber wenn Sie fest entschlossen sind, diesen Job zu bekommen, wird sich die Recherche über die Höhe des Gehalts sicher auszahlen.

Nehmen wir an, es nimmt ein bis drei Tage in Anspruch, bis Sie diese Information über die drei oder vier Organisationen eingeholt haben, für die Sie sich am meisten interessieren. Und wenn Sie schließlich in die Gehaltsverhandlungen eintreten, stellen Sie fest, dass das Angebot des Arbeitgebers zu niedrig ist für diese Branche. Also nennen Sie die branchenüblichen Zahlen und nennen ein Gehalt, das (beispielsweise) 10 000 Mark höher ist als das, das man Ihnen eigentlich zahlen wollte. Worauf läuft das hinaus?

Das sind 10 000 Mark mehr pro Jahr, innerhalb von drei Jahren 30 000 Mark. Kein schlechtes Honorar für ein bis drei Tage Arbeit!

Ich kenne viele Jobsuchende und Berufsumsteiger, denen das gelungen ist. Oder, um es anders zu formulieren: Wenn Sie nicht recherchieren, werden Sie draufzahlen!

Nun gut, wie gehen Sie dabei vor? Es gibt eine einfache Regel: Verlassen Sie sich nicht auf Bücher, reden Sie mit Menschen. Ich werde Ihnen einige Beispiele aus verschiedenen Branchen nennen, so dass Sie sehen können, wie es funktioniert.

Beispiel Nr. 1: Fastfood-Restaurant

Sie haben Ihren ersten Aushilfsjob – in einem Fastfood-Restaurant.

Solche Unternehmen zahlen Gehälter nach ihren eigenen Vorstellungen. Sie können hingehen, nach einem Job fragen und um ein Gespräch mit dem Geschäftsführer bitten. Man wird Ihnen im Normalfall sofort sagen, wie hoch die Bezahlung ist. Einen Spielraum haben Sie hier meistens nicht. Aber immerhin entdecken Sie auf diese Weise, wie einfach es ist, die Höhe der Bezahlung herauszufinden.

Übrigens verpflichtet Sie das natürlich nicht dazu, den Job anzutreten – aber das wissen Sie vielleicht schon. Sie können jederzeit und an jedem Arbeitsplatz ein Angebot ablehnen. Deshalb ist die Recherche wirklich harmlos.

Beispiel Nr. 2: Bauunternehmen

Sie wollen in einem Unternehmen arbeiten, in dem Sie nicht herausfinden können, wie hoch die Bezahlung ist, beispielsweise in einem Bauunternehmen.

Wenn Sie in der Baufirma, in der Sie gerne arbeiten würden, nicht herausfinden können, wie hoch die Bezahlung ist, gehen Sie zu einem anderen Bauunternehmen in der gleichen Stadt – einem, für das Sie sich nicht so sehr interessieren – und fragen Sie, was dort gemacht wird. Erkundigen Sie sich, welche Jobs es zur Zeit gibt (und welche sie in Zukunft haben werden). Das ist der Zeitpunkt, an dem auch die Frage nach dem möglichen Gehalt legitim ist.

Wenn Sie diese Recherche irgendwo durchgeführt haben, wo Sie nicht arbeiten wollen, gehen Sie zu dem Unternehmen, das Sie wirklich interessiert und bewerben Sie sich dort. Sie wissen dann zwar immer noch nicht genau, was man Ihnen zahlen wird, aber Sie wissen, was die Konkurrenz zahlt – und das ist normalerweise eine ziemlich genaue Annäherung.

Beispiel Nr. 3: Sekretariat

Sie wollen in einem Büro als Sekretärin arbeiten.

In diesem Bereich können Sie häufig wertvolle Informationen über die übliche Gehaltshöhe finden, indem Sie ein oder zwei Wochen lang die Stellenangebote in der Tagespresse studieren. In den meisten Anzeigen wird zwar kein Gehalt genannt, aber es gibt Ausnahmen. Notieren Sie sich die höchsten und die niedrigsten Beträge und versuchen Sie, Gründe für die Unterschiede zu entdecken. Es ist interessant, wie viel Sie auf diese Weise über Gehälter erfahren.

Eine andere Möglichkeit, Informationen über Gehälter zu sammeln, besteht darin, sich von einer Zeitarbeitsfirma als Schreibkraft in verschiedenen Unternehmen unterbringen zu lassen; je mehr, desto besser. Es ist relativ leicht, die Höhe des Gehaltes zu recherchieren, wenn Sie in einem Unternehmen arbeiten. (Bringen Sie in Erfahrung, was das Unternehmen der Zeitarbeitsfirma zahlt, nicht, was die Agentur Ihnen zahlt.) Wenn es ein Büro ist, in dem die anderen Mitarbeiter Sie mögen, ist es ein Leichtes, Fragen über andere Jobs außer Sekretariatsarbeiten und deren Bezahlung zu stellen.

Bevor Sie Ihre Recherche beenden, bevor Sie das Unternehmen für Ihr letztes Vorstellungsgespräch aufsuchen, wollen Sie herausfinden, wie weit die Gehaltsspanne für Ihre Position ist. In jedem Unternehmen, das mehr als fünf Mitarbeiter hat, ist die Spanne relativ leicht herauszufinden. Sie werden weniger verdienen als die Person, die sich in der Hierarchie über Ihnen befindet, aber mehr als die Person, die sich in der Hierarchie unter Ihnen befindet, zum Beispiel:

Die Person *unter* Ihnen verdient	Die Person *über* Ihnen verdient	Also beträgt die Spanne für Ihre Position
97 000 Mark	142 000 Mark	98 000 – 141 000 Mark
63 000 Mark	86 000 Mark	64 000 – 85 000 Mark
25 000 Mark	40 500 Mark	25 500 – 39 500 Mark

Ein winzig kleines Problem: Wie finden Sie heraus, wie viel Ihre Kollegen über und unter Ihnen verdienen? Nun, als Erstes müssen Sie ihre Namen und die Bezeichnungen ihrer Position herausfinden. Wenn Sie sich für ein kleines Unternehmen interessieren – eines, das 20 oder weniger Angestellte hat –, sollte das ein Leichtes sein. Jeder Mitarbeiter des Unternehmens sollte die Antwort kennen, und Sie können normalerweise über Ihre Beziehungen Kontakt zu diesen Mitarbeitern – oder selbst zu ehemaligen Mitarbeitern – aufnehmen. Da die überwiegende Anzahl aller neuen Stellen von Unternehmen dieser Größe geschaffen wird, werden Sie mit großer Wahrscheinlichkeit ohnehin in derartigen Firmen recherchieren.

Wenn Sie sich für ein größeres Unternehmen interessieren, müssen Sie auf unseren bekannten rettenden Strohhalm zurückgreifen, nämlich alle Kontakte, die Sie haben (Familie, Freunde, Bekannte, Verwandte, Geschäftskontakte oder Freizeitbekanntschaften), die die Firma kennen und damit auch die Informationen, nach denen Sie suchen. Sie suchen »jemanden, der jemanden kennt«, der in diesem bestimmten Unternehmen oder den Unternehmen, für die Sie sich interessieren, entweder arbeitet oder gearbeitet hat, und der Ihnen deshalb diese Information verschaffen kann.

Wenn Sie bei einem speziellen Unternehmen auf eine absolute Mauer des Schweigens stoßen (weil alle Angestellten zu Stillschweigen verpflichtet sind), beschaffen Sie sich die Information über den engsten Konkurrenten aus derselben Region. Nehmen wir zum Beispiel an, Sie informieren sich über Bank X, die sich jedoch hinsichtlich der Höhe der Gehälter, die sie ihren Managern zahlt, als unergründlich erweist. Sie würden sich dann Bank Y zuwenden, um festzustellen, ob die Informationen dort leichter zu beschaffen sind. Sie treffen eine Annahme, und die besagt, dass die beiden Banken vergleichbare Gehaltsstrukturen haben und dass das, was Sie über Bank Y erfahren haben, auch auf Bank X zutrifft.

Als bisher einziger Dienstleister in diesem Bereich bietet das geva-Institut (Gesellschaft für Verhaltensanalyse und Evaluation mbH) in München einen Service für Privatpersonen an. Sie können dort erfahren, welches Gehalt Sie vor dem Hintergrund Ihrer Ausbildung und Ihrer Berufserfahrung erwarten können. Ihre Daten werden mit einer Datenbank abgeglichen, die von Gehaltsstudien aus umfangreichen Befragungen stammen. Dieser Service ist allerdings kostenpflichtig. Weitere Gehaltsstudien über einzelne Bereiche werden auch regelmäßig in Wirtschaftszeitungen publiziert. Ausführliche Studien anderer Anbieter werden vorwiegend an Firmen verkauft und sind für Normalverbraucher in der Regel unerschwinglich.

Wenn Sie Ihre Recherchen beendet haben, sich jetzt in Ihrem Vorstellungsgespräch befinden und der Arbeitgeber das Gehalt nennt, das er sich vorstellt, seien Sie darauf vorbereitet zu antworten: »Ich bin mir der Einschränkungen, unter denen die Unternehmen derzeit zu leiden haben, durchaus bewusst, aber ich glaube, dass meine Produktivität ein Gehalt in Höhe von ... rechtfertigen würde.« Hier nennen Sie eine Zahl, die sich am oberen Ende der Spanne bewegt.

Es wird Ihnen während Ihrer Verhandlungen sehr viel nützen, wenn Sie in der Lage sind, zu zeigen, auf welche Weise Sie dem Unternehmen helfen werden, Geld zu verdienen oder einzusparen, dass das höhere Gehalt, das Sie erwarten, tatsächlich gerechtfertigt ist. Mit ein wenig Glück werden Sie auf diese Weise das Gehalt bekommen, das Sie sich vorstellen.[22]

Sobald Sie die Gehaltsverhandlungen zu Ihren Gunsten abgeschlossen haben, denken Sie daran, nach einer schriftlichen Bestätigung des Ergeb-

Frank & Ernest, © NFA, Inc.

nisses oder nach einem Arbeitsvertrag zu fragen. Vielleicht ist die Firma zu einer solchen schriftlichen Vereinbarung nicht bereit, obwohl sie dazu verpflichtet ist, aber versuchen sollten Sie es! Die Straße zur Hölle ist gepflastert mit mündlichen Versprechen, die nicht schriftlich bestätigt und – später – nicht eingelöst wurden. Viele Führungskräfte »vergessen« leider, was sie Ihnen während des Vorstellungsgesprächs zugesagt haben, oder leugnen später, dass sie gewisse Dinge jemals gesagt haben sollen. Außerdem verlassen viele Führungskräfte die Firma (freiwillig oder unfreiwillig), und ihre Nachfolger oder ein neuer Chef lehnen die Verantwortung für mündliche Zusagen rundweg ab: »Ich weiß nicht, was sie dazu bewogen hat, Ihnen so etwas zu versprechen, aber sie haben eindeutig ihre Kompetenzen überschritten, und deshalb sind wir natürlich nicht daran gebunden.«

Da wäre noch die Frage nach Gehaltserhöhungen zu einem späteren Zeitpunkt. Sie sollten einplanen, jährliche Erhöhungen zu verhandeln, wenn Ihre Gesprächspartner dieses Thema nicht von sich aus anschneiden.

Zusatzleistungen

Vergessen Sie während Ihrer Gehaltsverhandlung nicht, auch die sogenannten Zusatzleistungen auszuhandeln. Dazu gehören Dinge wie eine Betriebsrente, Mitgliedschaft in einer günstigeren Betriebskrankenkasse, Fahrtkostenzuschüsse, Essensgeld, zusätzliches Urlaubs- und Weihnachtsgeld, Fortbildungsmaßnahmen, Firmenparkplätze, Firmenwohnungen, Betriebskindergärten, die vergünstigte Nutzung von Sport- oder Ferienanlagen und weitere indirekte Zusatzleistungen.

Wenn Ihr Job auf einer höheren Ebene angesiedelt ist, können weitere Zusatzleistungen wie die nachfolgend aufgeführten sein: Zuschüsse zur Lebensversicherung, preiswerte Firmenwohnungen, Übernahme von Umzugskosten, Gewinnbeteiligung, Belegschaftsaktien, Übernahme von Mitgliedsbeiträgen, Gruppenverträge bei Versicherungen, Sabbaticals (unbezahlter oder bezahlter Urlaub mit Wiedereinstiegsgarantie), Freistellung für ehrenamtliche Aufgaben und vieles andere mehr.

Vergessen Sie nicht, danach zu fragen, welche Zusatzleistungen es gibt, und dann – wenn die Gegenseite Sie wirklich als Mitarbeiter haben möchte – darüber zu verhandeln. Deren Wert kann durchaus 30 Prozent Ihres Grundgehalts betragen.

Wenn Sie nach einer Gehaltserhöhung nach Ablauf eines Jahres – oder wann auch immer – fragen, werden Sie dies begründen müssen. Stellen Sie sich darauf ein, dass Sie von Anfang an Ihre Ergebnisse wöchentlich protokollieren. Notieren Sie sie an jedem Wochenende in einem eigens dafür angelegten Heft oder Ordner. Die meisten Berufsexperten empfehlen diese Vorgehensweise, und das möglichst lückenlos. Sie können Ihre Ergebnisse jährlich auf einem Blatt Papier zusammenfassen und Ihrem Chef unter die Nase halten, wenn eine Gehaltserhöhung oder Beförderung zur Debatte steht.[23]

Wie reagieren,
wenn Arbeitgeber Ihnen nie einen Job anbieten

Wenn es nicht Ihr Fehler ist

Ich höre regelmäßig von Jobsuchenden, die berichten, dass sie allen Ratschlägen in diesem Kapitel gefolgt sind und sich mit recht großem Erfolg um Interviews bemüht haben, aber dennoch keine Anstellung fanden. Sie wollen wissen, was sie falsch gemacht haben. Nun, leider ist die Antwort manchmal: gar nichts.

Einige – sehr wenige – Arbeitgeber spielen das falsche Spiel, Sie zu einem Vorstellungsgespräch einzuladen, obwohl sie schon längst jemanden für die fragliche Stelle eingestellt haben! Das trifft oftmals auf den öffentlichen Dienst zu.

Sie sind natürlich begeistert, mit welcher Leichtigkeit es Ihnen gelungen ist, zu diesen Gesprächen eingeladen zu werden. Aber Sie wissen nicht, dass der Arbeitgeber bereits jemanden für den Posten vorgesehen hat. Natürlich gibt es eine kleine Hürde zu überwinden, und die besteht darin, dass die Organisation an einem Förderprogramm des Landes oder des Bundes teilnimmt und deshalb alle Stellen öffentlich ausschreiben muss.

Also muss der Arbeitgeber weiter so tun, als ob er sich an diese Spielregeln hielte: Er wählt zehn Kandidaten aus – darunter seinen Favoriten – und gibt vor, mit allen Bewerbern unvoreingenommen Gespräche zu führen. Dann verfährt er so, wie er es von vornherein geplant hat: Er lehnt die ersten neun ab und entscheidet sich für seinen Favoriten. Sie werden automatisch abgelehnt – auch wenn Sie der bessere Bewerber sind. Der Manager beendet die Farce, indem er behauptet, er sei dem vorgegebenen Einstellungsverfahren ganz nach Vorschrift gefolgt.

Ich weiß nicht, wie oft das geschieht, aber ich weiß, dass es geschieht – unter anderem, weil mehr als ein Arbeitgeber diese Praxis mir gegenüber zugegeben hat. Und zweitens, weil es mir selbst einmal passiert ist.

Wenn Sie einer der neun Alibi-Bewerber sind, werden Sie sich erstaunt fragen, warum Sie abgelehnt wurden. »Was habe ich falsch gemacht?« werden Sie vielleicht heulend fragen. Manchmal lautet die Antwort: nichts.

Wenn es Ihr Fehler ist

Was ist, wenn kein falsches Spiel gespielt wurde? Dann werden Sie vielleicht von einem Arbeitgeber nach dem anderen abgelehnt, weil irgendetwas an Ihrem Auftreten während der Vorstellungsgespräche absolut nicht stimmt. Und das muss nichts besonders Auffälliges sein. Sie können zum Beispiel über alle Fähigkeiten der Welt verfügen, sich über das Unternehmen umfassend informiert haben, die Gesprächssituation trainiert haben, bis Sie alle »richtigen Antworten« perfekt beherrschen, die absolut richtige Besetzung für diesen Job sein, und dennoch ziehen Sie im Vorstellungsgespräch den Kürzeren, weil ... Sie Mundgeruch haben.

Ja, und es gibt noch viele weitere Kleinigkeiten – oftmals in den ersten 30 Sekunden bis zwei Minuten Ihres Vorstellungsgespräches –, die Ihren Gesprächspartner dazu veranlassen zu denken: »Hoffentlich haben wir außer diesem noch weitere Bewerber.« »Killer« lassen sich in fünf grundlegende Kategorien unterteilen:

- **Anzeichen für Nervosität:** Es schreckt Arbeitgeber ab, wenn Sie einen zu schwachen oder zu festen Händedruck haben, sich während des Gesprächs in Ihren Sessel lümmeln oder ständig nervös hin- und herrutschen, ständig den Blickkontakt mit dem Arbeitgeber vermeiden, mit den Fingerknöcheln knacken oder dauernd mit Ihren Händen oder Haaren spielen.
- **Fehlendes Selbstbewusstsein:** Es schreckt Arbeitgeber ab, wenn Sie

ständig extrem selbstkritisch sind, Ihre Leistungen oder Fähigkeiten herunterspielen, so leise reden, dass Ihr Gesprächspartner Sie nicht verstehen kann, oder so laut, dass man noch zwei Räume weiter jedes Wort verstehen kann, auf alle Fragen des Arbeitgebers nur einsilbig antworten, den Arbeitgeber ständig unterbrechen, Ihre Antworten übertrieben vorsichtig formulieren.

- **Unaufmerksamkeit gegenüber anderen Menschen:** Es schreckt Arbeitgeber ab, wenn Sie es den Mitarbeitern am Empfang, im Sekretariat oder (beim Essen) den Kellnern und Kellnerinnen gegenüber an Höflichkeit fehlen lassen, sich über Ihre früheren Arbeitgeber und Mitarbeiter extrem kritisch äußern, Hochprozentiges trinken. (Es ist ohnehin keine gute Idee, alkoholische Getränke zu bestellen, wenn Sie mit Ihrem Arbeitgeber essen gehen, weil es diesen zu der Frage verleitet: Braucht die Person, die ich einstellen will, normalerweise mehr? Tun Sie es nicht!)
- **Ihre Werte:** Es schreckt Arbeitgeber ab, wenn sie Folgendes an Ihnen bemerken: Hinweise auf Unehrlichkeit oder Lügen in Ihren Unterlagen oder beim Vorstellungsgespräch, auf Verantwortungslosigkeit oder die Tendenz, sich zu drücken; Hinweise auf Arroganz oder übertrieben starke Aggressivität; Hinweise darauf, dass Sie sich häufig verspäten und Termine und Zusagen nicht einhalten, das Vorstellungsgespräch eingeschlossen; Hinweise darauf, dass Sie Anweisungen nicht befolgen oder Regeln nicht beachten; Hinweise auf die Angewohnheit, sich ständig zu beschweren oder anderen die Schuld in die Schuhe zu schieben; Hinweise auf Faulheit oder mangelnde Motivation, auf fehlenden Enthusiasmus für die Organisation oder für das, was sie tut; Hinweise auf Instabilität, unangemessene Reaktionen oder andere Arten, auf die Sie Ihre Werte zum Ausdruck bringen; Hinweise auf Ihren Willen, diese Position zu bekommen, auf Ihre Arbeitsfreude und auf die Sorgfalt, mit der Sie sich über dieses Unternehmen informiert haben oder auch nicht.
- **Ihre äußere Erscheinung und Ihre persönlichen Gewohnheiten:** Die Erfahrung hat gezeigt, dass Sie den Job eher bekommen, wenn Sie frisch geduscht sind, ein Deodorant benutzen, keinen Mundgeruch haben, nicht stark nach Knoblauch, Zwiebeln, Zigarettenrauch oder Alkohol riechen, Ihre Zähne geputzt und mit Zahnseide gereinigt und gegebenenfalls ein Mundwasser benutzt haben, Ihre Parfum- oder Aftershave-Wolke nicht so aufdringlich ist, dass man Sie 15 Meter gegen den Wind riecht.

Wenn Sie ein Mann sind, hat die Erfahrung gezeigt, dass Ihre Chancen, den Job zu bekommen, steigen, wenn Sie frisch rasiert, mit frisch geschnittenem Haar und Bart, gepflegten Fingernägeln zum Vorstellungsgespräch erscheinen; frisch gewaschene Kleidung, eher einen Anzug als ein sportliches Outfit, Hosen mit Bügelfalten und frisch geputzte Schuhe tragen.

Wenn Sie eine Frau sind, hat die Erfahrung gezeigt, dass Ihre Chancen, den Job zu bekommen, steigen, wenn Sie Ihr Make-up nicht zentimeterdick aufgetragen haben, Ihr Haar frisch frisiert oder geschnitten ist, Ihre Fingernägel sauber und gepflegt, aber nicht zehn Zentimeter lang sind, einen BH tragen, Ihre Kleidung sauber und gepflegt ist, Sie ein modisch dezentes Kleid oder Kostüm tragen, sich für Schuhe statt für Sandalen entschieden haben – und zwar solche, die nicht die gesamte Aufmerksamkeit des Betrachters auf sich ziehen.

Einige Experten raten den Rauchern unter den Jobsuchenden, ihre Abhängigkeit während des Vorstellungsgespräches zu verbergen. Ich persönlich glaube, dass derartige Versuche, den Arbeitgeber zu täuschen, nicht ratsam sind. Denn was passiert, wenn Sie diesem Rat folgen? Natürlich wird nach Ihrer Einstellung herauskommen, dass Sie Raucher sind, und ein Arbeitgeber, der Rauch hasst, wird sicherlich einen Vorwand finden,

Sie wieder zu entlassen, wenn er es darauf anlegt. Mein Rat: Versuchen Sie gar nicht erst, dem Arbeitgeber etwas vorzumachen.

Aber ich glaube schon, dass es legitim ist, das Eingeständnis hinauszuzögern, bis der Arbeitgeber tatsächlich entschieden hat, dass er Sie haben will. Sobald Sie ein Stellenangebot bekommen haben, ist es meiner Meinung nach von grundsätzlicher Bedeutung, dem Arbeitgeber mitzuteilen, dass Sie rauchen, und ihm einen Ausweg aufzuzeigen: »Wenn das Rauchen für Sie eine unzumutbare Angewohnheit ist und Sie auf keinen Fall mit Rauchern zusammenarbeiten, dann möchte ich es lieber gleich erwähnen, bevor es irgendwann zu einem Problem zwischen uns wird.« Eine derartige Rücksichtnahme führt vielleicht dazu, dass der Arbeitgeber seinen Widerstand gegen Ihre Angewohnheit etwas aufweicht.

Denken Sie daran, ein Einstellungsverfahren ähnelt eher der Auswahl des Lebensgefährten als der Entscheidung, ein neues Auto zu kaufen, und deshalb versucht der Arbeitgeber vor allem herauszufinden, ob er Sie mag. In diesem Falle können diese Kleinigkeiten Ihr Ende sein, egal wie qualifiziert Sie sonst sind.

Sie können sich diese Liste der Killer beim Vorstellungsgespräch zu Herzen nehmen oder sie ignorieren. Wenn Sie sich dazu entschließen, diese Hinweise zu ignorieren, und dann – trotz zahlloser Gespräche – nicht eingestellt werden, überdenken Sie Ihre Haltung zu diesem Thema vielleicht noch einmal.

Vielleicht sind es wirklich die Kleinigkeiten, die Ihnen zu schaffen machen. Und wenn das der Fall sein sollte, können Sie einen Teil oder sogar alle Hindernisse in Ordnung bringen, sie unterliegen alle Ihrer Kontrolle. Sobald Sie sie ausgemerzt haben, könnte Ihr nächstes Gespräch viel besser verlaufen.

Wenn das nicht gelingen sollte, würde ich vorschlagen, dass Sie den Rat eines Karriereberaters, der auf Stundenbasis abrechnet, einholen und sich in seine wissenden Hände begeben. Spielen Sie die Situation eines Vorstellungsgespräches durch und warten Sie ab, welchen Rat er Ihnen geben wird.

Zusammenfassung

Wir haben nun die Techniken zur erfolgreichen Jobsuche kennen gelernt. Wir haben die drei Geheimnisse eines erfolgreichen Berufsumstiegs beziehungsweise der systematischen Jobsuche kennen gelernt: Was, Wo und Wie.

Wenn Sie große Schwierigkeiten haben, Arbeit zu finden, müssen Sie diese Kapitel und Übungen nicht nur lesen, sondern sie alle selbst durchführen. Mit ein wenig Glück wird diese Methode auch bei Ihnen erfolgreich sein.

Sie verfügen nun über ein überaus wertvolles Wissen: Wie es Ihnen gelingt, eingestellt zu werden. Und um wiederzugeben, was Dick Lathrop vor vielen, vielen Jahren in seinem Buch *Who's Hiring Who* schrieb: »Den Job gut ausführen zu können führt nicht automatisch zur Einstellung. Wer eingestellt wird, weiß oft nur am besten, wie man einen Job findet.«

Anhang A

Die Blume: Ein Bild Ihres Traumjobs

Übungen
Ihre Blume

Um nach Ihrem Traumjob oder zumindest einer angemessenen Alternative suchen zu können, müssen Sie ein Bild davon im Kopf haben. Je klarer das Bild, desto leichter wird es sein, danach zu suchen. Ziel dieser Übungen ist es, Ihnen bei diesem Bild Hilfestellungen zu geben.

Wir haben uns für eine Blume als Symbol für dieses Bild entschieden. Das soll heißen, dass Sie in manchen (Arbeits-)Umgebungen aufblühen, während Sie in anderen vor sich hinwelken. Mit der Erstellung dieser Blume, die ein Abbild Ihrer Persönlichkeit sein soll, verfolgen wir das Ziel, Ihnen bei der Definition des Arbeitsklimas zu helfen, in dem Sie wachsen und gedeihen können und die bestmögliche Arbeit tun werden. Sie sollten zwei Ziele gleichzeitig verfolgen: zum einen, in Ihrem Job so glücklich wie nur irgend möglich zu sein, zum anderen, so effektiv wie möglich zu arbeiten. Auf der folgenden Seite finden Sie das Bild einer Blume, das Sie als Arbeitsbogen benutzen können.

Wie Sie sehen können, stehen Ihre Fähigkeiten im Zentrum der Blume, so wie sie auch im Zentrum Ihrer Berufung, Ihres Berufes oder Ihres Jobs liegen. Sie sind in der Reihenfolge ihrer Bedeutung aufgeführt. Um sie herum finden Sie sechs Blütenblätter. In der Reihenfolge Ihrer Bearbeitung sind das:

- Region,
- Tätigkeitsfeld,
- Menschen,
- Werte und Ziele,
- Arbeitsbedingungen,
- Gehalt und Verantwortung.

Wenn Sie alle Fähigkeiten und Blätter ausgefüllt haben, sehen Sie die vollständige Darstellung Ihres Traumjobs in Form einer Blume vor sich. Alles klar? Dann nehmen Sie einen Stift zur Hand und los geht's.

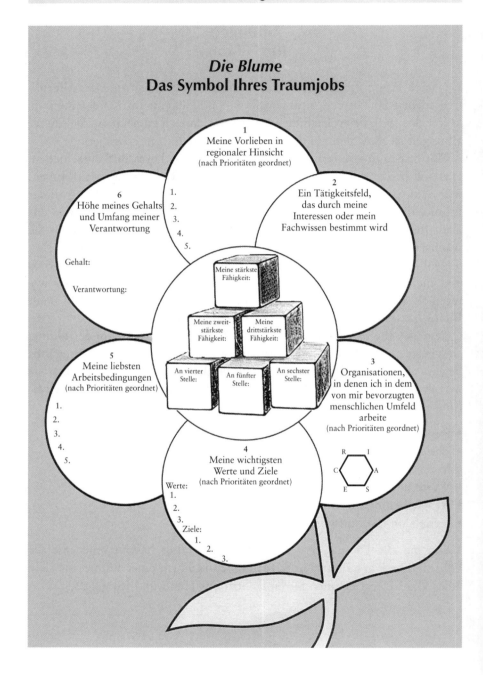

Ihre Lieblingsfähigkeiten

Wir beginnen mit den Fähigkeiten. Sie müssen als Erstes Ihre bevorzugten (übertragbaren) Fähigkeiten bestimmen, die zu benutzen Ihnen am meisten Freude macht, geordnet nach ihrer Bedeutung für Sie. Hier sind fünf Schritte, mit denen Sie das erreichen.

Schreiben Sie Ihre erste Geschichte

Um das zu tun, müssen Sie sieben Geschichten schreiben über etwas, was Sie nur aus Freude taten oder Ihnen ein Gefühl von Abenteuer gab oder Ihnen äußerst sinnvoll erschien.

Es spielt keine Rolle, ob jemals irgendjemand von Ihren Leistungen erfahren hat. Jede Geschichte kann etwas zum Inhalt haben, das Sie während der Arbeit, in der Schule oder in Ihrer Freizeit getan haben – und kann aus jedem Abschnitt Ihres Lebens stammen. Die Geschichte sollte nicht mehr als zwei oder drei Absätze umfassen.

Auf Seite 287 finden Sie eine Vorlage, die Ihnen das Schreiben Ihrer sieben Geschichten erleichtern soll. (Sie werden diese Vorlage sicherlich im nächsten Kopiergeschäft siebenmal kopieren wollen, bevor Sie beginnen, das erste Formular auszufüllen.)

Wenn Sie ein Beispiel benötigen, was Sie in die fünf Spalten eintragen könnten, schlagen Sie noch einmal Seite 127 auf. Wenn Sie Ihre erste Geschichte verfasst haben, werden wir Ihnen zeigen, wie Sie sie in Hinblick auf die übertragbaren Fähigkeiten, die darin vorkamen, analysieren.

Analysieren Sie die Geschichte im Hinblick auf Ihre übertragbaren Fähigkeiten

Nachdem Sie Ihre erste Geschichte verfasst haben (und bevor Sie die anderen sechs schreiben), werden Sie sie hinsichtlich der übertragbaren Fähigkeiten, die Sie darin benutzt haben, analysieren wollen. (Sie können später entscheiden, ob Sie diese Fähigkeiten mögen oder nicht. Hier geht es nur um eine Bestandsaufnahme.)

Schlagen Sie die folgenden Seiten auf, um diese Bestandsaufnahme durchzuführen. Dort finden Sie Schaubilder, auf denen in Form einer Schreibmaschinentastatur Listen von Fähigkeiten dargestellt sind. Übertragbare Fähigkeiten lassen sich in drei Kategorien einteilen:

- **Körperliche Fähigkeiten:** Fähigkeiten, die Sie mögen und bei denen Sie vorwiegend *Ihre Hände oder Ihren Körper* benutzen – bei Gegenständen oder in der Natur;
- **Geistige Fähigkeiten:** Fähigkeiten, die Sie mögen und bei denen Sie vorwiegend den *Verstand* benutzen – bei Daten/Informationen, Ideen oder Themen;
- **Zwischenmenschliche Fähigkeiten:** Fähigkeiten, die Sie mögen und die vor allem *persönliche Beziehungen* betreffen – wenn Sie Menschen dienen oder helfen, wenn Sie auf ihre Bedürfnisse oder Probleme eingehen.

Sie werden deshalb drei unterschiedliche »Tastaturen« mit den dazugehörigen Fähigkeiten finden, die entsprechend gekennzeichnet sind.

Wenn Sie sich jedes Kästchen in den drei Gruppen anschauen, müssen Sie sich jeweils fragen: »Habe ich diese Fähigkeit in dieser Geschichte benutzt?« Das ist (im Moment) die einzige Frage, die Sie sich stellen.

Wenn Sie die Frage mit Ja beantworten können, füllen Sie das kleine Kästchen mit der Nr. 1 unterhalb der Taste aus, wie unten dargestellt:

Habe ich diese Fähigkeit benutzt in Geschichte Nr. ...?
Ja

Ignorieren Sie momentan die anderen kleinen Kästchen, sie gehören zu den anderen Geschichten. (Alle Kästchen, die die Nr. 2 tragen, gehören zu Geschichte Nr. 2, die Kästchen, die die Nr. 3 tragen, gehören zur Geschichte Nr. 3 und so weiter.)

Die Blume: Ein Bild Ihres Traumjobs 287

Sieben Geschichten aus meinem Leben

Spalte 1	Spalte 2	Spalte 3	Spalte 4	Spalte 5
Ihr Ziel: Was wollten Sie erreichen?	Irgendein Hindernis (oder eine Einschränkung, eine Hürde, eine Barriere, die es zu überwinden galt, bevor Sie es erreichen konnten).	Was Sie Schritt für Schritt getan haben. (Vielleicht ist es hilfreich, wenn Sie sich vorstellen, Sie würden die Geschichte einem vierjährigen Kind erzählen, das immer wieder fragt: »Und was hast du dann gemacht? Und dann?«)	Beschreibung des Ergebnisses (Was Sie erreicht haben.)	Jegliches Maß oder Mengenangaben, um Ihre Leistung zu belegen

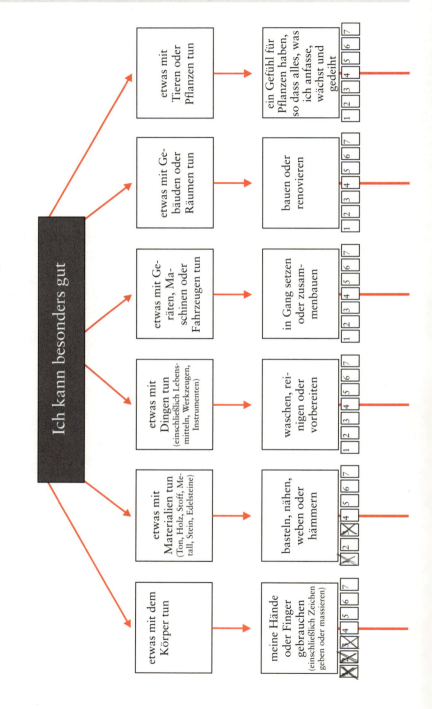

Die Blume: Ein Bild Ihres Traumjobs

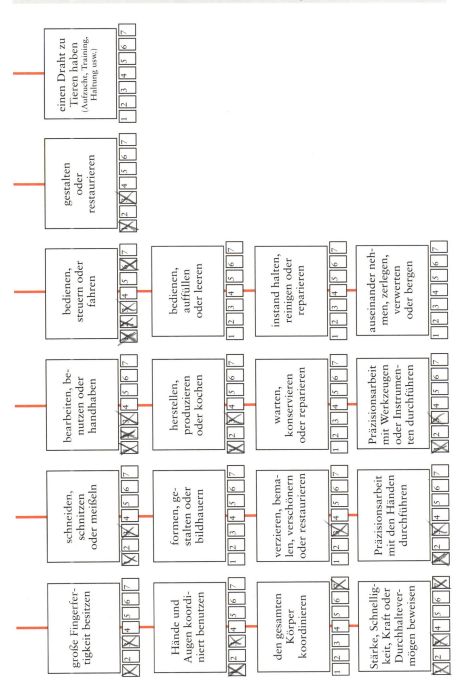

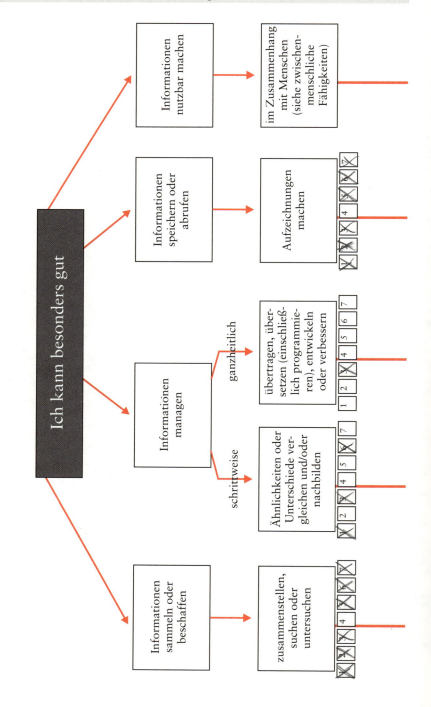

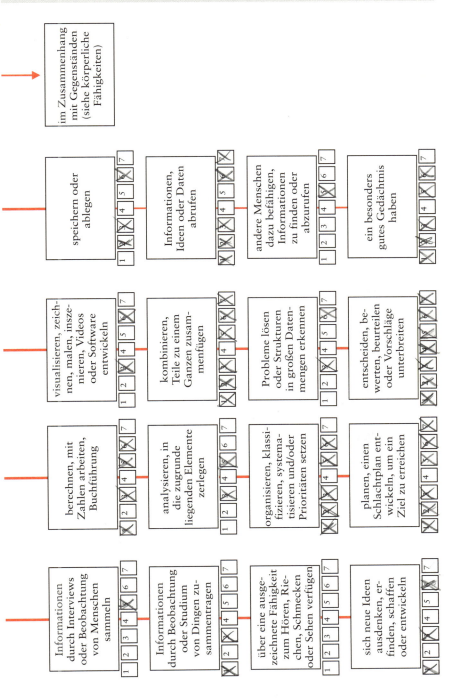

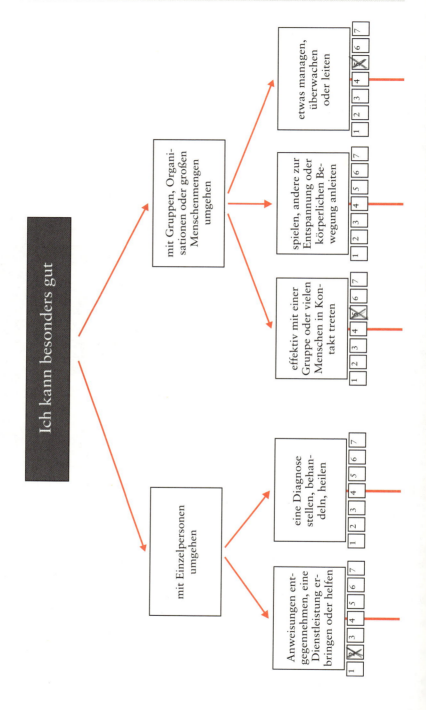

Die Blume: Ein Bild Ihres Traumjobs

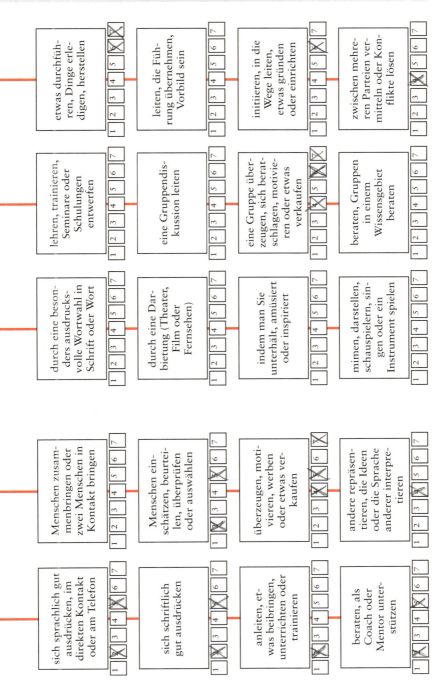

Wenn die Antwort Nein lautet, bleibt das Kästchen leer, wie unten dargestellt.

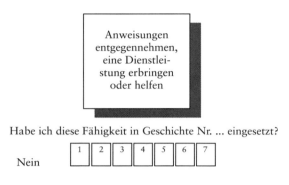

Schreiben Sie sechs weitere Geschichten und untersuchen Sie diese nach übertragbaren Fähigkeiten

Mit Ihrer ersten Geschichte sind Sie fertig. Aber »eine Schwalbe macht noch keinen Sommer«, und die Tatsache, dass Sie in dieser ersten Geschichte bestimmte Fähigkeiten eingesetzt haben, sagt noch nicht viel über Ihre Fähigkeiten aus. Sie suchen nach Strukturen, übertragbaren Fähigkeiten, die in jeder Geschichte aufs Neue vorkommen. Diese tauchen deshalb immer wieder auf, weil sie Ihre liebsten sind (vorausgesetzt, Sie haben sich für Geschichten entschieden, in denen Sie etwas getan haben, an dem Sie wirklich viel Freude hatten).

Schreiben Sie also jetzt Ihre zweite Geschichte aus irgendeiner Phase Ihres Lebens auf. Analysieren Sie sie wiederum mit Hilfe des Schemas, bis Sie alle sieben Geschichten geschrieben und analysiert haben.

Entscheiden Sie, welche Fähigkeiten Ihre Favoriten sind, und bringen Sie diese in Ihre persönliche Reihenfolge

Wenn Sie alle sieben Geschichten aufgeschrieben und analysiert haben, sollten Sie nochmals einen Blick auf die sechs Seiten mit dem Überblick über die Fähigkeiten werfen, um zu sehen, welche Fähigkeiten Sie am häufigsten benutzt haben. Schreiben Sie sie auf.

Streichen Sie alle Fähigkeiten, die Sie nicht mögen. Bringen Sie die verbleibenden in Ihre persönliche Reihenfolge. Dazu verwenden Sie die Vorlagen auf den beiden folgenden Seiten, die eine Entscheidungsmatrix beziehungsweise ein Prioritätenraster zeigen.

Das Prioritätenraster:
Wie Sie beliebige Listen der Priorität nach ordnen

Ich stelle Ihnen jetzt eine Methode vor, mit der Sie, sagen wir, zehn Merkmale nehmen und herausfinden können, welches davon für Sie das wichtigste ist, welches das zweitwichtigste und so weiter. (Da Sie dieses Prioritätenraster in diesen Übungen mehr als einmal benutzen werden, sollten Sie es kopieren, bevor Sie es zum ersten Mal ausfüllen.)

Tragen Sie die Merkmale, die Sie nach bestimmten Prioritäten ordnen wollen, in Spalte A ein. Dann vergleichen Sie jeweils zwei Merkmale miteinander und kreisen in Abschnitt B die zugehörige Zahl desjenigen ein, das Sie vorziehen. Welches ist Ihnen wichtiger? Formulieren Sie die Fragestellung für alles Mögliche. Im Fall der regionalen Kriterien könnten Sie fragen: »Wenn man mir zwei Positionen anbieten würde, eine in einer Region, die Kriterium A erfüllt, nicht aber B, eine andere in einer Region, die Kriterium B erfüllt, nicht aber A, bei ansonsten gleichen Bedingungen – welchen Job würde ich nehmen?« Machen Sie einen Kreis darum. Dann fahren Sie mit dem nächsten Paar fort ...

Wenn Sie fertig sind, zählen Sie, wie häufig Sie sich für die Nummer jedes einzelnen Merkmals entschieden haben. Tragen Sie diesen Wert in die obere Zeile (»Wie häufig ...«) von Abschnitt C ein. Dann notieren Sie, wie oft jedes Merkmal eingekreist wurde. Damit erhalten Sie die Rangfolge der Merkmale. Das am häufigsten eingekreiste Merkmal entspricht der Nr. 1 in der Reihenfolge, das am zweithäufigsten eingekreiste ist die Nr. 2 und so weiter. Tragen Sie diese Rangfolge in die untere Zeile (»endgültige Reihenfolge«) in Abschnitt C ein. Wenn Sie zwei Faktoren gleich häufig eingekreist haben, sehen Sie in Abschnitt B nach, für welchen Sie sich entschieden haben, als Sie die beiden direkt miteinander

1	1	1	1	1	1	1	1	1	1	1	1	1	1	1	1	1	1	1	1	1	1	1
2	3	4	5	6	7	8	9	10	11	12	13	14	15	16	17	18	19	20	21	22	23	24

2	2	2	2	2	2	2	2	2	2	2	2	2	2	2	2	2	2	2	2	2	2
3	4	5	6	7	8	9	10	11	12	13	14	15	16	17	18	19	20	21	22	23	24

3	3	3	3	3	3	3	3	3	3	3	3	3	3	3	3	3	3	3	3	3
4	5	6	7	8	9	10	11	12	13	14	15	16	17	18	19	20	21	22	23	24

4	4	4	4	4	4	4	4	4	4	4	4	4	4	4	4	4	4	4	4
5	6	7	8	9	10	11	12	13	14	15	16	17	18	19	20	21	22	23	24

5	5	5	5	5	5	5	5	5	5	5	5	5	5	5	5	5	5	5
6	7	8	9	10	11	12	13	14	15	16	17	18	19	20	21	22	23	24

6	6	6	6	6	6	6	6	6	6	6	6	6	6	6	6	6	6
7	8	9	10	11	12	13	14	15	16	17	18	19	20	21	22	23	24

7	7	7	7	7	7	7	7	7	7	7	7	7	7	7	7	7
8	9	10	11	12	13	14	15	16	17	18	19	20	21	22	23	24

8	8	8	8	8	8	8	8	8	8	8	8	8	8	8	8
9	10	11	12	13	14	15	16	17	18	19	20	21	22	23	24

9	9	9	9	9	9	9	9	9	9	9	9	9	9	9
10	11	12	13	14	15	16	17	18	19	20	21	22	23	24

10	10	10	10	10	10	10	10	10	10	10	10	10	10
11	12	13	14	15	16	17	18	19	20	21	22	23	24

11	11	11	11	11	11	11	11	11	11	11	11	11
12	13	14	15	16	17	18	19	20	21	22	23	24

12	12	12	12	12	12	12	12	12	12	12	12
13	14	15	16	17	18	19	20	21	22	23	24

13	13	13	13	13	13	13	13	13	13	13
14	15	16	17	18	19	20	21	22	23	24

14	14	14	14	14	14	14	14	14	14
15	16	17	18	19	20	21	22	23	24

15	15	15	15	15	15	15	15	15
16	17	18	19	20	21	22	23	24

16	16	16	16	16	16	16	16
17	18	19	20	21	22	23	24

17	17	17	17	17	17	17
18	19	20	21	22	23	24

18	18	18	18	18	18
19	20	21	22	23	24

19	19	19	19	19
20	21	22	23	24

20	20	20	20
21	22	23	24

21	21	21
22	23	24

22	22
23	24

23
24

Summe der Entscheidungen für die Zahl

1	2	3	4	5	6
7	8	9	10	11	12
13	14	15	16	17	18
19	20	21	22	23	24

Prioritätenraster für 24 Merkmale

Die Blume: Ein Bild Ihres Traumjobs

Prioritätenraster für 10 Merkmale

vergleichen mussten. Schreiben Sie die Merkmale, nun in ihrer endgültigen Reihenfolge, in Spalte D auf.

Die Frage, die Sie sich beim Vergleich jedes Paars auf der Tabelle stellen, lautet: »Wenn ich zwei Jobs angeboten bekäme und in einem die erste Fähigkeit, nicht aber die zweite einsetzen könnte, während ich in dem anderen Job die zweite Fähigkeit, nicht aber die erste einsetzen könnte – für welchen Job würde ich mich entscheiden?«

Wenn Sie Ihre zehn Lieblingsfähigkeiten in Ihrer Reihenfolge herausgefunden haben, übertragen Sie die ersten sechs in die Blume am Anfang dieses Kapitels.

Gestalten Sie Ihre Lieblingsfähigkeiten mit Ihren Eigenschaften weiter aus

Eigenschaften beschreiben in allgemeiner Form:

- wie Sie mit Zeit und Pünktlichkeit umgehen,
- wie Sie mit Menschen und Gefühlen umgehen,
- wie Sie mit Autorität umgehen und damit, *was* Sie in Ihrem Job tun sollen,
- wie Sie mit Fachaufsicht umgehen und damit, *wie* Sie Ihren Job tun sollen,
- wie Sie mit Ihrem inneren Widerspruch zwischen Spontaneität und Disziplin umgehen,
- wie Sie mit Ihrem inneren Widerspruch zwischen Eigeninitiative und Reaktivität umgehen,
- wie Sie mit Krisen und Problemen umgehen.

Sobald Sie Ihre stärksten Eigenschaften herausgefunden haben, bringen Sie sie in eine Reihenfolge. (Benutzen Sie dazu, falls erforderlich, eine Kopie des Prioritätenrasters.) Dann kopieren Sie diese Eigenschaften in die Grundelemente mit den übertragbaren Fähigkeiten wie auf Seite 129 beschrieben.

Eine Checkliste meiner ausgeprägtesten Eigenschaften

Ich bin sehr:

☐ abenteuerlustig	☐ geschickt	☐ ruhig
☐ anpassungsfähig	☐ gründlich	☐ sachkundig
☐ antriebsstark	☐ gutgelaunt	☐ scharfsinnig
☐ aufgeschlossen	☐ impulsiv	☐ schnell (mit der Arbeit)
☐ ausdauernd	☐ innovativ	☐ schwungvoll
☐ außergewöhnlich	☐ kenntnisreich	☐ selbstbewusst
☐ begeisterungsfähig	☐ kompetent	☐ selbstständig
☐ beharrlich	☐ kontaktfreudig	☐ sensibel
☐ belesen	☐ kooperativ	☐ sicherheitsbewusst
☐ beschützend	☐ kostenbewusst	☐ sorgfältig
☐ besonnen	☐ kraftvoll	☐ standhaft
☐ charismatisch	☐ kreativ	☐ stark
☐ diplomatisch	☐ kultiviert	☐ taktvoll
☐ diskret	☐ lebhaft	☐ überlegt
☐ dominant	☐ leistungsorientiert	☐ unabhängig
☐ durchsetzungsfähig	☐ lernfähig	☐ unermüdlich
☐ dynamisch	☐ loyal	☐ ungewöhnlich
☐ effektiv	☐ menschlich	☐ unterstützend
☐ eindringlich	☐ methodisch	☐ verantwortungsbewusst
☐ einfallsreich	☐ mitreißend	☐ verlässlich
☐ einzigartig	☐ mutig	☐ verständnisvoll
☐ enthusiastisch	☐ objektiv	☐ vielseitig
☐ entschlussfreudig	☐ praktisch	☐ vorsichtig
☐ erfahren	☐ professionell	☐ weitsichtig
☐ flexibel	☐ pünktlich	☐ zuverlässig
☐ geduldig	☐ rational	
☐ genau	☐ realistisch	

Probleme, die bei der Analyse der Fähigkeiten auftreten können

Bei der Analyse Ihrer Fähigkeiten ist es nicht ungewöhnlich, dass Probleme auftreten können. Lassen Sie uns einen Blick auf die fünf häufigsten werfen, die erfahrungsgemäß bei Jobsuchenden vorkommen.

»Wenn ich meine Geschichten schreibe, weiß ich nicht genau, was eine Leistung ist.«

Wenn Sie eine Geschichte beziehungsweise Leistung suchen, die Ihre Fähigkeiten verdeutlicht, suchen Sie nicht nach etwas, das nur ganz allein Sie jemals in der gesamten Weltgeschichte vollbracht haben. Das, wonach Sie suchen, ist viel einfacher: Sie suchen nach irgendeinem Lebensabschnitt, in dem Sie, aus damaliger Sicht, etwas getan haben, das Sie mit Stolz erfüllt hat und für Sie eine Leistung war. Die Geschichte könnte beispielsweise davon handeln, wie Sie Fahrrad fahren gelernt haben. Oder wie Sie zum ersten Mal durch Arbeit Geld verdient haben. Es könnte ein besonders bedeutendes Projekt sein, das Sie später in Ihrem Leben geplant und durchgeführt haben. Dabei spielt es überhaupt keine Rolle, ob es außer Ihnen noch jemandem gefallen hat; es ist nur wichtig, dass es Ihnen gefiel.

Ich halte viel von Bernard Haldanes Definition des Begriffs »Leistung«. Er sagt, sie sei etwas, von dem Sie selbst den Eindruck haben, Sie hätten es gut und mit Freude gemacht und waren stolz darauf. Anders gesagt suchen Sie nach einer Leistung, die Ihnen in zweierlei Hinsicht Freude bereitet hat: die Freude an der Tätigkeit selbst und die Zufriedenheit, die aus dem Ergebnis resultiert. Das schließt nicht aus, dass Sie dabei ins Schwitzen geraten sind oder manches daran gehasst haben; es heißt vor allem aber, dass Sie den überwiegenden Anteil daran mochten. Die Freude bestand nicht nur aus dem Ergebnis, sondern auch in dem Weg dorthin. Allgemein gesagt umfasst eine Leistung alle Aspekte, die ab Seite 127 aufgeführt wurden.

»Ich verstehe nicht, warum ich nach Fähigkeiten suchen soll, die ich mag; es scheint mir, als wollten Arbeitgeber nur wissen, welche Fähigkeiten ich habe. Es interessiert sie doch nicht, ob ich sie gerne einsetze oder nicht.«

Sicherlich ist es wichtig für Sie, vor allem die Fähigkeiten herauszufinden, die Sie haben. Aber es ist im Allgemeinen sehr schwierig für Sie, eine solche Einschätzung selbst vorzunehmen. Kann ich das gut oder nicht? Im Vergleich zu wem? Selbst Eignungsverfahren können dieses Dilemma nicht für Sie lösen. Deshalb ist es sinnvoll, die folgende Faustregel zugrunde zu legen, die sich in langjähriger Praxis als zutreffend erwiesen hat:

Wenn es sich um eine Fähigkeit handelt, in der Sie gut sind, macht sie Ihnen in der Regel auch Freude. Oder: Wenn es eine Fähigkeit ist, die Sie gerne mögen, dann in der Regel aus dem Grund, weil Sie gut darin sind.

Mit Hilfe dieser Gleichungen werden Sie (weil die Aussagen sich ja entsprechen) sehen, dass es viel sinnvoller ist, sich zu fragen: »Setze ich sie gerne ein?«, statt der schwer fassbaren Frage nachzujagen: »Bin ich gut darin?« Ich wiederhole: Die Fähigkeiten aufzuschreiben, die Sie gerne mögen und die Sie am liebsten einsetzen, ist in den meisten Fällen gleichbedeutend damit, die Fähigkeiten aufzuschreiben, in denen Sie am besten sind.

Der Grund, warum diese Idee – die Freude zum entscheidenden Kriterium zu machen – bei so vielen Menschen Unbehagen verursacht, liegt in der weit verbreiteten Vorstellung, die besagt, dass man im Leben nicht wirkliche Freude haben dürfe. Tugendhaft sei es zu leiden.

Ein Beispiel: Zwei Mädchen arbeiten als Babysitter. Die eine hasst den Job, die andere liebt ihn von ganzem Herzen. Welches Mädchen ist tugendhafter? Nach der alten Tradition ist es das Mädchen, das die Kinderbetreuung abscheulich findet. Einige Menschen haben diese Einstellung verinnerlicht, selbst wenn ihnen der Verstand sagt, wie dumm das eigentlich ist.

Wir leiden unter der unterschwelligen Angst, dass wir bestraft werden, wenn man uns dabei erwischt, dass wir das Leben genießen. Wie in der Geschichte von den beiden Schotten, die sich eines Tages auf der Straße begegnen: »Ist das nicht ein wunderschöner Tag heute?« fragt der eine. »Ja«, sagt der andere, »aber wir werden dafür büßen müssen«.

Wir finden es in Ordnung, über Fehlschläge zu reden, aber nicht über unsere Erfolge. Über unsere Erfolge zu sprechen erscheint wie Prahlerei. Wir sollten möglichst nicht viel gut an uns finden. Aber sehen Sie sich die Vögel am Himmel an oder beobachten sie Haustiere beim Spiel. Sie tun das, wozu sie bestimmt sind, was sich in echter Freude ausdrückt. Freude ist zweifellos auch ein wichtiger Bestandteil im menschlichen Leben. Wenn wir also unsere Talente nutzen, begleitet uns stets ein Gefühl großer Freude.

Schlechte Arbeitgeber werden sich nicht darum scheren, ob Sie eine bestimmte Aufgabe gern tun oder nicht. Aber gute Arbeitgeber werden sehr großen Wert darauf legen. Sie wissen, dass die Qualität der Arbeit darunter leidet, wenn ein potentieller Mitarbeiter nicht wirklich Freude an seiner Arbeit hat.

»Ich habe keine Probleme dabei, Geschichten aus meinem Leben zu finden und aufzuschreiben, die ich als erfreuliche Leistungen ansehe. Aber sobald ich sie verfasst habe, habe ich große Probleme, dabei zu erkennen, was meine Fähigkeiten sind – selbst wenn ich stundenlang auf die Übersicht der Fähigkeiten in den Übungen starre. Ich brauche Hilfe von einem Außenstehenden.«

Vielleicht bitten Sie zwei Freunde oder Familienmitglieder, sich mit Ihnen hinzusetzen und Ihnen bei der Analyse Ihrer Fähigkeiten zu helfen. In meinem Buch *Where Do I Go From Here With My Life?* beschreibe ich ausführlich eine Methode, die ich vor gut 20 Jahren zur Lösung dieses Problems entwickelt habe und »Trio-Technik« nenne. Um Ihnen die Lektüre des Buches zu ersparen, erkläre ich im Folgenden kurz, wie diese Methode funktioniert:

- Jeder von Ihnen dreien schreibt in aller Stille eine Geschichte über eine Leistung in seinem Leben auf, die er gern erbracht hat.
- Jeder analysiert zunächst still für sich seine eigene Geschichte, um herauszufinden, welche Fähigkeiten er selbst darin sieht und schreibt sie auf.
- Einer macht freiwillig den Anfang. Lesen Sie Ihre Geschichte laut vor. Die anderen beiden notieren während des Vorlesens die Fähigkeiten, die sie in der Geschichte zu erkennen glauben. Die Zuhörer bitten um eine kurze Unterbrechung, wenn sie Probleme haben, mitzuhalten. Nachdem Sie Ihre Geschichte beendet haben, lesen sie laut die Fähigkeiten vor, die Sie selbst in Ihrer Geschichte erkannt haben.
- Dann erzählt die zweite Person, was auf ihrer Liste steht: Welche Fähigkeiten sie aus Ihrer Geschichte herausgehört hat. Sie notieren sie unter Ihrer eigenen Liste, selbst wenn Sie nicht mit allen übereinstimmen.
- Dann sagt die dritte Person, welche Fähigkeiten sie auf ihrer Liste notiert hat: Welche Fähigkeiten sie also aus Ihrer Geschichte herausgehört hat. Sie notieren sie unter Ihrer eigenen Liste, selbst wenn Sie nicht mit allen übereinstimmen.
- Wenn beide fertig sind, stellen Sie Ihnen alle Fragen, die Sie möglicherweise zum weiteren Verständnis haben: »Was meinst du mit dieser Fähigkeit? An welcher Stelle der Geschichte habe ich sie deiner Meinung nach gezeigt?«

- Nun ist die nächste Person an der Reihe, und Sie wiederholen die ersten sechs Schritte mit ihnen. Schließlich ist die dritte Person an der Reihe, und Sie wiederholen Schritt 3 bis 6 mit ihnen.
- Jetzt ist die Zeit, mit der zweiten Geschichte fortzufahren, und Sie beginnen, alle sieben Schritte zu wiederholen, nur schreiben Sie alle eine neue Geschichte. Und so weiter, mit insgesamt sieben Geschichten.

»Ich mag die Begriffe nicht, mit denen Sie die Fähigkeiten in den Übungen bezeichnen. Kann ich nicht meine eigenen Worte benutzen, mit denen ich durch meine frühere Tätigkeit vertraut bin?«

Es ist völlig in Ordnung, wenn Sie Ihre eigenen Worte für Ihre Fähigkeiten erfinden, aber es ist nicht sinnvoll, Ihre übertragbaren Fähigkeiten mit dem Fachjargon Ihres früheren Jobs zu bezeichnen, wie im Falle eines früheren Pfarrers: »Ich kann gut predigen.« Wenn Sie Ihren Beruf wechseln und in Zukunft in der sogenannten säkularen Welt arbeiten wollen, sollten Sie nicht die Sprache benutzen, die Sie an die Vergangenheit bindet oder die den Eindruck erweckt, dass Sie nur in diesem einen Beruf gut waren. Aus diesem Grund ist es wichtig, dass Sie fachspezifische Begriffe wie »predigen« in den übergeordneten Begriff übersetzen. »Lehren«? Vielleicht. »Menschen motivieren«? Vielleicht. »Menschen dazu inspirieren, sich mit den Tiefen ihres Daseins auseinanderzusetzen«? Vielleicht. Sie allein können sagen, was für Sie stimmt. Aber versuchen Sie in jedem Fall, Bezeichnungen für Ihre Fähigkeiten zu finden, die Sie nicht an Ihren früheren Beruf binden.

»Sobald ich meine Lieblingsfähigkeiten aufgeschrieben habe, sehe ich sofort eine Berufsbezeichnung vor mir, auf die sie deutlich hinweisen. Ist das in Ordnung?«

Nein. Wenn Sie die Analyse Ihrer Fähigkeiten vorgenommen haben, sollten Sie vorerst vermeiden, den Fähigkeiten voreilig eine bestimmte Berufsbezeichnung zuzuordnen. Fähigkeiten können auf viele verschiedene Berufe verweisen, die eine Vielzahl von Bezeichnungen tragen. Legen Sie sich also nicht vorzeitig fest. »Ich suche nach einem Job, in dem ich die folgenden Fähigkeiten einsetzen kann« ist angemessen. Aber: »Ich suche nach einem Job, in dem ich als (Berufsbezeichnung) arbeiten kann« ist zu diesem Zeitpunkt der Jobsuche ein Tabu. Definieren Sie immer, *was* Sie mit Ihrem Leben anfangen wollen und *was* Sie der Welt anzubieten haben – in Form Ihrer favorisierten Talente oder Fähigkeiten, nicht in Form einer Berufsbezeichnung. Auf diese Weise bleiben Sie flexibel inmitten dieser sich ständig wandelnden Weltwirtschaft, bei der Sie nie wissen, was als Nächstes geschieht.

Blatt Nr. 1:
Region

Selbst wenn Sie die Gegend, in der Sie im Moment leben, wirklich mögen oder wenn Sie dort aus irgendeinem Grunde festsitzen, wissen Sie nie, ob sich Ihnen in Zukunft vielleicht plötzlich eine Möglichkeit bietet, an einem anderen Ort zu leben und zu arbeiten. Seien Sie darauf vorbereitet. Warten Sie nicht bis dahin, beginnen Sie jetzt sofort mit der Übung.

Selbst wenn Sie planen, dort zu bleiben, wo Sie gerade wohnen, ist es für Sie von enormer Wichtigkeit, dass Sie sich Gedanken darüber machen, welche Faktoren die Gegend, in der Sie leben, für Sie besonders interessant machen. Denn indem Sie sich darüber klar werden, lernen Sie eine Menge über sich selbst. Und ein hohes Maß an Wissen über sich selbst ist von wesentlicher Bedeutung für eine erfolgreiche Jobsuche.

Die Frage, die Sie beantworten müssen, lautet: Wo würden Sie am liebsten arbeiten und leben, wenn Sie die Wahl hätten (abgesehen von dem Ort, an dem Sie jetzt leben)? Um diese Frage beantworten zu können, ist es wichtig, die Kriterien aufzulisten, die für Sie von Bedeutung sind.

Um Ihnen dabei behilflich zu sein, habe ich diese Tabelle entworfen. (Sie können sie auf ein größeres Papierformat kopieren, bevor Sie daran arbeiten. Und falls Sie diese Übung mit Ihrem Partner oder Lebensgefährten durchführen, sollten Sie die Tabelle auch für ihn kopieren, bevor Sie sie erstmals ausfüllen, so dass jeder von Ihnen eine »leere« Vorlage hat.)

Die Tabelle wird folgendermaßen benutzt; es gibt dafür sieben einfache Schritte:

- Schreiben Sie alle Städte (Orte, Regionen) auf, in denen Sie bisher gelebt haben. Tragen Sie diese in Spalte 1 ein.

- Schreiben Sie alle Merkmale auf, die Sie an diesen Orten nicht mochten. Natürlich wird es einige Wiederholungen geben. In diesem Fall markieren Sie jedes Merkmal, das Sie bereits notiert haben, nochmals mit einem Zeichen, wenn es wiederholt auftaucht. Alle diese negativen Merkmale tragen Sie in Spalte 2 ein.
- Nehmen Sie jedes einzelne negative Merkmal und übersetzen es in einen positiven Begriff. Dies muss nicht unbedingt das logische Gegenteil sein. Aus »Dauerregen« wird nicht zwangsläufig »nur Sonnenschein«. Es kann auch heißen: »Sonnenschein an mehr als 200 Tagen im Jahr.« Sie sind gefragt. All diese positiven Merkmale tragen Sie in Spalte 3 ein. Natürlich können Sie jedes positive Merkmal der Orte in Spalte 1, an das Sie sich noch erinnern, zusätzlich am Ende dieser Spalte eintragen.
- Anschließend bringen Sie die positiven Aussagen (Spalte 3) in Ihre persönliche Reihenfolge. Das könnten Aspekte sein wie: »ein großes kulturelles Angebot«, »Skifahren möglich im Winter«, »eine gute Tageszeitung« oder Ähnliches. Tragen Sie Ihre zehn wichtigsten Merkmale in genauer Reihenfolge in Spalte 4 ein.

Wenn Sie nicht sicher sind, wie Sie diese Merkmale in eine genaue Rangfolge bringen sollen, benutzen Sie das Prioritätenraster auf Seite 297. Wenn Sie die Matrix benutzen, sollten Sie sich beim direkten Vergleich jedes Paars die Frage stellen: »Wenn ich an einem Ort leben

---

Anmerkung

Wenn Sie dies gemeinsam mit Ihrem Partner oder Lebensgefährten herausfinden wollen, benötigen Sie Spalte 5 nicht. Stattdessen übertragen Sie die Liste Ihres Partners in Spalte 6. Kombinieren Sie dann abwechselnd Ihre ersten fünf Merkmale und die ersten fünf Merkmale Ihres Partners, bis Sie eine Liste von insgesamt zehn Merkmalen aufgestellt haben. (Nehmen Sie als Erstes das oberste Merkmal Ihres Partners, dann Ihr eigenes, anschließend das zweitwichtigste Merkmal Ihres Partners, dann Ihr zweitwichtigstes und so weiter). Tragen Sie dies in Spalte 7 ein. Diese Liste mit den zehn positiven Merkmalen zeigen Sie dann allen Menschen, die Sie kennen, und fragen, ob sie Städte, Orte oder Regionen kennen, auf die alle oder zumindest die meisten dieser Merkmale zutreffen. Beginnen Sie mit den für Sie wichtigsten Merkmalen. Wählen Sie aus allen Namen, die Ihre Freunde Ihnen vorschlagen, drei aus, die Ihnen am interessantesten erscheinen, und erstellen Sie erneut eine Rangfolge. Diese tragen Sie in Spalte 8 ein.

Regionale Präferenzen
Entscheidungsfindung für Sie allein

Spalte 1	Spalte 2	Spalte 3	Spalte 4	Spalte 5
Orte, an denen ich gelebt habe	Aus der Vergangenheit – negative Merkmale	Übertragung der negativen Merkmale in positive	Reihenfolge der positiven Merkmale	Orte, auf die diese Kriterien zutreffen
	Faktoren, die ich an diesem Ort nicht mochte und immer noch nicht mag		1.	
			2.	
			3.	
			4.	
			5.	
			6.	
			7.	
			8.	
			9.	
			10.	
		Faktoren, die ich an diesem Ort mochte und immer noch mag	11.	
			12.	
			13.	
			14.	
			15.	
			16.	
			17.	
			18.	

Unsere regionalen Präferenzen
Entscheidungsfindung für Sie und einen Partner

Spalte 6	Spalte 7	Spalte 8
Reihenfolge der Präferenzen	Kombination unserer beiden Listen (Spalten 4 und 6)	Orte, auf die diese Kriterien zutreffen
1.	1.	
2.	2.	
3.	3.	
4.	4.	
5.	5.	
6.	6.	
7.	7.	
8.	8.	
9.	9.	
10.	10.	
11.	11.	
12.	12.	
13.	13.	
14.	14.	
15.	15.	
16.	16.	
17.	17.	
18.	18.	

könnte, auf den Merkmal A zutrifft, nicht aber Merkmal B, oder wenn auf einen anderen Ort Merkmal B zutrifft, nicht aber Merkmal A – an welchem Ort würde ich dann lieber leben?« Tragen Sie Ihre zehn wichtigsten Merkmale in genauer Reihenfolge in Spalte 4 ein.

- Wenn Sie fertig sind, zeigen Sie allen Menschen, die Sie kennen, diese Liste mit den zehn positiven Merkmalen und fragen, ob sie Städte, Orte oder Regionen kennen, auf die alle oder die meisten dieser Merkmale zutreffen. Legen Sie dabei besonders auf die Merkmale Wert, die für Sie am wichtigsten sind. Wenn es nur eine teilweise Übereinstimmung gibt zwischen den Merkmalen und den Orten, die Ihre Freunde Ihnen nennen, stellen Sie sicher, dass die Übereinstimmung eher bei den Merkmalen liegt, die auf Ihrer Liste ganz oben stehen.
- Wählen Sie aus all den Namen, die Ihre Freunde Ihnen vorschlagen, die drei aus, die Ihnen am interessantesten erscheinen. Bringen Sie sie auf der Grundlage Ihres heutigen Wissensstands in Ihre persönliche Rangfolge. Tragen Sie sie in Spalte 5 ein. Dies sind die Orte, über die Sie mehr herausfinden möchten, bis Sie Sicherheit darüber haben, welcher Ort letztendlich Ihre erste Priorität ist, welcher die zweite und die dritte.
- Jetzt nehmen Sie wieder die Abbildung mit der Blume auf Seite 284 zur Hand und übertragen Spalte 5 (oder 7) auf das Blatt mit den »regionalen Kriterien«. Das Thema Region wäre damit geschafft! Sie kennen nun die Orte, über die Sie mehr herausfinden wollen ...

Blatt Nr. 2:
Tätigkeitsfeld

Eine Anleitung, wie Sie diese Bestandsaufnahme machen, finden Sie in Kapitel 6 auf Seite 138. Vielleicht haben Sie sich mit den Übungen bereits dort beschäftigt. Wenn das der Fall ist, sollten Sie wieder die Abbildung mit der Blume zur Hand nehmen und die Tätigkeitsfelder, die Sie ausgewählt haben, sowie Ihre größten Interessen in das Blatt mit den »Interessen«, in der Reihenfolge ihrer Bedeutung für Sie eintragen.

Blatt Nr. 3:
Menschen

Seit man sich in den letzten Jahren verstärkt mit der Bedeutung des Umfelds befasst hat, wurde zunehmend erkannt, dass auch Jobs Umfelder sind beziehungsweise besitzen. Als bedeutsamster Faktor des Umfelds stellen sich immer wieder die Menschen heraus, weil man es bei jedem Job mehr oder weniger mit Menschen zu tun hat.

Schon manch ein guter Job ist durch die Menschen im Umfeld verdorben worden. Deshalb ist es wichtig, darüber nachzudenken, welche Art von Menschen Sie gerne um sich haben möchten.

John L. Holland gibt aus meiner Sicht die beste Beschreibung des menschlichen Umfelds. Er unterscheidet sechs grundsätzlich verschiedene Arten:

- Realistisches Umfeld: Hier finden sich vorwiegend Menschen, die Aktivitäten mögen, bei denen es um eine »eindeutige, geordnete oder systematische Einwirkung auf Gegenstände, Werkzeuge, Maschinen oder Tiere geht.«
  R (»realistic«) = Menschen, die Natur, Sport, Werkzeuge oder Maschinen mögen.
- Intellektuelles Umfeld: Hier finden sich vorwiegend Menschen, die Aktivitäten mögen, in denen es um »die Beobachtung und die symbolische, systematische, kreative Analyse physikalischer, biologischer oder kultureller Phänomene geht.«
  I (»investigative«) = Menschen, die sehr wissbegierig sind, die gerne Dinge untersuchen und analysieren.
- Kreatives Umfeld: Hier finden sich vorwiegend Menschen, die Aktivitäten mögen, in denen es um »mehrdeutige, freie, unsystematische Aktivitäten und Fähigkeiten geht, mit denen Formen oder Produkte künstlerischer Art erschaffen werden«.
  A (»artistic«)= Menschen, die künstlerisch veranlagt, phantasievoll und innovativ sind.
- Soziales Umfeld: Hier finden sich vorwiegend Menschen, die Aktivitäten mögen, in denen es um die »Einwirkung auf Menschen durch Information, Ausbildung, Entwicklung, Therapie oder spirituelle Betreuung geht«.

S (»social«) = Menschen, die dazu neigen, anderen Menschen zu helfen, sie zu unterrichten oder für sie Dienstleistungen zu erbringen.
- Unternehmerisches Umfeld: Hier finden sich vorwiegend Menschen, die Aktivitäten mögen, in denen es um die »Einwirkung auf andere Menschen geht, um organisatorische oder eigene Ziele zu erreichen«.

E (»enterprising«) = Menschen, die gerne Projekte oder Organisationen aufbauen, Menschen beeinflussen oder überzeugen.
- Konventionelles Umfeld: Hier finden sich vorwiegend Menschen, die Aktivitäten bevorzugen, bei denen es um die »eindeutige, geordnete, systematische Einwirkung auf Daten geht, wie Protokolle, Ablage, Reproduktion von Stoff, die Anordnung von schriftlichem oder Zahlenmaterial nach einem vorgegebenen Plan, die Bedienung von Büromaschinen und Computern«. »Konventionell« bezieht sich auf die Werte, die Menschen in einer solchen Umgebung normalerweise teilen – und die damit die große Mehrheit unserer Kultur repräsentieren.

C (»conventional«) = Menschen, die gerne mit Details zu tun haben und die gerne Aufgaben oder Projekte durchführen.

Nach Hollands Studien hat jeder Mensch drei Umfelder von Menschentypen aus diesen sechs, die er bevorzugt. Die drei Buchstaben Ihres favorisierten menschlichen Umfelds ergeben Ihren sogenannten Holland-Code. Holland hat hiermit eigene Fragebögen und Verfahren entwickelt. Ich habe (vor vielen Jahren) eine einfache Übung erfunden, mit deren Hilfe Sie in etwa Ihren Holland-Code herausfinden können. Ich nenne diese Übung die »Party-Übung«. Und so funktioniert sie:

Unten finden Sie den Grundriss eines Raumes, in dem eine zweitägige Party stattfindet. Bei dieser Party haben sich alle Menschen mit den gleichen oder ähnlichen Interessen in derselben Ecke des Raumes versammelt.

- In welche Ecke des Raumes würde es Sie automatisch hinziehen, weil dort die Menschen sind, in deren Gegenwart Sie sich am längsten wohlfühlen würden? (Lassen Sie an dieser Stelle außer Acht, ob Sie zu schüchtern sind oder ob Sie mit ihnen reden müssten.) Tragen Sie den Buchstaben für die entsprechende Ecke hier ein: _____
- Nach fünfzehn Minuten gehen aus Ihrer Gruppe alle Personen außer Ihnen zu einer anderen Party. Welche der noch verbliebenen Gruppen würde Sie jetzt am meisten anziehen, weil dort die Menschen sind, in

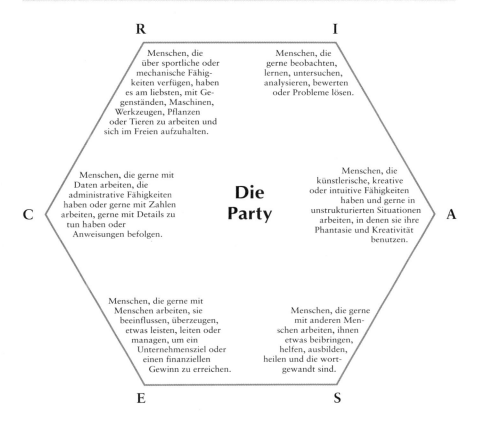

deren Gegenwart Sie sich am längsten wohlfühlen würden? Tragen Sie den Buchstaben für die entsprechende Ecke hier ein: _____

- Nach weiteren fünfzehn Minuten geht wieder die gesamte Gruppe außer Ihnen auf eine andere Party. In welcher der verbleibenden Gruppen und Ecken würden Sie jetzt gerne bleiben? Tragen Sie den Buchstaben für die entsprechende Ecke hier ein: _____

Die drei Buchstaben, die Sie soeben in drei Schritten ausgewählt haben, werden Holland-Code genannt. Hier steht, was Sie als nächstes tun sollten:

- Kreisen Sie auf der Abbildung die entsprechenden Ecken ein. Ziehen Sie um Ihre Lieblingsecke drei Kreise, um Ihre zweitliebste Ecke zwei Kreise und um die drittliebste Ecke einen Kreis.
- Sobald Sie die Ecken mit Kreisen versehen haben, schreiben Sie für sich

eine kurze Stellungnahme aus jetziger Sicht hinsichtlich Ihres zukünftigen Jobs auf, indem Sie die oben dargestellte Beschreibung nutzen. Diese tragen Sie in das Blatt »Menschen« der Blume ein.
Wenn Ihr Code sich zum Beispiel als IAS herausgestellt hat, dann könnten Sie schreiben: »Ich würde am liebsten einen Job oder Beruf haben, bei dem ich mit Menschen zu tun hätte, die sehr wissbegierig sind, gerne Dinge untersuchen oder analysieren (I), die sehr innovativ sind (A) und die gerne anderen Menschen helfen oder etwas für sie tun wollen (S).«

- Zuletzt sehen Sie sich hier die Fähigkeiten an, die Sie gerade für andere Menschen beschrieben haben, und schauen, was davon auch auf Sie selbst zutrifft. Was ich als die Spiegel-Theorie bezeichne, berücksichtigt die Tatsache, dass wir uns häufig dann am besten erkennen, wenn wir in die Gesichter anderer Menschen schauen. Wenn wir also die Menschen beschrieben haben, mit denen wir gerne zusammenarbeiten würden, haben wir damit häufig auch uns selbst beschrieben (»Gleich und Gleich gesellt sich gern«). Sehen Sie sich also die eingekreisten Merkmale auf dem Blatt »Menschen« an. Sind diese zufällig auch Ihre eigenen Vorlieben, Fähigkeiten oder Aufgaben? Oder nicht?

Blatt Nr. 4:
Werte und Ziele

Werte sind etwas, das Ihnen an jedem Tag, bei jeder Aufgabe, bei jeder Begegnung mit einem anderen Menschen Orientierung gibt. Trotzdem ist uns häufig nicht klar, was unsere Werte sind.

Eine Möglichkeit, sich Ihrer Werte bewusst zu werden, besteht darin, sich vorzustellen, Sie wären kurz vor Ihrem Lebensende zu einem Essen eingeladen – und zu Ihrer großen Überraschung sind aus dem ganzen Land und aus aller Welt Menschen gekommen, um an diesem Essen zu Ihren Ehren teilzunehmen.

Während des Essens werden zu Ihrer großen Verlegenheit immer wieder Reden gehalten, über all die guten Dinge, die Sie getan haben, oder darüber, was für ein guter Mensch Sie in Ihrem Leben waren. Mit keinem Wort werden die Teile Ihres Lebens erwähnt, an die Sie nicht erinnert werden möchten. Nur die guten Seiten.

Das wirft einige Fragen auf. Was würden Sie gerne bei einer Rückschau auf Ihr Leben hören, wenn Sie ab sofort das Leben führen könnten, das Sie wirklich führen möchten? Wenn Sie in Ihrem Leben das erreichen, was Sie sich vorstellen, welche Dinge wären es, an die man sich im Zusammenhang mit Ihnen gerne erinnern sollte, wenn Sie diese Erde verlassen haben? Hier ist eine Checkliste, die Ihnen dabei helfen soll:

Es wäre ein gutes Leben, wenn die Menschen mich nach meinem Tode folgendermaßen in Erinnerung behalten würden:

☐ hat Menschen geholfen, die hilfebedürftig oder in Not waren,
☐ hat alle beeindruckt und stets alle Erwartungen übertroffen,
☐ konnte gut zuhören,
☐ hat alle Anweisungen zur Zufriedenheit ausgeführt oder Projekte zu einem erfolgreichen Abschluss gebracht,
☐ beherrschte eine Technik oder ein Wissensgebiet meisterhaft,
☐ hat etwas getan, was andere für unmöglich hielten,
☐ hat etwas getan, was niemand zuvor getan hat,
☐ hat immer hervorragende Leistungen erbracht,
☐ hat neue Technologien erforscht oder erfunden,
☐ hat etwas repariert, was kaputt war,
☐ hat Dinge wieder funktionsfähig gemacht, wenn alle anderen bereits aufgegeben hatten oder gescheitert waren,
☐ hat etwas verbessert oder perfektioniert,
☐ hat gegen eine schlechte Idee oder Ideologie gekämpft – und sich durchgesetzt oder zumindest durchgehalten,
☐ hat Menschen beeinflusst und einen überwältigenden Zuspruch von ihnen erfahren,
☐ hatte Einfluss und bewirkte Veränderungen,
☐ hat eine Arbeit verrichtet, die der Welt zu mehr Informationen oder Aufrichtigkeit verholfen hat,
☐ hat eine Arbeit verrichtet, die der Welt zu mehr Schönheit verhalf, durch Gärten, Gemälde, Dekorationen, Design oder was auch immer,
☐ hat eine Arbeit geleistet, durch die die Welt an Gerechtigkeit und Aufrichtigkeit gewann,
☐ führte Menschen näher zu Gott,
☐ verfolgte das große Ziel, an Weisheit und Mitgefühl zu wachsen,
☐ hatte eine Vision und trug dazu bei, diese Wirklichkeit werden zu lassen,

☐ entwickelte oder baute etwas, wo vorher nichts war,
☐ hat ein neues Unternehmen gegründet oder hat ein Projekt von Anfang bis Ende durchgeführt,
☐ hat irgendeine Situation oder einen Markt aufgespürt, entwickelt und beeinflusst, bevor andere das Potential erkannten,
☐ hat ein geniales Team zusammengestellt, das in einem bestimmten Bereich, in einer Branche oder einer Gemeinschaft große Veränderungen bewirken konnte,
☐ zeichnete sich durch hervorragende Entscheidungen aus,
☐ wurde von allen Menschen als Führungspersönlichkeit anerkannt und übernahm Verantwortung,
☐ hatte in einer Branche oder Gemeinschaft einen hohen Stellenwert,
☐ stand im Rampenlicht, wurde anerkannt und war berühmt,
☐ schaffte den Aufstieg in Hinblick auf Ruf, Prestige, Gehalt,
☐ konnte sich Besitz, Geld oder andere materielle Werte aneignen,
☐ andere Ziele, die mir einfallen: _____

Wenn Sie all die Werte angekreuzt haben, die für Sie von Bedeutung sind, gehen Sie zurück und suchen Sie die zehn heraus, die für Sie am wichtigsten sind, und ordnen diese nach Ihren persönlichen Prioritäten. Wenn Ihnen das aus dem Stegreif nicht gelingt, benutzen Sie wieder das Prioritätenraster.

Die Frage, die Sie sich stellen sollten, wenn Sie die einzelnen Paare im Prioritätenraster miteinander vergleichen, lautet: »Wenn am Ende meines Lebens nur diese eine Feststellung über mich zutreffen würde und nicht die andere, welche würde ich vorziehen?« Versuchen Sie, sich nicht davon beeinflussen zu lassen, was andere über Sie denken könnten, wenn sie wüssten, dass dies Ihr Herzenswunsch ist. Hier geht es nur um Sie allein.

Tragen Sie Ihre drei obersten Werte in das Blatt »Werte und Ziele« in der Blume auf Seite 284 ein.

Nun wenden wir uns nach den Werten den Zielen zu.

Ziele sind etwas, was Sie gerne erreichen würden, bevor Sie sterben. Das Verständnis davon, was wir vor dem Ende unseres Lebens gerne erreichen würden, gibt uns bessere Orientierung bei unseren aktuellen Entscheidungen hinsichtlich unserer Berufswahl. Hier sind einige Fragen in Form einer Checkliste, die dabei helfen könnten herauszufinden, welche Ziele Sie in Ihrem Leben verfolgen:

Bevor ich sterbe ist es mein Ziel, dazu fähig zu sein, Menschen bei folgendem Bedürfnis zu helfen:

- Kleidung: das Bedürfnis, angemessene und erschwingliche Kleidung zu finden. Mich interessiert hierbei besonders: _____
- Nahrung: das Bedürfnis, sich zu ernähren, vor dem Hungertod gerettet zu werden oder schlechte Ernährungsgewohnheiten abzulegen. Mich interessiert hierbei besonders: _____
- Wohnen: das Bedürfnis, angemessenen und bezahlbaren Wohnraum, Büroräume oder Grundstücke zu finden. Mich interessiert hierbei besonders: _____
- Sprache: das Bedürfnis, sprechen, lesen und schreiben zu können oder eine Fremdsprache zu erlernen. Mich interessiert hierbei besonders: _____
- Persönliche Dienstleistungen: das Bedürfnis, an andere Menschen zu delegieren, was man selbst nicht kann, für das man keine Zeit hat oder was man nicht machen möchte – von der Kinderbetreuung bis hin zur Hilfe in einem landwirtschaftlichen Betrieb. Mich interessiert hierbei besonders: _____
- Finanzen: das Bedürfnis nach Hilfe im Umgang mit Steuern, Schulden, Finanzplanung, Vermögensmanagement und so weiter. Mich interessiert hierbei besonders: _____
- Anschaffungen: das Bedürfnis nach Hilfe beim Erwerb irgendwelcher Dinge. Mich interessiert hierbei besonders: _____
- Mobilität: das Bedürfnis, irgendwohin zu reisen oder sich innerhalb einer Region zu bewegen. Mich interessiert hierbei besonders: _____
- Recht: das Bedürfnis nach fachkundigem Rat auf rechtlichem Gebiet. Mich interessiert hierbei besonders: _____
- Erziehung: das Bedürfnis nach Hilfe bei verschiedenen Problemen in der Kleinkindphase und in der Kindheit, einschließlich Verhaltensauffälligkeiten. Mich interessiert hierbei besonders: _____
- Körperliche Fitness: das Bedürfnis, den körperlichen Zustand durch Sport, Gymnastik, Physiotherapie oder Diät zu verbessern. Mich interessiert hierbei besonders: _____
- Gesundheit: das Bedürfnis nach Prävention oder Hilfe bei chronischen Leiden, Allergien oder Erkrankungen. Mich interessiert hierbei besonders: _____
- Heilen, alternative und ganzheitliche Heilmethoden: das Bedürfnis nach Behandlung bei Verletzungen, Leiden, chronischen Erkrankungen oder Krankheiten. Mich interessiert hierbei besonders: _____
- Medizin: das Bedürfnis nach Hilfe bei der Diagnose und Behandlung unterschiedlicher Erkrankungen. Mich interessiert hierbei besonders: _____

- Psychisches Wohlbefinden: das Bedürfnis, Hilfe im Umgang mit Stress, Depression, Schlafstörungen oder anderen Formen emotionaler Störungen in Anspruch zu nehmen. Mich interessiert hierbei besonders: _____
- Psychologische Beratung und Coaching: das Bedürfnis nach Unterstützung bei familiären Problemen, bei Störungen oder Krisensituationen des Lebens, einschließlich mangelnder Balance bei der Zeitplanung. Mich interessiert hierbei besonders: _____
- Stellensuche, Bewerbung oder berufliche Rehabilitation: das Bedürfnis von Menschen, Hilfe bei der Suche nach einer passenden Position zu bekommen, insbesondere wenn sie behindert, arbeitslos oder Sozialhilfeempfänger sind. Mich interessiert hierbei besonders: _____
- Berufsorientierung und Karriereplanung: das Bedürfnis nach Hilfe bei der Berufswahl oder bei der Planung eines sinnvollen Lebens. Mich interessiert hierbei besonders: _____
- Lernen und Weiterbildung: das Bedürfnis, sich beruflich oder privat weiterzubilden. Mich interessiert hierbei besonders: _____
- Unterhaltung: das Bedürfnis nach Unterhaltung durch Humor, Witz, Intelligenz oder Schönheit. Mich interessiert hierbei besonders: _____
- Sinnfragen, Philosophie, Ethik, Spiritualität oder Religion: das Bedürfnis, soviel wie möglich über den Sinn des Lebens herauszufinden, einschließlich der eigenen Werte und Prinzipien. Mich interessiert hierbei besonders: _____
- Die Bedürfnisse von Tieren oder Pflanzen: das Bedürfnis nach Nahrung, Pflege, Wachstum, Gesundheit und andere Lebenszyklen, die eine Art der Sensibilität erfordern, die häufig als »zwischenmenschliche Fähigkeiten« bezeichnet werden. Mich interessiert hierbei besonders: _____
- Die Herstellung, Produktion, Vermarktung oder Handhabung von Dingen: zum Beispiel von Antiquitäten, Autos, Bäumen, Blumen, Brücken, Büchern, Büromaschinen, Chemikalien, Computern, Diagrammen, Drogen, Elektrizität, Elektronik, Erde, Fahrrädern, Farben, Fischen, Flugzeugen, Flüssen, Gärten, Gebäuden, Geld, Getreide, Handbüchern, Häusern, Holz, Kameras, Katalogen, Kleidung, Kochgeräten, Kosmetika, Kücheneinrichtungen, Lebensmitteln, Maschinen, Medikamenten, Mineralien, Musik, Musikinstrumenten, Nähmaschinen, Papier, Pflanzen, Plänen, Radios, Rasenflächen, Ratgebern, Räumen, Segelbooten, Sicherheitssystemen, Skiausrüstungen, Spielzeugen, Telefonen, Videobändern, Wein, Werkzeugen, wertvollen Objekten, Wohnwagen/Wohnmobilen, Zeitschriften, Zeitungen, Zügen und vielem anderem mehr. Mich interessiert hierbei besonders: _____
- Weitere Ziele, die hier nicht aufgeführt sind und die mich interessieren: _____

Wenn Sie alle Ziele angekreuzt haben, die für Sie von Bedeutung sind, blättern Sie zurück und wählen die zehn aus, die Ihnen am meisten bedeuten, und ordnen Sie sie nach persönlicher Bedeutung für Sie. Wenn Ihnen das aus dem Stegreif nicht gelingt, benutzen Sie das Prioritätenraster auf den Seiten 296 und 297.

Tragen Sie Ihre drei wichtigsten Ziele in das Blatt »Werte und Ziele« der Blume am Anfang dieses Kapitels ein.

Blatt Nr. 5:
Arbeitsbedingungen

Pflanzen, die auf Meereshöhe wunderschön wachsen und gedeihen, verkümmern meistens, wenn man versucht, sie in 3 000 Meter Höhe anzupflanzen. Wir Menschen sind ähnlich: Unter bestimmten Bedingungen verrichten wir unsere Arbeit hervorragend, unter anderen nicht. Und deshalb bedeutet die Frage »Welche Arbeitsbedingungen mögen Sie?« eigentlich: »Unter welchen Umständen erbringen Sie Ihre Arbeit am effektivsten?«

Am besten ist es, zunächst herauszufinden, welche Dinge Sie an Ihren früheren Jobs nicht mochten. Dafür finden Sie die Tabelle auf der nächsten Seite, in die Sie all diese Faktoren eintragen können. Wie Sie sehen, hat die Tabelle drei Spalten, die Sie in der gleichen Reihenfolge und auf die gleiche Art ausfüllen wie die Tabelle weiter oben, in der es um Ihre regionalen Vorlieben ging. Auch hier können Sie die Tabelle zunächst auf ein größeres Format kopieren, wenn Sie möchten. Spalte A könnte mit Merkmalen beginnen wie zum Beispiel: »zu laut«, »zu viel Aufsicht«, »keine Fenster an meinem Arbeitsplatz«, »Arbeitsbeginn um 6 Uhr früh« und so weiter.

In Spalte B sollen Sie diese Merkmale aus Spalte A in Ihre persönliche Reihenfolge bringen.

Wenn Sie Schwierigkeiten dabei haben, diese Merkmale spontan in die genaue Reihenfolge zu bringen, benutzen Sie die Entscheidungsmatrix auf den Seiten 296 oder 297.

Die Frage, die Sie sich beim direkten Vergleich jedes Paars stellen soll-

Unangenehme Arbeitsbedingungen

	Spalte A Unangenehme Arbeitsbedingungen	*Spalte B* Unangenehme Arbeitsbedingungen in ihrer Reihenfolge	*Spalte C* Die Schlüssel zu meiner Effektivität bei der Arbeit
Firmen, für die ich bisher in meinem Leben tätig war:	Ich habe aus der Vergangenheit gelernt, dass meine Effektivität bei der Arbeit abnimmt, wenn ich unter den folgenden Bedingungen arbeiten muss:	Unter den Merkmalen oder Eigenschaften, die ich in Spalte A aufgeführt habe, sind folgende, die ich am wenigsten mag (nach abnehmender Abneigung geordnet):	Das Gegenteil dieser Merkmale in entsprechender Reihenfolge: Ich glaube, dass meine Effektivität ihr absolutes Maximum erreichen könnte, wenn ich unter den folgenden Bedingungen arbeiten könnte:

ten, lautet: »Wenn man mir zwei Positionen anbieten würde und ich bei der ersten diese unangenehme Arbeitsbedingung los würde, nicht aber die zweite; wohingegen ich bei der anderen die zweite unangenehme Arbeitsbedingung los wäre, nicht aber die erste – welche unangenehme Arbeitsbedingung würde ich lieber los?«

Beachten Sie, dass die Merkmale bereits geordnet sind, wenn Sie danach zu Spalte C kommen. Ihre einzige Aufgabe ist es an dieser Stelle, sich das Merkmal, das Sie (in Spalte B) so verabscheut haben, in seiner positiven Version vorzustellen. (Das muss nicht unbedingt das logische Gegenteil sein. Beispielsweise muss aus »zu viel Aufsicht«(in Spalte B) nicht unbedingt »keine Aufsicht« (in Spalte C) werden. Es kann auch heißen: »ein geringeres Maß an Aufsicht, nur ein- bis zweimal täglich.«

Sobald Sie Spalte C ausgefüllt haben, tragen Sie die fünf obersten Merkmale in das Blatt »Arbeitsbedingungen« bei der Blume auf Seite 284 ein.

Blatt Nr. 6:
Gehalt und Verantwortung

Wie Sie in Kapitel 7 gesehen haben, ist die Höhe des Gehaltes ein Aspekt, den Sie frühzeitig berücksichtigen müssen, wenn Sie über Ihren Traumjob oder Traumberuf nachdenken. Die entsprechende Ebene mit dem Verantwortungsbereich beziehungsweise Entscheidungsspielraum geht natürlich Hand in Hand mit dem Gehalt.

Die erste Frage lautet, auf welcher Ebene Sie in Ihrem Traumjob gerne arbeiten würden. Die Ebene hat damit zu tun, welches Maß an Verantwortung Sie sich in einer Organisation wünschen:

- Chef oder Geschäftsführer (das könnte bedeuten, dass Sie Ihr eigenes Unternehmen gründen müssen),
- Manager oder Führungskraft, die zwar auch Anweisungen ausführt, aber auch anderen Anweisungen gibt,
- Leiter eines Teams,
- gleichberechtigtes Mitglied eines Teams,
- jemand, der zusammen mit einem gleichberechtigten Partner arbeitet,

- jemand, der allein arbeitet, entweder als Angestellter oder als Berater für eine Organisation oder als Einzelunternehmer.

Tragen Sie eine kurze Zusammenfassung (zwei oder drei Wörter) auf dem Blatt »Gehalt und Verantwortung« der Blume am Anfang dieses Kapitels ein.

Die zweite Frage lautet, welches Gehalt Sie haben möchten. Hier sollten Sie ein Minimum und ein Maximum vor Augen haben. Mit dem Minimum verdienen Sie so viel, dass Sie »gerade noch über die Runden kommen«. Sie müssen wissen, wie viel das ist, bevor Sie irgendwo ein Vorstellungsgespräch führen (oder bevor Sie Ihr eigenes Unternehmen gründen, denn Sie müssen wissen, wie viel Gewinn Sie erwirtschaften müssen, um zu überleben).

Das Maximum könnte natürlich eine astronomische Summe sein, von der Sie kaum zu träumen wagen. Sinnvoller ist es jedoch, von einem Gehalt auszugehen, das Ihrer Meinung nach realistisch ist, wenn Sie Ihre gegenwärtige Kompetenz und Erfahrung zugrunde legen und für einen reellen, aber großzügigen Chef arbeiten. (Wenn dieses Maximum immer noch gering ausfällt, notieren Sie sich, wie hoch das Gehalt sein sollte, das Sie in fünf Jahren verdienen möchten.)

Machen Sie jetzt eine genaue Aufstellung aller voraussichtlichen Kosten, indem Sie auflisten, welche Beträge Sie monatlich für die folgenden Kategorien aufwenden:[24]

Haus/Wohnung
Miete, Hypotheken, Wohngeld: _____ DM
Nebenkosten (Strom, Gas, Wasser, Müllabfuhr): _____ DM
Telefon: _____ DM
Rücklagen für Instandhaltung, Reparaturen: _____ DM
Sonstiges: _____ DM

Lebensmittel
Supermarkt, Markt, Bäcker, Metzger etc.: _____ DM
Restaurantbesuche: _____ DM
Sonstiges: _____ DM

Kleidung
Kleidung und Schuhe: _____ DM
Reinigung, Wäsche: _____ DM
Sonstiges: _____ DM

Fahrzeuge/Transport
Anschaffungskosten, Leasingrate: _____ DM
Kraftstoff: _____ DM
Reparaturen: _____ DM
Öffentliche Verkehrsmittel: _____ DM
Sonstiges: _____ DM

Versicherungen
Auto: _____ DM
Krankenversicherung: _____ DM
Altersvorsorge, Rentenversicherung: _____ DM
Lebensversicherung: _____ DM
Haftpflichtversicherung: _____ DM
Hausratversicherung: _____ DM
Unfallversicherung: _____ DM
Sonstiges: _____ DM

Unterstützung von weiteren Familienmitgliedern
Kosten für Kinder: _____ DM
Unterhalt für Kinder: _____ DM
Unterstützung der Eltern: _____ DM
Sonstiges: _____ DM

Spenden und Beiträge
Spenden: _____ DM
Mitgliedsbeiträge: _____ DM
Sonstiges: _____ DM

Kosten für Aus- und Weiterbildung
Privat: _____ DM
Beruflich: _____ DM
Sonstiges: _____ DM

Haustiere
Futter: _____ DM
Tierarzt: _____ DM
Sonstiges: _____ DM

Rechnungen und Schulden
Kreditkarten: _____ DM
Ratenzahlungen: _____ DM
Sonstiges: _____ DM

Steuern[25]
Einkommenssteuer: _____ DM
Kfz-Steuer: _____ DM
Steuerberatung: _____ DM
Sonstiges: _____ DM

Sparen
Sparen für Anschaffungen: _____ DM
Rücklagenbildung, Altersvorsorge: _____ DM
Sonstiges: _____ DM

Freizeit
Kino, Theater: _____ DM
Weitere Freizeitaktivitäten: _____ DM
Bücher, Zeitungen, Zeitschriften: _____ DM
Geschenke: _____ DM
Sonstiges: _____ DM

Sonstige regelmäßige Ausgaben
_____: _____ DM
_____: _____ DM

Gesamtbetrag _____ DM

Multiplizieren Sie die monatliche Gesamtsumme mit 12, um den jährlichen Betrag zu erhalten. Teilen Sie den jährlichen Betrag durch 2 000, und Sie werden in etwa den Stundenlohn erhalten, den Sie benötigen. Wenn Sie also beispielsweise 3 500 Mark pro Monat für Ihren Lebensunterhalt benötigen, ergibt das (mit 12 multipliziert) 42 000 Mark netto pro Jahr, geteilt durch 2 000 – macht das 20 Mark pro Stunde.

Sie können natürlich auch zwei unterschiedliche Versionen Ihres monatlichen Budgets errechnen: eine mit den Ausgaben, die Sie gerne tätigen würden, die andere mit einem Minimalbudget, aus dem Sie ersehen können, wonach Sie hier suchen: die Basis, die zu unterschreiten Sie sich nicht erlauben können.

Tragen Sie das Maximum und das Minimum Ihrer Gehaltsvorstellun-

Alternative

Vielleicht möchten Sie sich abgesehen vom Geld weitere Belohnungen notieren, die Sie sich in Ihrem zukünftigen Job oder Beruf erhoffen. Das könnten folgende Aspekte sein:

☐ Abenteuer,
☐ Herausforderung,
☐ Respekt,
☐ Macht und Einfluss,
☐ Popularität,
☐ Ruhm,
☐ intellektuelle Anregung durch weitere Mitarbeiter,
☐ die Chance, Führungskraft zu sein,
☐ die Chance, kreativ zu sein,
☐ die Chance, Entscheidungen treffen zu können,
☐ die Chance, Ihr Fachwissen anzuwenden,
☐ die Chance, anderen zu helfen,
☐ Sonstige: _____

gen in das Blatt »Gehalt und Verantwortung« der Blume auf Seite 284 ein.

Wenn Sie Merkmale auf dieser Liste ankreuzen, bringen Sie Ihre Antworten in Ihre persönliche Reihenfolge und tragen Sie sie zusätzlich in das Blatt »Gehalt und Verantwortung« am Anfang dieses Kapitels ein.

Geschafft!

So, Ihre Blume sollte nun vollständig sein. An diesem Punkt schlagen Sie nochmals Seite 175 auf, um festzustellen, ob diese neuen Erkenntnisse über Sie selbst und Ihren Traumjob Ihnen dabei weiterhelfen, das einzugrenzen, wonach Sie suchen.

Anhang B

So finden Sie einen Karriereberater

*Zwei sind besser als einer,
denn wenn sie fallen,
kann einer dem anderen aufhelfen,
aber wehe, er ist allein, wenn er fällt,
und hat keinen, der ihm aufhilft.*

Ekklesiastes

© 1997 Thaves.

Wie finden Sie einen Karriereberater, wenn Sie den Eindruck gewinnen, dass Sie einen benötigen?

Karriereberatung bedeutet hier »Berufsorientierung im Rahmen der Lebensplanung«. Damit geht diese weit über das Thema Bewerbung und Jobsuche hinaus. Es gibt in diesem Bereich auch Personen und Firmen, die »Bewerbungsberatung«, »Coaching«, »Outplacement« oder »Berufsberatung« anbieten. Sie sollten aber wissen, dass all diese Begriffe, genauso wie »Personalberatung« und »Unternehmensberatung« nicht geschützt sind. Im Klartext heißt das, dass jeder sich so nennen kann. Daher sind die folgenden Ausführungen zur Auswahl eines geeigneten Beraters besonders wichtig.

Ich wünschte, dass jeder, der von sich behauptet, Karriereberater zu sein, absolut vertrauenswürdig wäre. Aber das ist keineswegs der Fall. Wie in so vielen Berufen lassen sich auch die Karriereberater in drei Kategorien einteilen:

- diejenigen, die seriös sind und wissen, was sie tun,
- diejenigen, die seriös, aber inkompetent sind,
- diejenigen, die unseriös sind und die nur Ihr Geld wollen – zu einem Pauschalbetrag und natürlich im Voraus.

Sie wollen natürlich eine Liste der Karriereberater, die seriös sind und wissen, wovon sie sprechen. Nur, leider besitzt niemand eine solche Liste. Sie müssen also selbst in Ihrer Region recherchieren oder Gespräche führen, wenn Sie keine schlechten Erfahrungen machen wollen.

Warum Sie das tun müssen? Sie, Sie und niemand anders als Sie? Nun, sagen wir, ein Freund rät Ihnen, einen Herrn XY aufzusuchen. Er ist ein wunderbarer Berater, erinnert Sie aber dummerweise an Ihren Onkel Harald. Niemand außer Ihnen weiß, dass Sie Onkel Harald schon immer gehasst haben. Und aus diesem Grund kann niemand außer Ihnen selbst diese Recherche leisten – weil die eigentliche Frage nicht lautet: »Wer ist der Beste?«, sondern: »Wer ist der Beste für mich?« Die beiden letzten Wörter bedeuten, dass Sie selbst es sind, der den Telefonhörer zur Hand nimmt und anruft, das heißt, dass Sie wirklich selbst recherchieren müssen.

Natürlich sind Sie in Versuchung, diese Recherche zu überspringen, nicht wahr? »Na ja, ich rufe einen Berater an, und wenn ich einen guten Eindruck gewinne, dann werde ich ihn nehmen. Ich habe eine ziemlich gute Menschenkenntnis.« Richtig. Ich höre manch eine Geschichte von Menschen, die ihre Fähigkeiten, einen Scharlatan zu entlarven, deutlich überschätzt haben und zu spät feststellten, dass sie dem übelsten Ganoven weit und breit aufgesessen waren. Wenn sie mir ihre Geschichte erzählen, brechen sie am Telefon in Tränen aus. Meine Antwort lautet dann meist so: »Es tut mir wirklich leid, dass Sie eine solch enttäuschende Erfahrung gemacht haben; das ist wirklich sehr traurig, aber Sie haben Ihre Hausaufgaben nicht gemacht. Oft hätten Sie mit Leichtigkeit feststellen können, ob ein bestimmter Berater kompetent war oder nicht, bevor Sie ihm auch nur einen Pfennig gegeben haben. Sie hätten während Ihrer Recherche einfach nur die richtigen Fragen stellen müssen.«

Also: Sie müssen Ihre Hausaufgaben selbst machen. Sie müssen selbst recherchieren.

Wie stellen Sie es an, einen guten Berater zu finden? Beginnen Sie mit Ihrer Suche, indem Sie sich zunächst drei Berater aus Ihrer Region näher ansehen. Wie finden Sie sie? Dafür gibt es mehrere Möglichkeiten:

Erstens können Sie Ihre Freunde um Mithilfe bitten: Fragen Sie, ob jemand schon einmal Kontakt zu einem Karriereberater hatte. Wenn das der Fall war, war er ihnen sympathisch? Wenn ja, wie lautet der Name des Beraters?

Zweitens können Sie Namen in der Liste ab Seite 334 finden. Sehen Sie nach, ob es in Ihrer Nähe einen dieser Karriereberater gibt. Die Berater, die Sie für den deutschsprachigen Raum aufgeführt finden, haben eine Weiterbildung bei mir absolviert und sind mit meinem Ansatz vertraut. Dennoch möchte ich bewusst keine Empfehlung aussprechen und Sie nochmals auffordern, auf jeden Fall selbst Ihre Hausaufgaben zu machen. Vielleicht können die von mir genannten Berater Ihnen dabei helfen, weitere Namen in Ihrer Nähe ausfindig zu machen.

Haben Sie immer noch keine drei Namen gefunden? Dann versuchen Sie es mit den *Gelben Seiten*. Schlagen Sie unter den Kategorien Karriereberatung, Bewerbung, Personalberatung, Unternehmensberatung nach oder fragen Sie bei der Telefonauskunft nach.

Sobald Sie drei Namen ausfindig gemacht haben, vergleichen Sie deren Angebote. Sie sollten mit allen drei Beratern persönlich sprechen und erst dann entscheiden, an welchen der drei (wenn überhaupt) Sie sich schließlich wenden möchten.

Bitte versuchen Sie nicht, diese Recherche nur per Telefon durchzuführen. Sie können viel mehr erfahren, wenn Sie Ihrem Gegenüber direkt in die Augen schauen.

Kosten

Wenn es sich um eine Organisation handelt, die Ihnen eine Paketlösung zu verkaufen versucht, werden Sie wahrscheinlich das erste Gespräch kostenlos führen können. Wenn es sich dagegen um einen einzelnen Berater handelt, der auf Stundenbasis abrechnet, dann müssen Sie möglicherweise das Honorar für dieses Vorgespräch, eventuell für eine volle Stunde oder für einen Teil bezahlen – selbst wenn es nur fünf oder zehn Minuten sind. Setzen Sie nicht automatisch voraus, dass freiberufliche Berater es sich leisten können, Ihnen dieses erste Gespräch kostenlos anzubieten. Wenn sie das täten und viele Anfragen wie die Ihre hätten, wären sie niemals dazu imstande, auf diese Weise ihren Lebensunterhalt zu verdienen. Sie haben aber natürlich das Recht, schon vorher nachzufragen, welchen Betrag sie Ihnen für das Vorgespräch in Rechnung stellen werden.

Wenn Sie Ihrem Berater oder einem Firmenvertreter gegenübersitzen, stellen Sie einem jeden die gleichen Fragen, die Sie auf der Liste auf Seite 330 finden. (Nehmen Sie ein Heft oder ein kleines Notizbuch mit, um Ihre Antworten notieren zu können.)

Nachdem Sie die drei Berater für Ihren Angebotsvergleich aufgesucht haben, gehen Sie wieder nach Hause, entspannen sich, sehen sich Ihre Aufzeichnungen an und vergleichen die drei miteinander. Sie müssen ent-

Meine Suche nach einem guten Karriereberater

Fragen, die ich stellen werde	*Antwort von Berater 1*	*Antwort von Berater 2*	*Antwort von Berater 3*
Wie sieht Ihr Programm aus?			
Wer wird es durchführen? Wie lange bieten Sie es schon an?			
Wie hoch ist die Erfolgsquote?			
Was kostet Ihr Angebot?			
Gibt es einen schriftlichen Vertrag?			

scheiden, ob Sie keinen der drei wiedersehen möchten oder ob Sie mit einem von ihnen einen neuen Termin vereinbaren möchten (und wenn ja, mit welchem). Erinnern Sie sich daran, dass Sie keinen der drei auswählen müssen, wenn Sie keinen wirklich überzeugend finden. Sollte dies der Fall sein, suchen Sie nochmals nach Namen von drei weiteren Beratern, entstauben Ihr Notizbuch und ziehen nochmals los. Vielleicht benötigen Sie ein paar weitere Sitzungen, um das zu finden, was Sie suchen. Aber Ihre Brieftasche, Ihr Geldbeutel, Ihre Jobsuche, Ihr Leben wird es Ihnen danken.

Wenn Sie Ihre Aufzeichnungen ansehen, werden Sie bemerken, dass es kein Patentrezept für Sie gibt, um die Eignung eines Karriereberaters zu ermitteln. Das ist etwas, was Sie während Ihres Vorgehens subjektiv beurteilen müssen. Hier sind einige Hinweise:

Woran Sie schlechte Berater erkennen

Wenn man Ihnen den Eindruck vermittelt, dass man Ihnen die gesamte Arbeit abnehmen werde (auch die Interpretation von Tests und die Entscheidung über die Konsequenzen für die Wahl des Berufs und des Arbeitgebers), statt Sie selbst die Arbeit machen zu lassen, während sich der Berater auf seine Rolle beschränkt.

15 Minuspunkte: Sie wollen schließlich lernen, wie Sie das alles selbst tun können, schließlich wissen Sie, dass Sie sich eines Tages wieder auf die Suche nach einem Job machen müssen.

Wenn Ihr Ansprechpartner sagt, er sei nicht derjenige, der das Programm mit Ihnen durchführen wird, sich aber weigert, Ihnen die Person vorzustellen, mit der Sie zusammenarbeiten würden.

75 Minuspunkte: Sie sprechen offensichtlich mit einem Verkäufer. Machen Sie einen Bogen um alle Firmen, die einen Verkäufer haben.

Wenn Sie zwar die Gelegenheit haben, den Berater persönlich kennen zu lernen, ihn aber als Person nicht mögen.

150 Minuspunkte: Es ist egal, wie groß die fachliche Kompetenz ist. Wenn Sie ihn nicht mögen, werden Sie harte Zeiten durchmachen, bis Sie das bekommen, was Sie wollen, das garantiere ich Ihnen. Ein guter Draht ist alles.

Wenn Sie fragen, wie lange der Berater schon in diesem Bereich tätig ist, und er daraufhin beleidigt ist oder eine zweideutige Antwort gibt, wie zum Beispiel: »Ich habe achtzehn Jahre Erfahrung in der Wirtschaft und der Karriereberatung.«

20 Minuspunkte: Unter Umständen meint er damit: siebzehneinhalb Jahre als Verkäufer für Düngemittel und ein halbes Jahr als Karriereberater. Haken Sie nach: »Wie lange arbeiten Sie schon bei dieser Organisation, und wie lange sind Sie konkret schon als Karriereberater tätig?« Vielleicht interessiert es Sie, dass manch eine Personal- und Outplacementberatung die Kunden von gestern als Berater von heute einstellt – vor allem, wenn sie akquisitionsstark sind. Diese neuen Berater werden dann erst in ihre neue Aufgabe eingearbeitet. Und es kann sein, dass Sie als Versuchskaninchen herhalten.

Wenn sie versuchen, die Frage nach ihrer Qualifikation zu beantworten, indem sie auf Titel oder Referenzen verweisen.

3 Minuspunkte: Titel oder Referenzen sind lediglich ein Beweis dafür, dass sie gewisse Prüfungen abgelegt haben, aber oftmals sagen diese Prüfungen mehr über andere Bereiche aus als über Kenntnisse in Methoden der kreativen Jobsuche.

Wenn Sie nach ihrer Erfolgsquote fragen, und man Ihnen zur Antwort gibt, dass es noch nie einen Klienten gegeben habe, der keinen Job fand.

15 Minuspunkte: Sie lügen. Ich studiere seit zwanzig Jahren die Programme von Bewerbungs- und Karriereberatern, habe selbst an vielen Programmen teilgenommen, die Ergebnisse untersucht und kaum jemals ein Programm – selbst bei Top-Beratern – gesehen, mit dessen Hilfe selbst im besten Fall mehr als 86 Prozent der Klienten einen Job fanden, und die Zahlen gehen eher weiter abwärts. Wenn der Berater aber klarstellt, dass er immer eine hohe Erfolgsquote hatte, dass es aber keine Garantie für einen Job gibt, wenn Sie nicht hart dafür arbeiten, geben sie ihm drei Sterne.

Wenn man Ihnen Briefe von begeisterten früheren Klienten zeigt, aber seltsam zugeknöpft reagiert, wenn Sie darum bitten, mit einigen dieser früheren Klienten reden zu können.

45 Minuspunkte: Vergewissern Sie sich, dass die Referenzen wirklich stimmen. Lassen Sie sich nicht abwimmeln oder einschüchtern. Es ist heutzutage ein weit verbreitetes Phänomen, Referenzen zu geben, die gar nicht stimmen.

Wenn man behauptet, man würde nur fünf von 100 Klienten, die sich bewerben, annehmen, und Ihr Name werde erst einem »Ausschuss« vorgelegt, bevor Sie aufgenommen würden.

1 000 Minuspunkte: Dies ist einer der ältesten Tricks. Sie sollen das Gefühl haben, etwas Besonderes zu sein, bevor Sie um Tausende von Mark erleichtert werden. Ich persönlich würde bei einem solchen Satz die Flucht ergreifen und mich nie mehr umblicken.

Wenn Sie fragen, was ihre Dienstleistung kostet, und die Antwort lautet, es sei ein Pauschalbetrag, den Sie im Voraus oder kurz danach zu zahlen hätten, entweder auf einmal oder in Raten.

100 Minuspunkte: Fünfundzwanzig Jahre lang habe ich es vermieden, dies zu sagen, aber ich habe genug von den Tränen der Jobsuchenden, die darauf hereingefallen sind. Deshalb warne ich Sie nun ohne Einschränkung: Wenn man Ihnen eine Pauschale in Rechnung stellt, statt nur der Stunden, die Sie wirklich in Anspruch nehmen, gehen Sie woanders hin. Jeder unseriöse und inkompetente Berater will einen Pauschalbetrag von Ihnen. Natürlich tun das auch einige kompetente und seriöse Berater. Das Problem ist, dass Sie noch nicht wissen, mit welcher Sorte Sie es zu tun haben, bis Sie Ihr gesamtes Geld los sind. Das Risiko und die Kosten sind zu hoch. Wenn Sie wirklich so gerne spielen, tun Sie das besser in einer Spielbank.

Wenn Sie dazu aufgefordert werden, einen Vertrag zu unterschreiben.

1 000 Minuspunkte: Bei unseriösen und wenig kompetenten Beratern gibt es oft einen langfristig bindenden Vertrag. Diesen sollen Sie unterschreiben, bevor Ihnen überhaupt geholfen wird. Die Kosten dafür beginnen bei 1 000 Mark aufwärts auf der nach oben offenen Honorar-Skala.

Sie denken vielleicht, der Zweck eines solchen Vertrags bestehe darin, dass die Gegenseite Ihnen etwas zusagt, für das Sie sie zur Rechenschaft ziehen können – im Gegenteil: Meistens ist es die Absicht eines Vertrags, dass Sie der Gegenseite etwas versprechen sollen. Zum Beispiel Ihr Geld. Tun Sie das nicht.

Wenn Ihnen zugesagt wird, dass Sie Ihr Geld zurückbekommen, falls Sie mit der Leistung nicht zufrieden sind: Lassen Sie sich das schriftlich geben. Nur in schriftlicher Form sind Zusagen bindend. Am besten beherzigen Sie folgenden Rat: Wenn jemand Ihnen Hilfe bei der Jobsuche nur unter der Voraussetzung anbietet, dass Sie Tausende von Mark im Voraus zahlen, tun Sie Folgendes: Schauen Sie um sich, wo die Tür ist, gehen Sie hinaus und kehren Sie nie wieder zurück.

Mein persönlicher Rat ist: Unterschreiben Sie bei niemandem, der Ihnen einen langfristig bindenden Vertrag anbietet oder nicht auf Stundenbasis abrechnet.

Wie hoch ist das Honorar? Sie werden feststellen, dass heutzutage die besten Karriereberater (und auch einige von den schlechtesten) ihr Honorar so ansetzen wie ein wirklich guter Coach oder wie ein Anwalt. Dies kann regional schwanken; in Großstädten kostet die Leistung meist mehr als in einer ländlichen Gegend. Wie alle Beratungsleistungen ist Karriereberatung umsatzsteuerpflichtig; vergleichen Sie daher den Endpreis.

Beraterverzeichnis

Dieses Verzeichnis führt die Karriereberater im deutschsprachigen Raum – geordnet nach Postleitzahlen – auf, die direkt bei mir eine Weiterbildung absolviert haben. Daneben gibt es natürlich noch weitere Berater, die ebenfalls mit meinem Ansatz arbeiten. Grundsätzlich gilt jedoch, dass keine Garantie übernommen oder Empfehlung ausgesprochen wird.

Karriereberater in Deutschland

Dr. Jutta Hastenrath/Arnulv Rudland
Hastenrath und Partner
An der Untertrave 96
23552 Lübeck
Telefon (04 51) 7 07 96-0
info@hastenrath.de
www.hastenrath.de

John Carl Webb
Brunnenweg 10
48153 Münster
Telefon (02 51) 78 68 89
John@muenster.de
www.learn-line.nrw.de/angebote/lwp

Christine Scharlau
Fleyer Str. 78
58097 Hagen
Telefon (02331) 8 48 80
cscharlau@t-online.de

Maren Hartauer
Praunheimer Weg 35 b
60439 Frankfurt
Telefon (069) 58 84 02
M.Hartauer@t-online.de

Madeleine Leitner
Ohmstraße 8
80802 München
Telefon (089) 33 07 94 44
Madeleine.Leitner@t-online.de
www.karrieremanagement.de

Dr. Gabriela Mendl
Mondstraße 2
81543 München
Telefon (089) 62 48 94 40
gabrielamendl@aol.com
www.career-consulting.de

Literaturempfehlung

Weitere Namen von Berufs- und Karriereberatern in Deutschland finden Sie in dem Buch von Sabine Hildebrandt-Woeckel, *Karriereberatung – wer Ihnen hilft, was Ihnen hilft*, Rowohlt, 1999.

Weitere Informationen erhalten Sie auch über:

Deutscher Verband für Berufsberatung e. V.
c/o Hubert Haas
Bergstr. 9
55595 Roxheim
Telefon (0671) 45592
dvbl.haas@t-online.de
www.berufsberater.de

Karriereberater in Österreich

Dr. Gabriela Mendl
Josef-Pöll-Straße 6
6020 Innsbruck
Telefon (0512) 39 72 72
gabrielamendl@aol.com
www.career-consulting.de

Karriereberater in der Schweiz

Hans-Ulrich Sauser
Organisationsberatung + Ausbildung
Rosenauweg 27
5430 Wettingen
Telefon (056) 4 26 64 09
husauer@freesurf.ch

Peter Kessler
Kessler-Laufbahnberatung
Alpenblickstr. 33
8645 Jona bei Rapperswil
Telefon (055) 2 11 09 77
p.kessler@bluewin.ch

Urs W. Honegger
Scheitergasse 3
8001 Zürich
Telefon (01) 7 90 18 46
honegger@hcm.ch
www.hcm.ch

Peter Baumgartner
Löwen Pfaffikon
Postfach 10
8808 Pfaffikon
Telefon (055) 4 15 66 22
loewen@active.ch

Maria Bamert-Widmer
Lernen Beraten Begleiten
Churerstraße 26
8852 Altendorf
Telefon (055) 4 42 55 76
lebe@dplanet.ch

Marcus Klingenberg
Cäcilienstr. 26
3007 Bern
Telefon (031) 3 72 70 77
marcus_klingenberg@yahoo.de

Ich will nicht versäumen, an dieser Stelle darauf hinzuweisen, dass Daniel Porot, der mit mir seit über 20 Jahren eng zusammenarbeitet, ebenfalls in der Schweiz tätig ist, vorwiegend im französischsprachigen Raum. Neben sehr erfolgreichen Seminaren für Arbeitslose gibt es von ihm eine Anzahl von fantastischen Büchern, die bisher leider nicht auf Deutsch erschienen sind.

Cabinet Daniel Porot
8, Rue de la Terrassière
1207 Genève
Telefon (022) 700821-0

Weitere Adressen der kantonalen und regionalen Berufsberatungsstellen, bei denen kostenlose Beratung erhältlich ist, finden Sie bei:

Schweizerischer Verband für Berufsberatung
Zürichstraße 98
8066 Dübendorf
Telefon (01) 8 01 18 99

Adressen von kostenpflichtigen privaten, freiberuflichen Berufs- und Laufbahnberatern, Eignungs- und Persönlichkeitsabklärungen bietet:

Fachgruppe freischaffender Berufsberaterinnen und Berater (FFBB)
Urs Fankhauser
Falkengasse 3
6004 Luzern
Telefon (041) 4 10 21 59

Kostenpflichtige Berufs- und Laufbahnberatung, Standortbestimmungen oder Potenzialanalysen bieten auch die Institute für Angewandte Psychologie (IAP), die es in der ganzen Schweiz gibt, unter anderem in Zürich, Bern und Basel.

Anmerkungen

1 Für Deutschland beruhen die Zahlen im Wesentlichen auf Angaben des Statistischen Bundesamts sowie des Instituts für Arbeitsmarkt- und Berufsforschung der Bundesanstalt für Arbeit. In Fällen, in denen keine Studien oder Statistiken vorlagen, nahm ich eine persönliche Einschätzung vor, die auf einer 27-jährigen Erfahrung mit Tausenden von Arbeitsuchenden basiert. Aber es stehen zahlreiche Studien, die während der vergangenen 20 Jahre durchgeführt wurden, zur Verfügung. Im Folgenden finden Sie die, die besonders hilfreich waren: Selbst wenn in Deutschland viele Aspekte scheinbar gravierende Unterschiede zu den amerikanischen Verhältnissen aufweisen, ist doch in den letzten Jahren eine erhebliche Amerikanisierung festzustellen: Einerseits wurde das Vermittlungsmonopol der Bundesanstalt für Arbeit aufgehoben, andererseits gibt es eine Tendenz zur Lockerung von Beschäftigungsverhältnissen. Ähnliches gilt auch für Österreich und die Schweiz.
2 Übrigens gibt es mindestens vier weitere Suchmethoden, mit denen man versuchen kann, Arbeit zu finden, die in technischer Hinsicht in die »ineffektivste« Kategorie einzuordnen sind. Dazu gehören:
 - Sich direkt dorthin zu begeben, wo Arbeitgeber Arbeitskräfte auswählen. Diese Methode hat eine Erfolgsquote von 8 Prozent – das heißt, von 100 Menschen, die sich dieser Methode bedienen, werden 8 Arbeit finden, 92 nicht.
 - Ein staatliche Prüfung ablegen. Damit erreichen Sie eine Erfolgsquote von 12 Prozent – das heißt, von 100 Menschen, die diese Methode wählen, werden 12 Arbeit finden, 88 jedoch nicht.
 - Einen früheren Lehrer oder Professor nach offenen Stellen fragen. Auch hier besteht eine Chance von 12 Prozent, das heißt, von 100 Interessenten finden 12 eine Stelle, 88 dagegen nicht.
 - Das Arbeitsamt aufsuchen. Die Chance, auf diese Weise eine Stelle zu fin-

den, beträgt 15 Prozent – von 100 Bewerbern finden also 15 auf diese Weise einen Job, 85 dagegen gehen leer aus.

3 Ich möchte an dieser Stelle erwähnen, dass ich den Begriff »Organisation« in diesem Buch sehr häufig verwende und damit sowohl kleinere Unternehmen als auch große Konzerne, Kanzleien, Stiftungen, Agenturen, Behörden und alle weiteren Organisationen, die Menschen Arbeit geben, bezeichne.

4 Dieser Begriff wird manchmal von Mystikern gebraucht, die etwas anderes damit meinen: wenn sich die Seele fälschlicherweise fühlt, als sei sie von Gott verlassen. Das unterscheidet sich jedoch nicht so sehr von Depressionen, bei denen falsche Gefühle übermäßig vorhanden sind.

5 Natürlich haben diese Grundsätze auch dann Sinn, wenn Sie eine neue Stelle gefunden haben.

6 S.A.D. (Saisonal abhängige Depression): Krankheitsbild, das Mediziner vor etwa 10 Jahren definiert haben, um die besonders schwere Form von Befindlichkeitsstörungen bis hin zur schwerwiegenden Depression zu erfassen, die etwa 10 Prozent der Bevölkerung während der dunklen Jahreszeit erleiden und die über das normale Maß an Unwohlsein, Appetit auf Kohlehydrate und Müdigkeit hinaus geht. Ursache ist der Mangel an natürlichem Tageslicht, auf den diese relativ große Bevölkerungsgruppe besonders intensiv reagiert.

7 Ich bin Daniel Porot in Genf zu großem Dank verpflichtet. Von ihm stammt ein großer Teil dieser Anregungen.

8 Wenn es keine Psychiater an einer akademischen Einrichtung in seiner Nähe gegeben hätte, hätte er alle seine Recherchen mit Hilfe niedergelassener Psychiater durchführen müssen – ihre Namen hätte er in den *Gelben Seiten* gefunden – und sie fragen müssen, ob sie gegen ein Honorar bereit wären, mit ihm zu sprechen.

9 Das Konzept der informellen Gespräche (*Informational Interviewing*, ein Begriff, den ich vor vielen Jahren prägte) reicht zurück in die Geschichte der kreativen Minderheit. Der erste, der die Idee formulierte, war Alphonso William Rahn, ein Ingenieur der Western Electric Company. Im Jahre 1936 veröffentlichte er das Buch *Your Work Abilities*, in dem er allen Arbeitssuchenden riet, auf einem Zettel niederzuschreiben, welche Funktionen sie ausüben können, und diesen dann möglichst vielen Menschen zu zeigen. (»Könnten Sie sich drei Minuten Zeit nehmen, um zu lesen, was ich kann, für den Fall, dass ich Ihnen oder Ihren Geschäftspartnern heute oder in Zukunft mit meinen Fähigkeiten nützlich sein könnte?«)

10 Wenn Sie Ihr Suchgebiet nicht verkleinern – weil Sie meinen, dass Sie überall glücklich sein können, sofern Sie nur Ihre liebsten Fähigkeiten zum Einsatz bringen können –, dann scheidet praktisch kein Unternehmen im ganzen

Land aus. Hierzulande gibt es eine Unzahl großer, mittelständischer und kleinerer potenzieller Arbeitgeber. Wenn Sie also nicht bereit sind, Ihr Territorium einzugrenzen, werden Sie sie *alle* aufsuchen müssen. Viel Glück.

11 Wenn Sie sich entschlossen haben, diesen Weg zu gehen, sollten Sie unbedingt mit anderen Freiberuflern sprechen, bis Sie jeden Fallstrick und jede Schwierigkeit kennen, mit denen diese sich auseinander setzen müssen.

12 John Crystal hat auch die drei Schritte Was, Wo und Wie entwickelt, die ich hier als grundlegenden Rahmen für die entsprechenden Kapitel benutzt habe.

13 Daniel Porot hat dieses System in einem Buch zusammengefasst: *La Pie* ist direkt von ihm erhältlich. Es ist ein fantastisches Buch und ich kann es nur wärmstens empfehlen.

14 Ein freundliches »Ach, Sie müssen schon gehen?«, sollte auch so verstanden sein, wie es gemeint ist: als Höflichkeitsfloskel. Ihre Antwort sollte lauten: »Ja, ich habe versprochen nur zehn Minuten Ihrer Zeit in Anspruch zu nehmen und ich möchte mein Wort halten.« Das wird fast immer einen sehr guten Eindruck hinterlassen.

15 Laut Angabe des U. S. Census Bureau; entnommen dem Artikel »Job Search Assistance Program: Implications for the School« von Robert G. Wegmann, erschienen in *Phi Delta Kappa*, Dezember 1979, S. 271 ff.

16 Natürlich gibt es einige Faktoren außerhalb des Einflussbereiches eines Jobsuchenden, die für eine Verzögerung der Jobsuche verantwortlich sein können, zum Beispiel, wie lange es dauert, bis ein Ausschuss, der in dem Unternehmen für das Einstellungsverfahren zuständig ist, benötigt, um die nächste Runde von Vorstellungsgesprächen einzuleiten (Sie werden oft zwei oder drei weitere Male eingeladen, bevor eine Entscheidung getroffen wird), oder Ähnliches. Trotzdem haben die wichtigsten Punkte unserer Darstellung natürlich Bestand.

17 Studie von Harvey Belitzky und Harold Sheppard, *The Job Hunt: Job-Seeking Behavior of Unemployed Workers in a Local Economy*.

18 Einige Experten sehen das anders: Greifen Sie nie, nie, nie zum Telefon, sagen sie, weil es dem Arbeitgeber erleichtert, Sie schon per Telefon auszusortieren. Dennoch haben alle erfolgreichen Bewerbungskurse, die ich im Laufe der Jahre kennen gelernt habe, ihre hervorragenden Erfolgsquoten gerade deshalb erzielt, weil sie das Telefon so ausgiebig genutzt haben. Eines der Programme sah mindestens 10 Telefonanrufe pro Tag vor, ein anderes sogar 100 Anrufe vormittags und 100 nachmittags. Beide waren erfolgreich, besonders letzteres. Das heißt: Je mehr Telefonanrufe Sie tätigen, desto schneller finden Sie wahrscheinlich einen Job.

19 An dieser Stelle möchte ich erneut Dean Curtis für seinen Hinweis danken.

20 Mein Kollege Daniel Porot in Genf hat diese Studie durchgeführt.

21 Zusätzliche Fragen, die Sie stellen können, um die fünf oben genannten näher auszuführen:
   - Welche wesentlichen Veränderungen hat dieses Unternehmen in den vergangenen fünf Jahren erlebt?
   - Welche Werte werden in diesem Unternehmen vertreten?
   - Wie würden Sie den erfolgreichsten Mitarbeiter beschreiben, den dieses Unternehmen hat?
   - Welche zukünftigen Veränderungen sehen Sie auf die Arbeit zukommen?
   - Wer sind Ihre Partner, wer Ihre Konkurrenten in diesem Geschäftsfeld?
22 Daniel Porot regt Folgendes an: Falls Sie und der Arbeitgeber sich auf Anhieb sympathisch sind und Sie dafür sterben würden, dort zu arbeiten, das Unternehmen Ihnen jedoch das Gehalt nicht zahlen kann, das Sie benötigen, sollten Sie vorschlagen, eine Teilzeitstelle einzurichten. Wenn Sie zum Beispiel 100 000 Mark für Ihren Lebensunterhalt benötigen (und glauben, dass Sie ein Gehalt in dieser Höhe auch verdient haben), das Unternehmen aber nur ein Budget von beispielsweise 60 000 Mark hat, könnten Sie den Vorschlag unterbreiten, an drei Tagen pro Woche für diese 60 000 Mark zu arbeiten. Das ermöglicht Ihnen, sich für die verbleibenden zwei Wochentage eine andere Tätigkeit zu suchen.
23 Sie werden überrascht sein, wie wenig Aufmerksamkeit Vorgesetzte in größeren Unternehmen den bemerkenswerten Leistungen ihrer Mitarbeiter schenken, und wie wenig sie sich der Tatsache bewusst sind, dass Sie Anspruch auf eine Gehaltserhöhung haben. Ihre Leistungen mögen bemerkenswert sein, aber niemand bemerkt sie – es sei denn, *Sie* tun es.
24 Sie können einen Großteil der Informationen, die Sie hier benötigen, Ihren Kontoauszügen entnehmen. Aber vielleicht sind Sie über Ihre Ausgaben, die Sie bar oder per Kreditkarte tätigen, nicht im Bilde. Es gibt eine simple Lösung für dieses Problem: Notieren Sie zwei Wochen lang (oder länger) alle Ausgaben, vom Supermarkt bis zum Bäcker, in einem kleinen Notizbuch, das Sie immer bei sich tragen – und zwar unmittelbar, nachdem Sie bezahlt haben.
25 Informieren Sie sich – oder lassen Sie sich von einem Steuerberater oder einem Lohnsteuerhilfeverein darüber aufklären – inwieweit Sie die Ausgaben für Ihre Jobsuche als Werbungskosten in Ihrer nächsten Einkommenssteuererklärung geltend machen können. Dies ist normalerweise möglich. Dazu gehören Telefon- und Portogebühren, Fahrt- und Reisekosten, Ausgaben für Schreibwaren und Literatur zum Thema, für Fortbildungen, Messebesuche, Karriereberatung und so weiter.

Register

Ablehnungstrauma 28 f., 88, 225
Arbeit, ehrenamtliche 36, 100
Arbeitsamt 32, 44, 52 ff., 102
– Arbeitsmarktservice (AMS) 52, 54, 68
– Zentralstelle für Arbeitsvermittlung (ZAV) 53
Arbeitslosigkeit 58, 83 ff., 226
– Statistik 62 f., 69
Arbeitsklima 283
Arbeitsmarkt 43, 68, 145 f.
Arbeitsproben/-nachweise 36 f., 242 f.
Arbeitssuche *siehe* Jobsuche
Arbeitsvermittlung
– Arbeitsamt 36 f., 52 ff.
– private 44, 55 f., 58, 72

Beharrlichkeit 146, 230, 236
Begeisterung 146, 209
Beruf
– Definition 112 f., 160
– Informationen 160 f., 164 f., 168
Berufsbezeichnungen 113, 154, 157 ff., 162, 173, 303

Berufsinformationszentren (BIZ) 53, 150, 167
Berufswechsel 75, 109 ff., 137, 168 ff.
Bewerbungen 30, 32 f., 36 ff., 46 ff., 76, 79, 232, 234 f.

Chiffreanzeigen 48

Dankesbrief 191 f., 211, 263 f.
Depression 28, 83 ff., 100

Eigenschaften 118 f., 298 f.
Erfindungen vermarkten 194 f.
Existenzgründung *siehe* Selbstständigkeit

Fähigkeiten, übertragbare 77, 115, 118 ff., 173, 286 ff.
– Bestandsaufnahme 117 f., 128, 132, 285
– geistige 286, 290 f.
– körperliche 286, 288 f.
– Prioritätenraster 295 ff.
– zwischenmenschliche 286, 292 f.
Franchising 196 f., 202

Gehalt 270 ff., 319 ff.
- Verhandlung 47, 265 ff., 273 f., 322
- Zusatzleistungen 274
Gespräche, informelle 77, 115, 137, 165 ff., 188 f., 191, 208 ff.
Gesprächsführung 208 ff., 241 ff., 261
- Vorbereitung 239

Handicaps 259 f.
Headhunter *siehe* Personalberater
Heimarbeit 195 f.

Informationen
- Personen 167, 187, 236
- Organisationen 167 f., 180 ff., 240, 245
- Selbstständigkeit 201 ff.

Initiativbewerbung 37 f., 44, 72
Insider 162, 236 ff.
Interessen 115, 137 ff., 160, 173
Interessenspiel 144
Internet 71 f.
- Stellenangebote 32 ff., 37, 43 ff., 47, 50, 72
- Stellengesuche 32 ff.
Interviewtechnik, verhaltensorientierte 253

Jobs ausprobieren 162
Jobsuche 77 f., 217 ff., 220, 224 ff., 230 f., 304
- kreative 10, 75, 107, 114, 121 f., 137
- per Telefon 226 ff.

- vorsintflutliche 27, 36 f., 67, 75 f., 88, 244

Karriereberatung 31, 62, 132, 219 f., 279, 327 ff.
Kontaktaufnahme 51, 222 f., 226, 229, 234 ff.
Kontakte 77, 115, 165 ff., 220

Mitarbeiter, freier 55, 194

Networking 165 ff.

Organisationen 174 ff., 224, 231 ff., 238
Outplacement 58, 60 f., 327

Personalberatung 31, 36 f., 48, 59 ff., 327
PIE-Methode 208 ff.
Praktikum 190 f.

Qualifikationsnachweis 36

Recherche 182 f., 188 ff.
- Internet 149 f., 183
- Printmedien 150 ff.

Schüchternheit 208 f.
Selbsthilfegruppe 219 f.
Selbstständigkeit 192 ff.
Stellen, freie 67 ff., 122, 223, 228, 232
Stellenangebote 32 ff., 43 ff., 48 ff., 72
Stellenanzeigen 27, 36 f., 43 f., 46, 48 ff., 72

Stellenbesetzungen 43 f., 51
Stellengesuche 44, 50
Stellenbörsen 32 ff., 45
Stellensuche *siehe* Jobsuche
Suchmethoden 37, 67, 71 ff., 107, 121

Tätigkeitsfelder 112 ff., 119 f., 138, 144 ff., 160 f., 169 ff.
Traumjob 205 ff., 229 f., 304 ff.
Trio-Technik 302

Unternehmen *siehe* Organisationen
Unterstützung 132, 165 ff., 219

Vorstellungsgespräch 30 f., 46, 48, 181 f., 208 ff. , 233 ff., 240, 242 ff.
– Ängste 247
– äußere Erscheinung 277 f.
– beruhigende Gedanken 245 ff.
– Fehler 275
– Fragen 249 ff.

Weiterbildung 53, 101, 118
Wissensbereiche 137 ff., 173

Zeitarbeitsfirmen 36, 57 f. 190

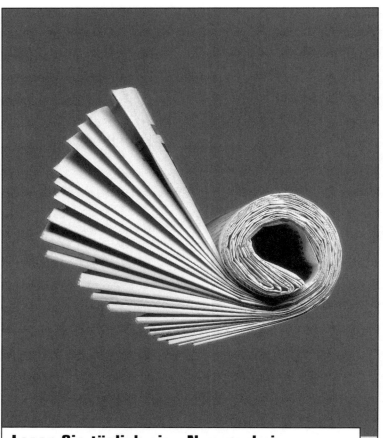